**THINK TANK
智库论策**

中国县域经济发展模式与路径研究

Research on the Development Models and Paths of China's County-level Economy

王红霞 孙小宁 等著

上海社会科学院出版社
SHANGHAI ACADEMY OF SOCIAL SCIENCES PRESS

目 录

第一章 中国县域经济发展模式概述 ··· 1
  一、县域经济发展的总体概况 ··· 1
    (一)县域经济的总体特征 ··· 1
    (二)县域经济的现状特征 ··· 2
  二、县域经济发展的历史沿革:基于文献研究的发展脉络梳理 ············· 3
    (一)供给短缺时期以乡镇企业引领的县域经济发展阶段 ············· 4
    (二)快速工业化时期以工业园区发展扩张为引擎的县域经济
        发展阶段 ··· 7
    (三)新世纪初快速城市化引领、多元主体驱动增长的县域经济
        发展阶段 ··· 8
    (四)新型城镇化时期以经济强县带动、城乡融合推进的县域
        经济高质量发展阶段 ··· 10
  三、县域经济的理论研究热点与发展动向:基于 CiteSpace 工具的
    分析 ··· 12
    (一)研究热点及演进趋势 ··· 12
    (二)研究主题与发展动向 ··· 14
  四、县域经济发展模式分析:兼议文献研究热点与趋势 ·················· 17
    (一)县域经济发展模式的研究热点与趋势分析 ······················ 17
    (二)县域经济发展的路径探究 ··· 18
    (三)县域经济发展的典型模式 ··· 21
  五、本章小结 ··· 26

Ⅰ 县域发展背景篇 ……………………………………………… 29

第二章 县域发展的历史回顾 ……………………………………… **30**
一、县域体系的兴起、完善和确立 ……………………………… 30
（一）春秋战国时期县制的发轫和成长 ………………………… 31
（二）秦汉时期县制的完善和发展 ……………………………… 33
（三）魏晋南北朝时期县制的继承和创新 ……………………… 35
（四）隋唐、五代十国时期县制的繁荣和稳定 ………………… 38
（五）宋、辽、金时期县制的开放和融合 ……………………… 40
（六）元、明、清时期县制的成熟与局限 ……………………… 41
（七）近代以来县域治理的革新和除弊 ………………………… 43
二、县治体系的生态位 …………………………………………… 46
（一）县级胥吏的专权之祸 ……………………………………… 46
（二）上计和巡察制度建设 ……………………………………… 48
（三）县乡关系与乡里社会 ……………………………………… 50
三、户籍制度和土地制度的变迁 ………………………………… 52
（一）田亩制度的变迁与县制的发展 …………………………… 53
（二）当代县治户籍、土地政策的发展方向 …………………… 55

Ⅱ 县域发展基础篇 ……………………………………………… 57

第三章 县域发展的人口与空间基础 ……………………………… **58**
一、县域城市总人口比较分析 …………………………………… 58
（一）县域人口总规模概况 ……………………………………… 58
（二）县域人口所属省份占比概况 ……………………………… 62
（三）县域人口总规模年度增长概况 …………………………… 68
（四）县域人口占所属省份人口比重年度增长概况 …………… 70
二、县域人口结构比较分析 ……………………………………… 71
（一）县域人口城镇结构概况 …………………………………… 71
（二）县域人口就业结构概况 …………………………………… 74
三、县域空间基础比较分析 ……………………………………… 77
（一）县域行政区划面积概况 …………………………………… 78

（二）县域城区规划面积概况 ·· 80
　　　（三）县域建成区面积概况 ·· 83
　四、本章小结 ·· 86

第四章　县域发展的经济基础　89

　一、县域经济总量分析 ·· 89
　　　（一）县域生产总值概况特征 ·· 89
　　　（二）县域生产总值占所属省份地区生产总值比重概况 ············ 100
　　　（三）县域生产总值年度增长概况 ······································ 103
　二、县域经济发展水平分析 ·· 106
　　　（一）县域人均地区生产总值概况 ····································· 106
　　　（二）县域住户储蓄存款余额概况 ····································· 108
　三、县域产业发展基础分析 ·· 112
　　　（一）县域产业结构概况 ·· 112
　　　（二）县域第二产业区位熵概况 ·· 118
　　　（三）县域第三产业区位熵概况 ·· 120
　四、本章小结 ·· 122

第五章　县域发展的财政基础　124

　一、县域地方一般公共预算收入分析 ···································· 124
　　　（一）县域地方一般公共预算收入概况 ······························· 124
　　　（二）县域地方一般公共预算收入排名前、后100位分布概况 ··· 127
　　　（三）县域地方一般公共预算收入占地区生产总值比重概况 ····· 129
　二、县域地方一般公共预算支出分析 ···································· 130
　　　（一）县域地方一般公共预算支出概况特征 ························· 130
　　　（二）县域地方一般公共预算支出排名前、后100位分布概况 ··· 133
　　　（三）县域地方一般公共预算支出占地区生产总值比重概况 ····· 135
　三、县域地方一般公共预算收支盈余分析 ······························ 136
　　　（一）县域地方一般公共预算收支盈余概况特征 ··················· 136
　　　（二）县域地方一般公共预算收支盈余排名前、后100位分布
　　　　　　概况 ··· 138
　四、本章小结 ·· 140

第六章 县域发展的教育、医疗服务和社会保障基础 ………… **142**
 一、县域教育服务能力分析 ………………………………… 142
  （一）县域教育服务概况 ……………………………… 142
  （二）县域中小学在校生数排名前、后100位分布概况 ……… 146
 二、县域医疗服务能力分析 ………………………………… 148
  （一）县域医疗服务概况 ……………………………… 148
  （二）县域医疗卫生机构床位数排名前、后100位分布概况 …… 151
 三、县域社会保障基础分析 ………………………………… 153
  （一）县域社会保障概况 ……………………………… 153
  （二）县域社会工作机构床位数排名前、后100位分布概况 …… 156
 四、本章小结 ………………………………………………… 158

Ⅲ 县域发展动态篇 ……………………………………………… **161**

第七章 县域发展的人口增长动态及趋势特点分析 …………… **162**
 一、县域人口增长变动趋势及特点 ………………………… 162
  （一）县域人口规模增长变动趋势 …………………… 163
  （二）县域人口占所属省份人口比重增长变动趋势 ………… 168
  （三）县域人口排名前、后100位分布变动趋势 ………… 182
  （四）县域人口密度增长变动趋势 …………………… 186
 二、县域人口结构变动趋势及特点 ………………………… 191
  （一）县域人口城镇结构增长变动趋势 ………………… 191
  （二）县域人口就业结构增长变动趋势 ………………… 193
  （三）县域从业人员排名前、后100位分布变动趋势 ……… 197
 三、本章小结 ………………………………………………… 201

第八章 县域发展的经济增长动态及趋势特点分析 …………… **204**
 一、县域经济总量变动趋势及特点 ………………………… 204
  （一）县域经济总量绝对值变动趋势 ………………… 204
  （二）县域经济总量占全国比重变动趋势 ……………… 208
  （三）全国"千亿县（市）"数量及分布变动趋势 ………… 213

二、县域经济发展水平变动趋势及特点 …………………………… 217
　　　　（一）县域人均地区生产总值变动趋势 ……………………… 217
　　　　（二）县域居民存款变动趋势 ………………………………… 220
　　三、县域产业发展变动趋势及特点 …………………………………… 224
　　　　（一）县域产业结构发展变动趋势 …………………………… 224
　　　　（二）县域第一、二、三产业区位熵变动趋势 ……………… 226
　　四、本章小结 …………………………………………………………… 230

第九章　县域发展的财政实力动态及趋势特点分析 ………………… **232**
　　一、县域一般公共预算财政收入变动趋势及特点 …………………… 232
　　　　（一）县域一般公共预算财政收入增长变动趋势 …………… 232
　　　　（二）县域财政收入增速排名前、后 100 位分布变动趋势 … 234
　　二、县域一般公共预算财政支出变动趋势及特点 …………………… 236
　　　　（一）县域一般公共预算财政支出增长变动趋势 …………… 236
　　　　（二）县域财政支出增速排名前、后 100 位分布变动趋势 … 238
　　三、县域一般公共预算财政盈余变动趋势及特点 …………………… 240
　　　　（一）县域一般公共预算财政盈余增长变动趋势 …………… 240
　　　　（二）县域财政盈余增速排名前、后 100 位分布变动趋势 … 241
　　四、本章小结 …………………………………………………………… 243

第十章　县域发展的教育、医疗服务和社会保障实力动态及趋势特点
　　　　分析 ………………………………………………………………… **245**
　　一、县域教育服务能力变动趋势及特点 ……………………………… 245
　　　　（一）县域教育服务能力增长变动趋势 ……………………… 245
　　　　（二）县域教育服务能力增速排名前、后 100 位分布变动趋势 … 247
　　二、县域医疗服务能力变动趋势及特点 ……………………………… 249
　　　　（一）县域医疗服务能力增长变动趋势 ……………………… 249
　　　　（二）县域医疗服务能力增速排名前、后 100 位分布变动趋势 … 252
　　三、县域社会保障能力变动趋势及特点 ……………………………… 254
　　　　（一）县域社会保障能力增长变动趋势 ……………………… 254
　　　　（二）县域社会保障能力增速排名前、后 100 位分布变动趋势 … 256
　　四、本章小结 …………………………………………………………… 258

第十一章　县域发展的综合竞争力分析 260
一、县域综合竞争力内涵及评价指标 260
（一）县域综合竞争力内涵分析 260
（二）县域综合竞争力指标体系设定 261
二、权重确定与数据处理 263
（一）县域综合竞争力指标的权重确定 263
（二）县域综合竞争力指标的处理方法 265
三、县域竞争力排名分析 266
（一）综合竞争力排名 266
（二）经济竞争力排名 268
（三）产业竞争力排名 270
（四）财政竞争力排名 272
（五）农业竞争力排名 273
（六）社会竞争力排名 275
（七）环境竞争力排名 277
（八）政府透明度排名 279
四、县域综合竞争力提升路径的"What-If"分析 281
五、本章小结 284

参考文献 286
后记 291

第一章　中国县域经济发展模式概述

"郡县治,天下安。"

县域兴则民富,民富则国强,众安道泰(新华社,2021)。

县域作为中国国民经济和社会治理空间体系的基本单元,是连接大城市和小乡村、承上启下的关键节点,"是发展经济、保障民生、维护稳定、促进国家长治久安的重要基础"(习近平,2017)。党和国家历来重视县域发展,多措并举大力促进县域经济发展:改革开放以来,县域经济作为中国经济的基本单元,成为中国经济发展的重要增长极。党的十六大报告中首次提出"县域经济"的概念;党的十九届五中全会和《中华人民共和国国民经济和社会发展第十四个五年规划和2035年远景目标纲要》中都提出了"推进以县城为重要载体的城镇化建设";2022年国家正式出台《关于推进以县城为重要载体的城镇化建设的意见》,指出县城是我国城镇体系的重要组成部分,是城乡融合的关键支撑,对促进新型城镇化建设、构建新型工农城乡关系具有重要意义。推动中国县域发展步入前所未有的历史新阶段。与此同时,县域经济作为中国经济社会发展的重要基础,也是近百年来学界一直关注的热点议题。在中国县域经济新发展的时代背景下,系统梳理并研究中国县域经济发展模式,探讨中国县域经济发展的内在规律和独特特点,有助于理解县域经济的发展逻辑,对于促进县域经济实现高质量发展具有重要的理论意义和现实意义。

一、县域经济发展的总体概况

(一) 县域经济的总体特征

中国县域经济起源于农村经济,涉及生产、分配、流通、消费各个环节,是功能相对完备的综合型经济体系(斯丽娟和曹昊煜,2022)。县域经济内涵丰富,以农业产业为依托,积极拓展第二、第三产业;县域经济主体既包括县域本土企业,又包含外来企业;县域经济构成既有国有经济和集体经济,又有个体经济、私营经济等非公有制经济。

总体来看,中国县域经济具有鲜明的多元属性特点。一是突出的区域属性,县域是区域经济政策的出发点和落脚点。作为最大的发展中国家,区域间发展的不平衡性是中国长期面临的规律性问题,区域间发展也呈现出典型的非平衡发展态势。二是鲜明的小尺度属性,"船小好调头"是其典型特征,县域以低成本、高活力、潜力的特征足在政策试点和改革推行过程中占据独特优势,具有显著的"实验室"性质。三是具有独特的农村属性(谢美娥,2010),县域经济与城市经济互补呼应,在实施区域协调发展、农业农村现代化、乡村振兴、城乡融合发展、新型城镇化等多重战略中作为重要抓手,是拉动中国经济增长的有效途径(苏艺和陈井安,2020)。

(二) 县域经济的现状特征

改革开放以来,中国县域经济体量持续增长,县域产业转型优化,人均经济水平稳步上升,县域居民消费与储蓄水平提升,财政收支实现平稳正增长,县域公共服务水平总体优化,"百强县""千亿县"等经济强县引领助、推县域经济稳中向好提升。

县域人口总量规模庞大,县域经济体量持续增长。数据显示,2021年中国县域人口总量为8.7万亿人,约占全国总人口的61.8%,其中县域人口也达到2.1万亿人。近十几年来,中国县域经济总量基本翻倍,县域生产总值由2012年的23.4万亿元增长至2021年的44.1万亿元。

县域产业逐步转型,第一产业占比缓慢下降,第二产业仍为支柱产业,第三产业主导地位显现。从总量规模看,2021年县域第一、第二、第三产业增加值分别为6.3万亿元、18.4万亿元和19.3万亿元,相较于2000年分别增长了5.4倍、10.9倍和16.0倍。从产业结构看,中国县域三次产业结构由2000年的28.8:41.4:29.8转变为2021年的14.3:41.8:43.9,第一产业增加值占国内生产总值(地区生产总值)比重呈缓慢下降趋势,第三产业增加值占地区生产总值比重在2019年首次超过第二产业增加值占地区生产总值的比重,此后第二产业保持平稳的占比水平,三次产业各自的比较优势仍然明显。

县域居民人均经济水平提升,带来储蓄与消费水平的飞跃。全国县域人均地区生产总值从2000年的4666.1元持续上升到2021年的49177.4元,21年间翻了10.5倍。中国县域居民储蓄存款突破30万亿元大关,由2000年的

2.1万亿元增长至2021年的38.6万亿元。居民收入增加释放了消费潜力，2021年农村居民人均可支配收入达到1.9万元，同年镇区和乡村消费品零售额合计达到16.7万亿元①。

中国县域公共服务水平总体优化，医疗服务及社会保障能力稳步提升。全国县域单位医疗卫生机构床位数从2000年的133.6万张上升到2021年的443.2万张，全国县域社会工作机构从2000年的23 061个增加到2021年的30 311个，社会工作机构床位数从2000年的53.2万张上升到2021年的275.6万张，医疗卫生机构及社会工作机构的规模持续扩大，对患者及弱势群体的容纳能力和服务质量不断提升。

"百强县""千亿县"助力形成产业集群，支持县域经济增长的动力持续强化，对中国经济社会贡献显著。数据显示，2020年全国百强县（市）地区生产总值总和达9.6万亿元，占国内生产总值的9.6%②。"千亿县"数量稳步增多，2007年中国首次出现3个地区生产总值超千亿元的县（市），2021年地区生产总值超千亿元的县（市）数量增至45个。经济强县培育起一批千亿级产业集群，截至2021年年底，中国县（市）千亿级产业集群至少达到26个，其中昆山电子信息产业集群经济规模达到五千亿级③。

与此同时，县域经济也存在较为明显的发展、提升空间，突出体现在两个方面：一是县域财政能力仍需进一步加强，2021年全国县域单位一般公共预算财政收入总额达到2.6万亿元，全国县域单位一般公共预算财政支出总额达到7.5万亿元，且2000—2021年县域财政收支均实现了平稳正增长，财政赤字不断加重；二是县域教育公共服务水平急需进一步提升，全国县域单位普通中小学合计在校生人数从2000年的13 830.2万人下降到2021年的10 731.0万人，年均增速为−1.2%，县域教育服务能力存在较大提升空间。

二、县域经济发展的历史沿革：基于文献研究的发展脉络梳理

为探究中国县域经济发展的历史脉络，以主题"县域经济发展"、发表日期自1987年12月18日起至2024年5月31日为检索条件，对中国知网（CNKI）

---

① 数据来源：中国县域工业经济发展报告（2023）。
② 数据来源：中国县域经济发展报告（2020）。
③ 数据来源：中国县域工业经济发展报告（2022）。

中 CSSCI(Chinese Social Sciences Citation Index,中文社会科学引文索引)来源的期刊文献进行检索,得到 3 101 篇研究文献。在此基础上,筛查和清洗初始文献数据,手动剔除非研究类论文及无效、重复、明显不相关的样本文献,最终得到共计 3 096 篇文献。从文献数量来看,学界对中国县域经济发展的关注程度及研究强度如下:由图 1-1 可知,中国县域经济发展研究主要出现于 1998 年之后,文献发表数量自 2002 年开始大幅度增多,2004—2011 年处于波动上升阶段,并在 2011 年达到峰值 198 篇,此后研究热度逐渐下滑,在 2020 年达到近 10 年来的最低点 90 篇。此后研究热度稳步回升,发文量也持续增长,并在 2023 年达到 192 篇,预计 2024 年发文量将达到 198 篇,回到峰值水平,县域经济发展主题研究仍将保持较高热度。

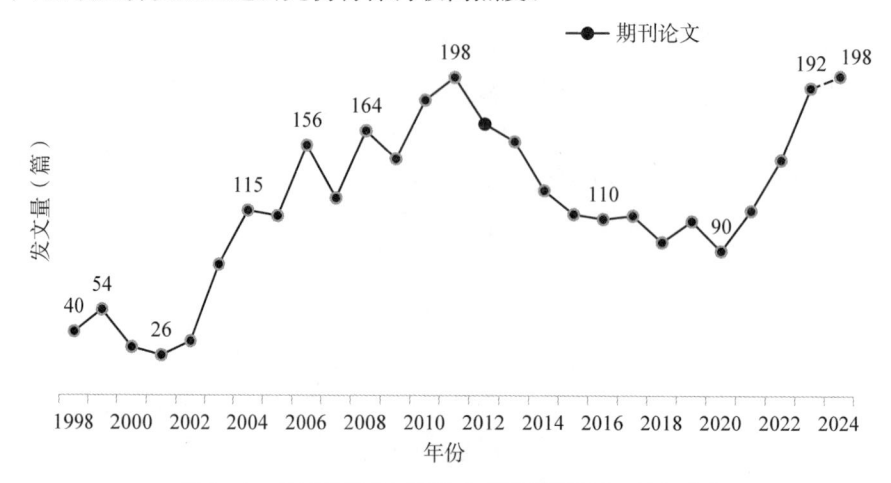

图 1-1　县域经济发展研究文献数量(1998—2024 年)
数据来源:中国知网(CNKI)文献检索,作者整理。

县域研究热度与中央关注强度及地方发展成效紧密相关。改革开放以来,县域经济经历了由混乱到有序、由分散到集中、由数量增长到质量提升的历史变迁。从宏观政策及县域响应两方面入手,梳理县域经济发展的历史脉络,并划分为以下四个历史阶段(见图 1-2)。

(一)供给短缺时期以乡镇企业引领的县域经济发展阶段

新中国成立后,国家优先发展重工业,城市成为经济建设的主战场,县域与农村经济的发展长期处于边缘化位置。城市的加速发展导致城乡差距扩大,城乡二元结构矛盾不断深化,其中农村资金短缺和政策支持不足是主要矛

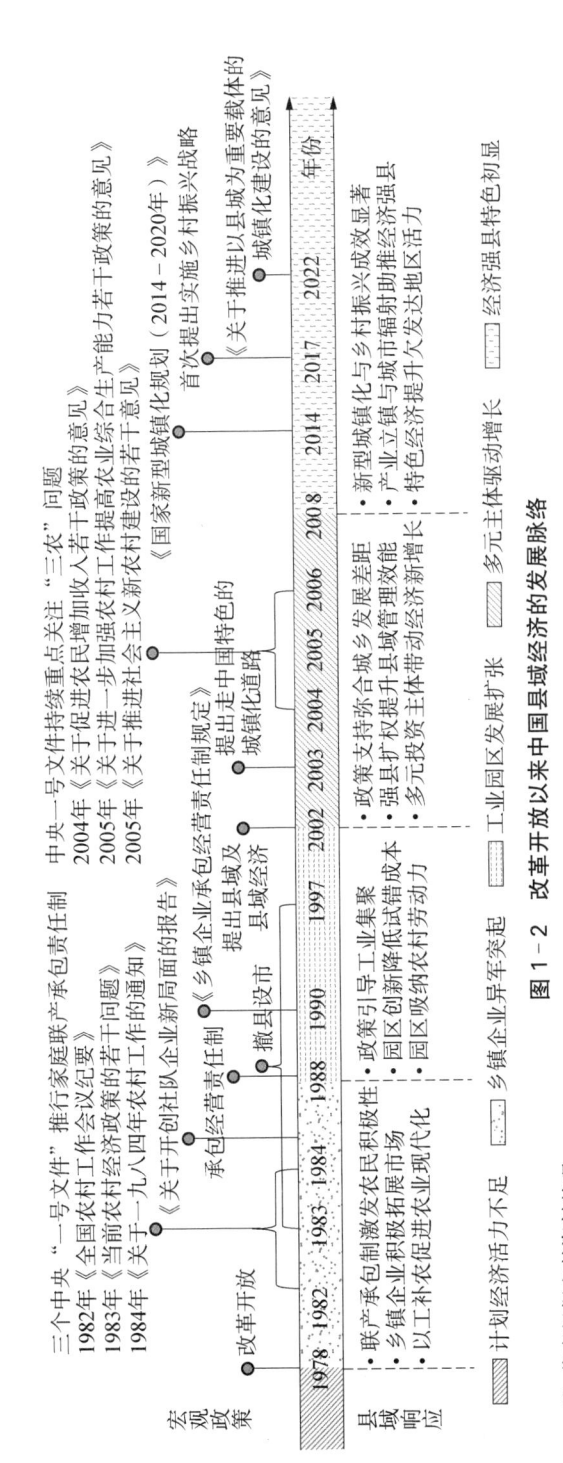

图 1-2 改革开放以来中国县域经济的发展脉络

注：作者根据文献资料整理。

盾点。尽管农业生产和公共服务水平在此阶段有所改善，但县域经济服务于城市经济，仍以小规模、低技术的模式缓慢发展，急需制度改革以缓和矛盾。改革开放以来，试验和创新引领农村发展，家庭联产承包责任制的全面推行和乡镇企业的蓬勃发展显著激发了县域经济活力，构成推动县域经济发展的外生和内生动力（刘青海等，2009）。

生产经营责任制不断演变，家庭联产承包责任制、承包经营责任制、资产经营责任制等形式接续出现。家庭联产承包责任制始于1978年，是马克思主义农业合作化理论在中国新的实践。1982年至1984年，党中央连续发出三份"一号文件"关注农村责任制改革，家庭联产承包责任制迅速推向全国。中华人民共和国农业部令第16号《乡镇企业承包经营责任制规定》于1990年4月13日经农业部常务会议通过予以发布施行。

家庭联产承包责任制赋予农民自主权，带动了农民的生产积极性。基于学界对"李约瑟之谜"的探讨，物质资本与人力资本结合以实现科技创新与生产活动并行，是摆脱贫困均衡陷阱的一条有效路径（蔡昉，2015）。计划经济时代，县域经济发展受到"平均主义"、户籍制度及土地制度的约束，而家庭联产承包责任制的推行恰恰给了农民土地使用权及自主经营权，这一举措推动了农民收入的提高，使得微观个体达到原始资本积累的飞跃临界值成为可能，为后期乡镇企业的兴起奠定了良好的物质基础。

乡镇企业抓住改革契机，积极抢占市场。正逢十一届三中全会带来改革浪潮，县域坚定推进从计划经济到市场经济的改革进程。从计薪形式看，广东农村生产队率先推行"几定一奖"的计薪形式，通过定劳定产、超产奖励、减产惩罚等制度，重新开拓了按劳分配、多劳多得的局面，调动起生产队劳动者的生产积极性，同步推动了农业生产力的提升（韦钦，1979）。1984年，中共中央和国务院转发了农牧渔业部和部党组《关于开创社队企业新局面的报告》，提出将社队企业统一改称为乡镇企业，并肯定了乡镇企业在发展多种经营、实现农业现代化中的重要地位，乡镇企业成为新兴私营部门的重要组成部分。20世纪80年代中期，政府开始推行双轨制价格体系，允许乡镇企业在满足国家计划任务的基础上，自主销售剩余产品，这一市场化改革举措为乡镇企业进入市场、扩大生产、促进销售提供了契机。

乡镇工业是乡镇企业发展的重要支柱。"围绕农业办工业，办好工业促农业"，是发展乡镇工业的初期指导思想。乡镇工业根植于农业，随着规模壮大及产业转型，其从农业中剥离，又依托其物质资产积累和现代化设备反哺于农业,从"以工补农""以工建农"两个维度促进了农业现代化的进程(韦钦,1979)。乡镇工业起源于农民,在实践中发展,部分乡镇工业部门作为"增长极",巧妙地带动了具有广泛前后项生产联系的农业和第三产业部门的增长(薛德升等,1998)。

"苏南模式"成为一种代表性经济发展模式。该模式是依托乡镇工业、政府主导、市场调节的集体经济形态,在促进乡镇工业化进程的同时吸纳了由于农业生产率提高而产生的剩余劳动力,使农民以"离土不离乡"的形式由农业部门转向工业部门,对缩小城乡差距、保持社会稳定方面作出了积极贡献(刘青海等,2009)。

位于珠江三角洲的北窖镇是"以工建农"的典型案例。该地区依托符合本地发展特色的乡镇工业,形成畜牧和水产品生产加工的工农业生产综合体,并于1992年获批国家星火计划重点项目,第三产业也在16年间实现了产业规模扩张、就业人数增加、产业结构日趋丰富的长足发展。北窖镇乡镇工业发展带动了地方农业的发展和转变,促进了服务于工业生产和保障劳动力再生产的第三产业的增长。

改革为乡镇企业的尝试提供了政策引导和支持,乡镇企业的践行者以切身实践为中国改革开放初期的发展路径提供了积极反馈和宝贵经验,也为工业园区发展、扩大规模效应打下了良好的产业基础。改革开放初期的县域经济沿着恢复农业生产、推动工业发展的路径积极探索,国家大力推进责任制改革进程,乡镇企业充满活力,不断尝试工农互补发展新模式。乡镇企业自主经营、自负盈亏,缓解了中国改革开放初期生活及工业用品供给短缺的困境;在发展前期与不断深化改革相辅相成,以较低的生产及试错成本为工业化、农业现代化、农村城镇化做出重要实践,也为中国特色社会主义市场经济建设开辟了道路;在发展后期部分县域初步探索出适合自身的综合发展路径,"以工补农""离土不离乡"等形式为农业工业化、劳动力转移带来积极影响。然而,乡镇企业发源于民间,缺乏政府监管与引导,存在布局零乱、资源错配的现象,"村村点火,户户冒烟"的工业发展状态急需得到改善。

(二) 快速工业化时期以工业园区发展扩张为引擎的县域经济发展阶段

20世纪90年代以来,工业园区受市场自发集聚、宏观政策引导两股力量驱动而发展壮大(马廷玉和邬冰,2009)。一方面,乡镇企业"小、散、乱"的发展态势急需得到规范引导和整合,发展产业集群可解决小企业、小产品的规模经济问题,而工业园区正是依托其载体型经济的特点成为产业集群的重要选择。另一方面,政府通过加快工业园区建设,形成城镇新的产业增长点,提升县域城镇化水平,驱使农村剩余劳动力向城镇转移。

工业园区在资源高效利用、促进要素流入和降低试错成本等方面具有独特优势。工业园区在特定的空间地域范围内呈现产业集群的态势,显著降低了对土地等自然资源的占用,有效改善了发展早期县域工业用地规划不合理及工业设施无序分布的现象,这种集中化的布局极大地促进了土地等自然资源的节约与高效利用,同时有利于污染的有效控制,避免了工业发展的碎片化和重复化(斯丽娟和曹昊煜,2022)。工业园区的扩张使处于工业化初期的县域初步形成了吸纳投资和整合分散资源的平台,促使各方面资金、技术、人才等生产要素向园区流动,促进县级经济中心迅速形成,使其成为县域经济发展的增长极,以较低的成本就近接纳农村剩余劳动力,同时带动城镇三次产业的协同发展。此外,工业园区还在试验和验证方面具有独特的价值,其以相对较小的投资规模为寻求新型发展模式提供了平台。新政策、新技术的小范围可行性试验取得成效后,便可进一步推广至更大范围。这种基于试验的推广策略,不仅能够降低县域经济的发展风险,也能够提高资源利用效率,一定程度上节约潜在沉没成本,对于促进可持续发展具有重要意义。

工业园区也存在企业过度扩张、质量良莠不齐等现象。在发展初期,县域园区经济致力于扩大总量规模,将县域资源的有效利用与经济效益的提升作为发展的主要着力点,但对发展质量重视不足,存在产业停滞、资源闲置的情况,这影响了它作为县域经济增长极的作用的发挥(薛德升等,1998)。与国家级工业园区相比,县级工业园区在技术支持、人才储备、区位条件、政策扶持及管理水平等方面优势欠缺,使得县级工业园区在招商引资过程中处于相对不利的态势,建设初期入园企业的规模普遍偏小,对园区经济总量的快速增长起到一定制约作用(谢美娥,2010)。

总体而言,工业园区促进了县域经济的壮大,为当地吸纳了大量资金、技术及人才。乡镇企业集中入园,实现基础设施、资源及服务共享,产业布局从分散式向集中化转变,为经济强县的崛起和各县谋求适合自身的经济发展模式奠定了经济基础。

(三) 新世纪初快速城市化引领、多元主体驱动增长的县域经济发展阶段

步入21世纪,县域经济发展方向与党的部署紧密相连,该阶段县域经济在"三农"问题、省直管县等政策的指引下不断发展,在中国加入世界贸易组织、外资涌入、要素重新配置的背景下寻求机遇,重心由经济增长向经济发展转变。

城乡鸿沟急需弥合,县域经济发展的重要性与日俱增。基于刘易斯的"二元结构"理论和涓滴理论,工业化和城市化进程的加速将驱动劳动力自发迁移及要素流动,实现城市与农村二元矛盾的调和。由于发展早期资本的有限性,中国执行效率优先政策,以城市作为主要经济增长极,选择了"先富带动后富"的非均衡发展路径,以期实现城市惠及农村、城乡融合发展的目标(罗必良和耿鹏鹏,2023)。然而,中国县域面临多重因素交织的发展困境,群众的社会认同感不足、虹吸效应使要素向城市集聚、马太效应加剧贫富差距,以城市为中心的传统经济增长模式已经不符合当前的发展趋势,县域在解决"三农"问题、推进城乡融合发展中的担纲地位逐渐显现(苏艺和陈井安,2020)。

党和政府全方位推进县域经济向纵深发展。2002年,党的十六大首次提出发展农产品加工业,壮大县域经济的目标。此后,党的十六届三中及六中全会提出要重视农民权益及城乡协调发展,提出要大力发展县域经济,加快城镇化进程。2007年,党的十七大提出要推进社会主义新农村建设,关注农民就业增收、乡镇企业发展及县域经济壮大。2004—2006年,中央一号文件持续重点关注"三农"问题,县域经济在贯彻实施国家战略的同时谋求自身发展。除党的统一规划部署外,国家还针对新时期县域经济发展出台了针对性政策,从缩小县域内城乡教育差距、科技创新驱动县域发展、以县域为基本单元推进城市化等方向指引县域发展(于亿亿和冯淑怡,2024)。

东西部县域经济主体对"三农"问题的应对方式存在较大差异(刘丽娟,2023)。东部沿海县域多靠近发达城市圈,城市涓滴效应对周边区域的经济拉动作用较为显著,企业在市场驱动下向知识密集型、区域特色型产业等新领域拓展,"三农"底色在现代化发展进程中逐渐褪去,对上述政策的敏感度较低;中西部县域则高度重视"三农"相关的政策导向,充分利用政策势能发掘自身潜力,为经济发展构建新的支撑点,开辟出可持续发展的新路径(吴业苗,2023)。

政府层级体制改革提升管理效能,为县域经济增添活力。省直管县改革有助于增强省级财政统筹调控能力,优化资源分配,提升财政资金利用率,并通过对省级和县级政府进行合理的权责划分,避免职责不清、推诿扯皮的现象。在粮食安全保障领域,改革增强了县域应对突发事件和解决民生问题的能力(杨义武和林万龙,2024);在绿色经济发展领域,改革通过增加环保支出和降低工业产值比重等措施,显著提升了城市的绿色全要素生产率;在创新驱动发展领域,政府扁平化改革对企业的创新规模与质量均有正向影响(汪涌和郭庆宾,2024),通过降低企业税负、节约融资成本和改善营商环境以推动企业创新进步。然而,改革的政策效应存在滞后性,且区域间效果差异显著,需针对不同地区制定差异化政策;县级政府在承担更多财政事权和支出责任的同时,可能面临财政压力增大的问题,需要省级政府提供适当的支持和帮助。总体上,政府层级体制改革使县域经济呈现出"抑强扶弱、协同发展"的特征,合理优化改革的实施范围与方式,科学划分财政事权和支出责任,将有助于缩小县域差距,实现共同富裕的目标(周功满,2024)。

资本流通带来县域经济增长方式的转变,投资主体趋于多元化。民营经济逐步成为县域经济发展的主力军,同时鼓励发展个体、私营、外商等多种经济形态(陈晓雪等,2010)。其中以上市公司为代表的企业通过信息网络和社会声誉,带动信息流通共享,为县域提供了声誉保障,显著提高了地区对外资的吸引力和利用率(周欣雨等,2023),催化县域经济形成新增长极,助力城乡融合发展。

21世纪以来,县域经济在国家和地方政府的引导下稳中求进。新政策、新机遇驱动县域经济由高速增长转向高质量发展,资本涌入带来民营经济等多元投资主体的壮大,事权财权的下放政策提高了县级行政及财政效率。县域经济发展双管齐下,一方面响应国家号召,在解决"三农"问题、提升农村工业化和市场化水平及弥合城乡发展差距中发挥了重要作用;另一方面,地方政府积极进行招商引资和技术革新,发展外向型经济和开放型经济,持续生成县域新的经济增长点。

(四)新型城镇化时期以经济强县带动、城乡融合推进的县域经济高质量发展阶段

党的十八大以来,中国特色社会主义新时代,全面建成小康社会进入决胜期。因社会的流动性增强、贫困问题持续存在、自上而下的政策弊端及土地工程管理不足等复杂因素的交织影响,农村地区的发展面临着困境(马历等,2018),具体表现为高素质人才外流、弱质性劳动力留守农村、现代农业科技和装备推广困难、顶层设计不足等,进而引发"空心村"、土地撂荒和乡村经济活力衰退等问题(龙花楼等,2009)。在此背景下,以优势产业转型升级激发县域内发展动力,促进新型城镇化和乡村振兴战略协调推进,成为中国新时期县域经济高质量发展的新要义。

党和政府高度重视新型城镇化及乡村振兴战略,并颁布了一系列政策。2002年,党的十六大提出走中国特色的城镇化道路。2005年,十六届五中全会提出促进城镇化健康发展。2007年,党的十七大指出要按照统筹城乡、布局合理、节约土地、功能完善、以大带小的原则,促进大中小城市和小城镇协调发展。2012年,党的十八大明确了"新四化"的具体发展路径。2013年,党的十八届三中全会明确提出完善城镇化健康发展体制机制。2014年,《国家新型城镇化规划(2014—2020年)》出台,标志着"新型城镇化"作为国家战略,其体系已经开始完善和定型。2017年,党的十九大首次提出实施乡村振兴战略,此后中共中央、国务院连续多年颁布中央一号文件,为推进乡村振兴提供了全面指导。2022年,中共中央办公厅、国务院办公厅印发《关于推进以县城为重要载体的城镇化建设的意见》,充分肯定了县城在推进新型城镇化建设中的重要意义。

积极配合国家战略,县域经济发展成效显著。县域经济增强农村产业,培育乡风文明,加强村级治理,重塑城乡关系,成为加快推进乡村振兴战略的主要阵地。此外,县域经济因地制宜优化产业布局,发展多元产业;引导优质人才向县域流动,搭建创业平台并为居民提供高品质生活;打造亲商重商的县域营商环境,促进要素配置向县域流动(杨晓军和宁国良,2018);"一县一组"对接脱贫县,以科技赋能县域产业发展,以多重实现路径促进新型城镇化建设。其中,县域园区经济在改善城乡关系方面焕发新活力。县域工业园区内劳动密集型产业的用工需求与农村剩余劳动力的供给呈现良好的契合度,有效的供需匹配有力推动了新型城镇化的建设和乡村振兴的全面发展。

"产业立镇"与城市辐射助力经济强县崛起。民营经济等多元投资主体进一步壮大,突破了第一、第二、第三产业全面发展的传统模式,众多小城镇因地制宜,逐渐形成特点鲜明的区域特色经济。城市群对经济强县的牵引带动作用日益显著,核心辐射、嵌入融合成为区域协作的典型模式,县域与都市协同发展,实现科技经济一体化繁荣,形成共建共享的有机经济体系。从经济强县崛起的先决条件看,临近省会或发达城市、易于承接人口和科教资源辐射的县域,中西部地区交通区位较好、要素成本低廉的县域,以及具有良好产业基础和体制优势的县域,有望率先实现产业转型升级。而欠发达地区的县域可将乡村振兴等战略的利好性作为经济发展的新引擎,并以此为抓手,围绕特色农业、优质工业、生态旅游、乡风文明等领域打造县域经济增长点,提高县域经济发展质量,增强欠发达地区的经济活力,确保居民生活水平稳步提升。

党的十八大以来,中国积极实施新型城镇化与乡村振兴战略,政策体系不断完善。县域作为主阵地,多措并举促进城乡融合发展,为县域经济激发新引擎。特色经济与城市辐射助力经济强县崛起,工业园区和特色小镇的作用不容忽视。同时,欠发达县域充分响应国家战略,助力县域经济总体水平稳步提升。现行的城镇化模式也存在不足,"土地财政"的运行模式损害了农业生产者的利益;"重生产,轻人文"的发展现状不利于县域经济循环(斯丽娟和曹昊煜,2022)。保障进城落户农民土地承包权、宅基地使用权、集体收益分配权,支持引导其依法自愿有偿转让上述权益;增强文化认同感,持续推进以人为核心的新型城镇化等,是县域经济未来发展的有效路径,在促进城乡全方位融合、推动县域经济可持续发展等方面具有重要意义。

三、县域经济的理论研究热点与发展动向:基于 CiteSpace 工具的分析

(一)研究热点及演进趋势

本研究对样本文献进行关键词共现网络分析,通过关键词词频及中心度考察县域经济发展的理论研究热点(选取了词频共现频次为 20 次及 20 次以上的关键词予以展示,具体共现关键词见图 1-3,其中节点大小代表频次高低,链接显著程度代表节点间相关度强弱)。具体来看,词频较高的关键词包括县域经济(799 次)、县域(214 次)、城镇化(88 次)、经济增长(68 次)等,中心

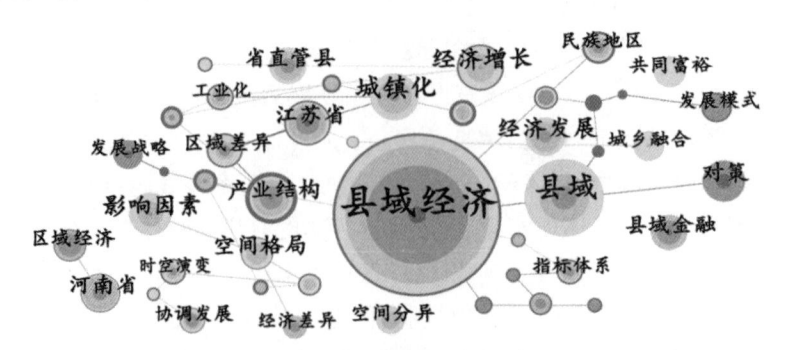

图 1-3 县域经济发展研究的关键词共现图谱
数据来源:中国知网(CNKI)文献检索,作者整理。

度较高的关键词包括县域(0.26)、产业结构(0.25)、发展模式(0.22)、民族地区(0.22)等。这表明对县域经济发展的研究以探究城镇化进程、县域经济发展模式、三次产业结构变动为重点，同时对民族地区的发展也有较高的关注度。

通过对样本文献进行关键词突现分析，可以发现县域经济发展研究热点的变迁趋势。由图1-4可知，1998年至2024年的突现关键词包括县域经济、发展、对策、发展战略、发展模式、省直管县、空间格局、影响因素、县域治理、经济增长、乡村振兴、共同富裕、城乡融合、数字经济和碳排放。从时间维度来看，研究主题从早期探究县域经济发展的基本对策和模式，到中期多维度分析县域经济发展的影响因素，再到关注县域治理效能提升，然后是近年来重视乡村振兴战略及城乡融合发展，向共同富裕持续迈进。从研究强度来看，乡村振兴(36.29)、共同富裕(15.04)、县域经济(14.16)、发展(12.76)、对策(12.21)、城乡融合(11.12)是研究强度较高的关键词，从中可以看出乡村在解决城乡矛盾、促进县域发展中的担纲地位，对规划及对策合理性和有效性进行探讨和评估也是学界的重点研究方向。此外，省直管县、数字经济、碳排放等关键词体现了行政、科技、环境等方面的相关研究，而这也拓展了县域经济发展研究的多维视角。

关键词	突现年份	强度	起始年份	终止年份	1998—2024
县域经济	1998	14.16	1998	2011	
发展	2001	12.76	2001	2011	
对策	2001	12.21	2001	2011	
发展战略	1999	7.08	1999	2011	
发展模式	2003	5.15	2003	2011	
省直管县	2007	6.11	2007	2011	
空间格局	2008	9.03	2012	2024	
影响因素	2007	7.13	2012	2024	
县域治理	2010	5.63	2012	2024	
经济增长	2008	5.42	2012	2024	
乡村振兴	2018	36.29	2019	2024	
共同富裕	2022	15.04	2022	2024	
城乡融合	2019	11.12	2019	2024	
数字经济	2021	5.83	2021	2024	
碳排放	2019	5.74	2019	2024	

图1-4 县域经济发展研究的关键词突现图谱
数据来源：中国知网(CNKI)文献检索，作者整理。

(二) 研究主题与发展动向

基于共现关键词及突现关键词对县域经济发展的重点文献进行梳理,可以将学界近些年关注的研究主题总结为新型城镇化与乡村振兴、政府体制改革、空间格局、数字经济、绿色经济等五个方面,这五个方面也基本勾勒了县域经济发展相关研究理论与实践的演进路径。

1. 新型城镇化与乡村振兴战略研究

通过对文献间的关联度进行分析,发现新型城镇化与乡村振兴战略有机融合、关系密切(郭冬梅和吴雨恒,2024),二者的战略耦合受到政府"有形之手"的推动引导,充分发挥了县域自身的比较优势,促进了劳动力及土地等要素的优化配置,是实现城乡统筹发展的关键举措,因而成为县域经济发展的重点研究主题(陈柳钦,2024)。

学者对县域经济发展现状进行指标构建及政策效能评估,发现新型城镇化与乡村振兴战略从多维度促进了县域经济发展。具体来看,新型城镇化改善环境质量,且改善强度随经济及互联网发展水平的提高而增强;新型城镇化提升就业质量,通过增强公共服务可及性及身份认同感为农业转移人口"赋能";新型城镇化依托主导产业进行产业链完善及延伸,同时带动县域主导产业的集聚化、规模化和高质量发展。乡村振兴成效研究以推进共同富裕和高质量发展为导向,从新质生产力驱动乡村发展、数字要素推进传统商业变革、城市人才服务农业农村等视角进行分析,形成了较为全面的研究体系。同时,城镇化进程中也存在忽视发展规律、城市盲目扩张、乡村生态恶化等亟待解决的问题(姚士谋等,2014),可以从县域空间布局优化、县域公共服务设施均等化、政策制定与实施的协同性等方面进一步推进新型城镇化与乡村振兴战略的融合发展,且城乡矛盾值得持续关注。

2. 政府层级体制改革效能研究

政府层级体制改革主要包括两大类——行政"强县扩权"和财政"省直管县"(黄征学等,2023)。前者是事权下放,主要涉及将地级市的部分经济社会管理权限下放到县;后者则是财权下放,在财政体制上实行省对县的直接管理(才国伟等,2011)。其中,由"市管县"到"省直管县",即改变原有的"中央—省—地级市—县—乡镇"五级政府层级结构的行政体制,减少地级市这一政府层级。政府层级体制改革对行政管理效能的影响需要辩证分析。

学者从不同政府层级进行分析。从地级市层面,"强县扩权"显著提高了地级市的财政收入,抑制了财政支出,改革阻力相对较小;而"省直管县"则产生了相反的效应,引发了较大的抵触情绪(才国伟和黄亮雄,2010)。此外,两项改革共同实施,对地级市的财政收入和财政支出均有抑制作用,会延缓中等城市区域经济增长中心的形成(郑风田,2009),但有利于改善产业结构及城市环境。从县域层面,两项改革共同实施对县域财政支出和经济增长具有更明显的促进作用(张占斌,2007),在县域层级推行。总体来看,政府层级体制改革提高了行政及财政效率,对县域经济的发展有正向影响。政策实施要因地制宜,侧重"聚"而"异"的发展模式可引导规模经济和集聚经济的形成,同时容易加剧核心区域与周边县域的经济差距;"散"而"全"的发展模式应当立足各县营商积淀及文化特征,不可盲目依赖行政手段。

3. 县域的空间格局演进分析

县域空间格局的演进呈现出显著的区域性和类型化特征,不同地区的发展路径和影响因素各异。从县域的地理区位视角,中国山区县人口呈现出持续收缩的趋势,山区县的空间格局表现出片区集中收缩分布的特点,可归于自然、生计、制度和意识形态层面等因素的复合影响(侯晓静等,2024)。其中,高就业密度及文化因素抑制人口收缩,地理距离和制度分割增加了人口收缩的可能性。2000—2020年,中国县域城镇人口和县域城镇土地在总量与增量上的空间匹配度呈下降趋势。总体上,全国县域城镇土地扩张速度快于县域城镇人口增长速度。具体来看,南方地区县域城镇人口占比高于北方,而北方地区县域城镇土地占比高于南方,呈现出南方"人多地少"、北方"人少地多"的格局。各地政府应当针对不同类型的县域因地制宜,采取不同的改进措施,加强公共服务资源的设施完善及均衡分配,持续优化经济和产业结构,推进农业生产的数字化和特色化发展。

县域空间格局与创新水平、金融发展等相互作用,对经济效益影响显著(肖松等,2024)。部分学者从城市群层面对县域科技创新进行实证分析,发现高新技术产业发展、创新平台建设及科技人力资源等禀赋的不平衡使得县域创新效率在不同城市群呈现显著差异。在县域经济发展中,金融资源的空间集聚通过增加创业、激发创新对经济韧性产生正向效应和空间溢出效应,且溢出效应在经济发展水平较高的县域更加明显,呈现出显著的"效益依赖性"。空间与人口、科技、金融、环境等因素交互演进对县域经济产生影响的机制,值得持续探究。

4. 数字经济驱动效应研究

数字经济对县域经济发展的影响主要体现在提升县域农业及工商业发展

质量上,数字经济驱动城乡融合发展和乡村振兴成效显著(依绍华和吴顺利,2024)。近年来,中国县域产品及服务市场在规模扩张、农村电商、物流配送体系及农产品流通渠道等方面取得了显著进步。然而,商业网点数字化改造不足及商贸企业数字化转型成效不佳等问题,成为制约县域经济高质量发展的主要障碍。从改进措施上看,政府部门应加强县域数字基础设施和商业大数据中心建设,完善"互联网＋各类产品"流通配送体系,鼓励商贸流通新业态、新模式和新应用场景的创新,从而提升县域市场主体竞争力,推动县域经济朝着大规模、高质量、普惠便民的方向发展(喻龙敏和易法敏,2023)。

通过对县域数字经济发展进行机制分析,发现数字基础设施建设、乡村治理及乡村生活的数字化是影响县域经济发展的重要途径。完备的数字基础设施可为县域经济发展提供基础性平台支持,"数字县域"带来乡村治理能力及居民生活环境的数字化和智能化,对农业及工商业大数据的运用将自然形成"多规合一"治理体系(王铮和唐小飞,2020),实现要素资源的统筹管理和高效配置,从而实现县域内产业的高质量发展。此外,数字经济赋能县域绿色发展(张英浩等,2022),助力县域普惠金融(梁桂保等,2024),提高全要素生产率,渗透于县域经济的诸多领域。

5. 县域绿色经济效应研究

县域绿色经济发展已成为当今社会发展的重要趋势,涉及乡村振兴、生态文明建设、经济结构调整和产业转型升级等多个层面。农村小微企业的绿色转型在这一过程中扮演着关键角色,但也面临着环保目标和经济发展难以协同的困境(刘凌和肖晨阳,2023)。为应对环境成本内部化的压力,企业可通过扩大产能和控制用工成本来维持运营,但这种方式也会带来产能过剩和劳动力供需不匹配等问题。生态现代化理论强调通过技术创新优化生产方式,同时通过制度创新重构市场机制,推动环境与经济的协调发展,为企业的长期良性发展提供了新导向。虽然绿色转型可以改善环境质量,但也可能带来经济效益下降和社会失业的问题,企业在转型过程中必须平衡环境效益、经济效益和社会福利增长,县级政府应当重视绿色小微企业诉求,出台帮扶政策,促进绿色经济的可持续发展。

此外,劳动力返乡创业被视为促进县域绿色低碳发展的有效途径(魏滨辉和罗明忠,2024)。返乡创业试点政策通过降低能源消费、推动产业结构升级和提升技术创新水平,帮助县域实现碳减排和经济可持续发展。工业园区作为绿色发展的主要平台,需要建立健全绿色发展机制,为环境友好型初创企业

第一章　中国县域经济发展模式概述　/　17

发展提供优渥环境,助力环境保护与经济发展双赢局面的形成。总体而言,绿色经济延续了可持续发展的核心理念,是中国特色社会主义应对全球生态环境挑战的理论创新,符合历史潮流的演进规律。绿色经济在拓宽县域经济增长路径,推动环境、制度和社会的综合发展方面成效显著。

四、县域经济发展模式分析:兼议文献研究热点与趋势

中国幅员辽阔,县域间物质资源禀赋、经济发展阶段、历史文化特质等发展先决条件存在显著差异,县域经济发展受到各县(市)综合资源配置、发展状况、政策指引及社会环境等多方面因素的影响,形成了丰富多元、差异化的发展路径和发展模式。本研究对县域经济发展模式进行文献分析,发现研究热点集中于经济增长驱动因子、典型县域发展模式及共同富裕实现路径。

(一)县域经济发展模式的研究热点与趋势分析

为进一步探究县域经济发展模式,以主题"县域经济发展模式"及"县域经济模式",发表日期自1987年12月18日至2024年5月31日为检索条件,对中国知网(CNKI)中CSSCI来源的期刊文献进行检索和筛选,最终得到共计125篇文献数据,并利用CiteSpace做进一步分析。

本研究对125篇CSSCI期刊样本文献进行关键词共现网络分析,以揭示县域经济发展模式的研究热点。本文选取词频共现频次为2次及2次以上的关键词予以展示,具体的共现关键词见图1-5,其中节点大小代表频次高低,

图1-5　县域经济发展模式研究的关键词共现图谱

数据来源:中国知网(CNKI)文献检索,作者整理。

链接显著程度代表节点间相关度强弱。词频较高的关键词包括县域经济（66次）、发展模式（28次）、义乌模式（3次）、浙江模式（3次）、共同富裕（3次）等，可以看出县域经济沿市县分治、产业立县、县域创新、科学发展等路径发展，形成了诸如浙江模式、义乌模式等地域分异模式，也存在创新模式、服务模式等驱动发展模式。

由图1-6可知，县域经济发展模式自1998年至2024年的突现关键词包括民族地区、发展模式、金融支持、县域、沟域经济、浙江模式、特色产业、产业集聚、东北地区、义乌模式、市县分治、服务模式、经济增长和共同富裕。从时间维度分析，研究课题从寻求县域经济的主要发展模式，到基于金融发展、特色产业、行政手段等影响县域经济发展的因素深入研究，进一步形成并分析多类形态较为成熟的特色模式，以关注经济增长和实现共同富裕作为最终落脚点。从研究强度分析，发展模式（2.03）、共同富裕（1.96）、沟域经济（1.48）、模式（1.27）等是研究强度较高的关键词，表明县域利用天然特色及先发优势是创新发展模式、提高居民生活质量、实现共同富裕的有效途径。

关键词	突现年份	强度	起始年份	终止年份	1998—2024
民族地区	1998	0.84	1998	2007	
发展模式	2003	2.03	2003	2007	
模式	2000	1.27	2003	2012	
金融支持	2005	1.16	2005	2007	
县域	2006	1.01	2006	2012	
沟域经济	2009	1.48	2009	2012	
浙江模式	2008	1.2	2008	2012	
特色产业	2011	1.19	2011	2012	
产业集聚	2012	1.11	2012	2007	
东北地区	2010	1.08	2010	2012	
义乌模式	2008	1.07	2008	2012	
市县分治	2009	0.77	2009	2012	
服务模式	2017	1.19	2017	2022	
经济增长	2013	1.13	2013	2017	
共同富裕	2022	1.96	2022	2024	

图1-6 县域经济发展模式研究的关键词突现图谱
数据来源：中国知网（CNKI）文献检索，作者整理。

(二) 县域经济发展的路径探究

县域经济发展模式可理解为一种实践路径，是县域在实践中形成的具有特色的经济发展过程的总和(战炤磊,2010)。县域经济发展受到多元因素的驱动,本研究以多视角对影响县域经济发展的因素进行梳理,归纳出县域经济发展的三条路径,其对深入理解中国县域经济发展的内在逻辑具有引导作用。

1. "互联网+"与数字经济接力,驱动县域经济智能化转型

随着"信息进村入户"等工程在农村及偏远地区的推广,互联网基础设施建设日益完善、县域内互联网服务普及率稳步提升,为"互联网+"模式的可实现性提供保障,成为县域经济发展新的驱动力。互联网通过拓宽市场渠道、优化资产利用、带动产业集聚等机制作用于县域经济各领域,实质上为县域农业现代化、工业转型升级及服务业创新发展带来了新路径和新选择(范轶芳等,2017)。

从具体实现形式上,"互联网+"产品销售模式打破了传统销售模式的时空制约,销售品类丰富,通过政府整合线下资源,企业与电商平台联合经营,拓宽全国性交易渠道,延伸产业链,提升产品销售量和效率;"互联网+"农地模式通过互联网平台实现城市居民与农村土地的连接,发展定制农业,提升农业生产的现代化水平;"互联网+"旅游模式结合县域的生态和旅游资源,通过互联网进行资本导入和专业运营,打造特色化、专业化的旅游产品和服务;"互联网+"生产制造模式对传统产业进行转型升级,构建线上线下融合的运营模式,提升制造业的竞争力。

近年来,县域经济发展面临转型困难、融资压力大、激励不足等制约(梁桂保等,2024),数字化现代信息技术的繁荣为县域经济注入了新活力。数字经济的发展为县域经济循环提供了新模式,通过减少搜寻成本、验证成本、复制成本和追踪成本提升县域经济循环体系的通畅性;交通便利度对提升数字经济的覆盖广度和使用深度有正向影响(张柳钦和何磊磊,2023),使得数字普惠金融从覆盖广度、使用深度及数字化程度等方面缓解了被传统金融排斥的情况,增强了县域吸纳劳动力的能力和潜力(粟麟等,2022);数字经济还能够降低信息不对称程度,减少资源错配及垄断现象,提高劳动者由农村向城镇流动、由传统行业向现代部门转型的平滑度,促进城乡、政策和生产的良性互动。

2. 空间溢出与城市虹吸交互,积极探索城乡融合新路径

较发达区域在不同增长阶段对相对欠发达地区的空间影响机制存在差异。县域经济发展的空间溢出效应是指一个县市单元的经济增长会对其邻近地区产生影响,导致经济增长呈现出空间上的集聚现象(范轶芳等,2017)。区域经济梯度推移理论可以印证空间溢出效应,该理论认为,高梯度地区在技术

进步上具有先发优势,随生产周期的变动,生产活动会逐步向低梯度地区传递,实现地区间的经济收敛(洪炜杰和罗必良,2023)。

县域面临巨大的城市虹吸效应,在基础设施、产业分工、人口流动、社会治理、营商环境、环境资源保障等方面都处于不利地位。县域要素报酬低廉驱动劳动力向城市流动,且慢慢丧失了低生产生活成本的优势,处在不断被城市挤压的弱势状态,甚至会引发"极化陷阱"(周密,2009),导致城乡间差距的进一步拉大。同时,以县域为中心独立观察,发现县城同样对周边乡镇产生虹吸效应,层级递推现象显著。分析经济新趋势,挖掘潜在增长点,发展新质生产力,形成结构与功能相协调的经济发展模式,有助于更好地解决县域经济发展时空配置、资源配置、人力配置的问题,打通联结城市、县城、乡镇和乡村的桥梁,缩小因城市虹吸效应带来的城乡差距(王静华和刘人境,2024)。

两种力量耦合共同作用于城镇化发展进程。城镇化通过资本、技术和管理经验向周边地区的传递对县域经济增长具有明显的区域内正向"扩散效应",而较发达县域对周边县域劳动力及资本的吸纳则带来区域间的负向"回波效应"(卢飞等,2016)。同时,两种力量都存在空间距离递减现象,空间溢出及虹吸效应的显著性与城乡间的临近程度密切相关,随中心城市与偏远县域的距离扩大,交换成本不断提高,效益优先原则使得两种效应大幅度削弱。

3. 经济热点向欠发达县延伸,宏观政策拉动多区域共荣

中国县域经济空间分布格局与县域经济增长相互影响,空间自相关性及空间差异性作用于县域经济发展,其中经济区位、资源禀赋和区域发展政策是主要驱动因素(闫坤和鲍曙光,2018)。从演变结果看,中国县域经济发展水平表现出较强的空间自相关性,经济发展水平相似的地区在空间上集聚分布,呈现出以经济热点地区为核心的圈层空间结构,空间差异性的增强也在一定程度上带来经济热点转移。

1990年至2010年,由于沿海、沿江及沿边县域在地理位置上的优越性,其成为改革开放后最先实行对外开放的区域,依托其交通便捷和对外交往频繁的特性,大大降低了开放成本,多次参与国际分工与合作,促进了经济发展,因而经济热点区域主要集中在长三角、珠三角和环渤海地区,且热点范围不断扩大,粤闽浙沿海城市群、中原城市群等新兴城市群对县域的牵引带动作用与日俱增(罗庆等,2014)。随着改革开放向纵深发展,自然资源丰富的县域形成发展的比较优势,特别是矿产资源的开发对经济的短期增长起着决定性的作用,经济热点逐渐呈现出向北和向西移动的增长趋势;而随着国家和政府的宏观调控,区域发展政策对西部、北部的冷点区域发展起到导向作用,西部大开发、振兴东北地区等老工业基地的政策集中于西部和北部地区,促进了经济冷点区域的发展,经济冷点范围有所减少,县域经济发展的全面性得到增强。

从省域视角看,1978年以来,受国家宏观层面效率优先政策的影响及省域间各自发展的特殊性,省域内部中心县市发展迅速,省际边界地区成为相对发展较缓的弱势区域(曹小曙和徐建斌,2018)。而政府宏观调控力度由东部地带向西北省际边界区呈现出递减趋势,与西部地区县域经济发展的差异性呈现负相关态势,意味着随着宏观调控的加强,县域经济发展差异可能逐渐缩小。教育发展水平对县域经济发展的影响呈现出明显的二元分异结构,加大对贫困地区的教育帮扶力度可以作为减贫扶贫的重要手段之一。此外,县域经济的空间差异性还与地形的复杂性、交通的便利程度及产业结构的合理性等因素相关,地势平缓、交通便利、产业结构合理是缩小县域经济发展差异的重要因素(乔家君和周洋,2017)。

(三) 县域经济发展的典型模式

不同学者将县域从多角度进行划分。按地理属性可将县域划分为山区县、丘陵县及平原县;按县域距离城市的远近可将县域划分为市郊县与非市郊县;按三次产业可将县域划分为农业主导县、工业主导县及服务业主导县(闫天池,2003)。县域还可按是否沿海及主导产业划分为沿海开放县、城郊县、传统农业县、牧区县、旅游县等(李泉,2019);也可根据资源禀赋及发展导向划分为资源主导县、产业主导县和综合发展县。通过对改革开放以来县域经济的发展历程和路径进行归纳,基于县域经济发展模式的共现关键词和突现关键词进行文献梳理,可以将中国县域经济发展模式概括划分为特色资源型、城市辐射型、资本推动型、技术创新型、商贸互动型、企业导向型及产业融合型七大类型。

1. 特色资源型

特色资源型发展模式可以依据资源类型的不同划分为以下三类:一类是依托县域在气候及地理位置上的天然优势,形成的以地方特色农副产品为主的特色产品发展模式;二是围绕丰富的自然资源进行开发,如对煤炭、石油等化石燃料进行开采,形成的典型的能源经济发展模式;三是依托罕见的自然风光、特殊的人文景观或丰富的历史文化底蕴,共同构成了旅游业的核心吸引力,并以此为基点撬动餐饮、住宿、消费等系列服务业协同发展,形成的互为支撑的旅游资源发展模式。

例如,浙江省新昌县因地制宜,坚持走"区域公共品牌＋企业品牌"的发展路径,从20世纪80年代开始研制名茶,成功开发了"大佛龙井",且该茶入选2020年第一批全国名特优新农产品名录。陕西省神木市矿产资源储量丰富,是陕西省重要的煤炭产区之一,而煤炭资源为该地的经济发展提供了有力支撑。河南省中牟县境内有包含官渡古战场在内的百余处古文化遗址,民风民俗、节庆活动、传统手工艺都是中牟县丰厚历史文化传承的典型体现,为县域经济发展和文旅行业发展提供了独特的文化支撑。中牟位于郑汴产业带的核心区,还聚集了只有河南·戏剧幻城、海昌海洋旅游度假区、绿博园等八大主题公园,积极打造"中原地区最出彩的文旅之城",由借势到助力郑汴一体化进程。

综合来看,特色资源型发展模式具有起步较易、扩张迅速、取得成效较快的优势,短期内可取得较为可观的经济效益,是部分县域发展初期较为倾向的发展模式。同时,资源的高度依赖性也使该模式面临着诸多制约:粗放式的能源开采和利用导致的环境污染和资源浪费,为社会带来负的外部性;能源资源随利用程度上升,其开采难度也随之上升,由此带来成本上升和利润压缩;旅游资源的开发和旅游产业的发展需要持续完善配套产业,提升文旅核心区的容纳度和承载力。

2. 城市辐射型

城市辐射型发展模式是指县域凭借得天独厚的地理区位优势,作为后备地带为毗邻中心城市提供补充服务并接受其辐射,从而获得推动县域经济全面发展的动力。在城市辐射型发展模式中,优越的地理区位是影响县域经济发展的主导因素,地理区位优势的发挥程度决定着县域经济发展的兴衰。适用此类发展模式的县域通常邻近制造业发达、经济高度国际化、金融创新能力强、城市辐射效应强的集中化大城市,且县域与中心城市间交通便利,信息及各类资源交流密切,产业及经济运行机制呈现高关联性,具有明显的集群特征。

该模式的典型案例有长江三角洲城市群中的昆山市、张家港市、太仓市及山东半岛城市群中以胶州市作为中心城市的郊县,其均凭借该模式带动了当地经济的长足发展,在2020年分别占据了全国百强县的第1、第3、第6和第15位次。

城市辐射型发展模式具有不可替代的优势,特大城市、超大城市郊区的卫星城既能抵消部分大城市病带来的人口密集、成本激增的负面效应，又能享受大城市带来的正向空间溢出效应，还可通过地区优惠政策吸引特殊人才、内资外资、优质企业的流入，是具有地理区位优势的县域发展经济的首选模式。同时，该类县域也要避免过度依赖中心城市，应当主动探索自身经济发展的发力点和特殊性，积极维持城市圈循环和县域内循环的动态平衡。

3. 资本推动型

资本推动型发展模式是一种依托区域资本增殖载体优势，建立资本集聚平台，并营造优良资本运动环境，通过多渠道增加区域资本供给，推动县域经济发展的模式。该模式要求县域内部具备大量优质企业，拥有多样、高效的资本进出渠道，并对资本具有持久吸引力。该模式可以根据资本来源的差异划分为内资推动型发展模式和外资推动型发展模式。

内资推动型发展模式依托于国内资本市场，尤其是证券市场进行资金筹集，吸纳的资本属性呈现多元化，因此需要大量优质上市公司作为依托；第二产业优势显著，一批绩优上市公司支撑县域工业发展，逐步形成寡头结构；市场经济发育程度高，市场主体对政府博弈能力强，制度环境完善，经济运行机制健全。

内资推动型发展模式的典型案例是江苏省江阴市，其拥有传统乡镇企业和民营家族企业打下的良好工业基础，企业上市后借助资本市场融资，高效聚集起资金、品牌、市场和人才等优势，推动企业经营方式及理念的转型升级，"江阴板块"成果斐然。2023年，江阴市地区生产总值达到4960.5亿元，是当之无愧的"华夏A股第一县"（李炳炎，2003）。

外资推动型发展模式多出现于沿海、沿江及沿边县域，此类县域存在地缘情感因素吸引，且对外经济交流成本较低，因而主动参与全球经济循环，吸引国内外资本在当地拓展市场以实现自身发展。江苏昆山市是外资推动型发展模式的典型代表。1992年，昆山市抓住契机，使招商引资的重点由内资转向外资。近年来，两岸产业深度融合，台企挂牌上市成为一大亮点（张树成，2018），昆山市持续加强对欧美、日韩企业的招商引资力度，带动优质产业加速集聚。

大量资本集聚助推县域经济高速增长，此类发展模式易起步、后劲足，发展速度较快。内资驱动型发展模式往往对企业规模和质量有要求，存在一定的进入门槛，且受宏观调控政策及经济环境影响较大；外资驱动型发展模式对汇率波动、制度变革、国际形势的变化较为敏感，稳定性不足，风险系数较高。

4. 技术创新型

技术创新型发展模式是一种依托本县（市）高新技术产业集群或技术输入，培育"产业＋创新"的发展优势，以新质生产力带动技术革命性突破及产业智能化革新，并通过技术创新的稀缺性和垄断性攫取市场利润，带动县域经济发展的模式。该模式可分为传统产业革新型模式和未来产业创新型模式两类，前者涉及对传统产业的数字化、智能化、绿色化改造，后者涉及对新兴技术、未来产业的持续探索。

典型案例如江西省南昌县基于电子信息产业集群积极拓展虚拟现实（VR）产业，欧菲光、联创电子等企业是传统光电领域的龙头企业，为光学器件、显示模组等VR设备关键组件的生产提供了坚实的产业基础，推动了当地VR技术的智能化演进，为传统产业注入了新活力。2020年南昌县地区生产总值规模首次破千亿元，南昌县跻身"千亿县"行列。江苏省昆山市抢抓新一轮科技革命的重大机遇，积极布局创新性产业集群，走出新时代小核酸及生物医药产业创新集群的"昆山之路"，也是县域探索未来产业创新发展模式的典型示范。

技术创新型发展模式以技术密集型和知识密集型产业为主导，从宏观层面，其创新性和前瞻性引致的未来收入预期可吸引资本的大量涌入（王静华和刘人境，2024）；同时，此类发展模式的发展高度依赖技术革命性突破和科技创新要素有效配置，因而发展前期面临较高的研发成本投入，对微观企业而言存在一定的风险和不确定性。此外，创新技术在部分较发达县域的集聚能够起到降本增效的正向效应，但也会加剧不同县域间的发展失衡。

5. 商贸互动型

商贸互动型发展模式是指县域积极开拓国内国际市场，围绕商品流通这一特色产业在品类质量和数量层面不断拓展，开辟线上线下销售新渠道，其批发零售业绩覆盖全国乃至全球，引领县域经济全面腾飞。商贸互动型发展模式受到自然、市场、交通、政府的复合驱动：便利的地势及水运条件决定了县域的基本格局，助力商贸业以低成本高速发展；贸工联动带来"高速高强"的市场扩张，全球买卖成为可能，同时推进县域新型城镇化和产业集聚的进程；多线程的城市交通网络突破了时空硬约束，助力货运物流效率的提升，大数据、物联网等数字技术也促进了县域商贸业与电子商务的融合；政府提供政策和资金的双向支持，市场发展趋于规范化、专业化。

浙江省义乌市小商品市场的兴起是商贸互动型发展模式的典型代表。中国加入世贸组织带来全球性要素的流通,在政府规划及市场主导的双重促进下,义乌制造业和商品市场积极互动,生产形式由"家庭作坊"向产业区、经济技术开发区转变,带来传统产业转型升级,出口贸易持续繁荣,推动县域经济发展。2018—2022年,义乌地区生产总值逐年增加,2022年地区生产总值达到1835.5亿元(谢守红等,2023)。

专业化程度较高的商贸互动型发展模式能够集中行业资源,凭借强大的议价能力提升效益,同时促进专业化和产业集群发展。但商贸业及小商品生产多以劳动密集型产业为主,产品附加值较低;进出口贸易频繁,外贸风险与国际政治经济局势紧密相关;高质量人才稀缺,制约县域经济发展。县域可积极引进高新技术人才,对外贸进行科技化、智能化转型升级,提高产品竞争力,同时对小企业进行培训,提高全域防范风险的能力。

6. 企业导向型

企业导向型发展模式是指县域拥有承载优质企业的先决条件,基于本土市场效应涌现了一个或多个大型企业,其最终产品可以在满足本地需求的同时拓展出口市场,从而使该县域成为极具竞争力的对外贸易部门之一,此类巨头企业产值往往在当地地区生产总值中占据了较高的份额(宋效中等,2010)。企业导向型发展模式的典型特征有,兴办企业历史悠久,有市场经济基础和积极的创业氛围;经济发展水平较高,具备必要的原始资本和充足的需求市场;营商环境优良,政策优势为企业建立及扩张提供制度支撑。

典型案例如有"中国酒都"之称的贵州省仁怀市。仁怀白酒企业集群的主体企业可划分为特大型企业茅台集团、自主品牌企业及中小企业三类。相同及不同类型企业间的竞合关系推动了企业集群在产品质量、技术创新和营销策略等方面的综合提升,为经济高质量发展带来持续动力。

大型企业作为资本增值的优质载体,其良性发展可以对县域整体的经济活力、发展速度、社会效益、资源吸纳起到"杠杆作用",具体表现为提供新的就业岗位、完善上下游产业链、为当地带来可观的税收等。该发展模式也存在一定的弊端:企业作为微观个体,易受宏观经济周期波动影响,抗风险能力较弱;同类企业数量增加可能带来同质化产品,造成企业利润下滑,不利于企业间的良性竞争和个体的长期存续。县域可在巩固现有特色企业的基础上,拓展相关新领域,降低系统性风险,同时引导各企业打造特色品牌,推进技术创新步伐,以差异化经营创造独特企业价值。

7. 产业融合型

产业融合型发展模式的特征可以从产业规模、产业关联和产业本土化融合等角度进行分析。从产业规模角度,县域在发展初期将县域资源的有效利用与经济效益的提升作为发展的主要着力点,努力扩大其经济规模总量。从产业关联角度,产业融合对节约资源、降低生产成本起到一定的积极影响,产业间良好的相关性及其引发的协同效应能够产生正向经济效益。从产业本土化融合角度,本土产业由于长久以来形成的发展基础和广阔的市场需求,具有稳固的竞争优势。优质特色产业根植于本地特有的人文地理条件和地理识别特征,天然地拥有内生优势,可以作为重要抓手,有效拉动县域经济的横向和纵向发展,展现出广阔的发展潜力。

典型案例如山东省寿光市,其依托蔬菜产业成为老牌"农字号""百强县",实现了"先农后工,工农并驱"的发展目标。乡村富足、企业兴起与消费服务形成良性共助,农业、工业与服务消费业共兴共荣,成为县域经济发展的强大内生动力,是县域经济高质量发展和乡村振兴的成功案例。

产业融合型发展模式大多出现于综合竞争力较强的县域,此类县域通常拥有多元完善的产业体系,人口及经济体量较为可观,基础设施及公共服务体系趋于现代化,是目前较为先进的县域发展形态,其"大县强县"的实现路径可作为示范案例供其他欠发达县域学习、借鉴(黄征学等,2023)。

五、本章小结

县域经济作为承上启下、城乡交汇的关键节点,已经成为当前推进新型城镇化和乡村振兴战略的主阵地。本章系统梳理改革开放以来与县域经济发展总体特征、历史演进及发展模式相关的研究文献,概括总结了县域经济在不同发展阶段、发展路径和发展模式下的背景环境、典型特征、显著优势及不足之处。

综合来看,中国县域经济功能完备、内涵丰富、属性多元,是中国经济发展的基本单元。改革开放以来,县域经济在政策指引和内生驱动下由高速增长转向高质量发展,经济体量稳步上升,居民获得感不断提高,公共服务水平总体优化,经济强县连续崛起,经济发展成效显著。

县域经济经过历史演进,从生产责任制改革和乡镇企业兴起带动县域经济初步发展,到产业集群带来规范化、系统化的园区经济,再到国内外新政策、新形势驱动县域经济新增长极的形成,特色区域经济为经济强县的涌现建立坚实基础,如今,新时期的县域经济将延续由高速增长向高质量发展的转型路径,为中国经济发展带来新的生机与活力。

县域经济发展呈现数字技术融合驱动、空间效应交互影响、宏观政策有效调控等多元路径,形成了特色资源型、城市辐射型、资本推动型、技术创新型、商贸互动型、企业导向型及产业融合型七大典型发展模式。县域经济因地制宜、发挥比较优势的多元发展路径和多种发展模式,正在以新特点、新技术、新理念为中国经济发展持续注入新动力。

Ⅰ 县域发展背景篇

第二章　县域发展的历史回顾

县,作为两千多年来,中华大地政权组织结构中承上启下的重要基础行政单元,不论朝代更替、兴衰变迁,自始至终都是国家发展的助推器,是政权稳定的压舱石。县域的繁荣,是雄主固国养民、扬国威于万里的锚定;其颓废,则是大厦将倾、山河崩裂、江山易主的序章,故古人云"郡县治,天下安"。在漫长的华夏文明史中,以县域为单元的基层社会治理名目繁杂且手段多样,有良方善治,也有恶政荼毒。但是,历朝历代县域的指导思想、价值取向及官员的选拔与考察标准等要素,却始终是相对统一且高度一致的。因此,县域的发展,既有别于微观层面的乡里社会,后者往往因豪族士绅对资源的垄断或者门第宗族的血缘纽带而造成区域性的高度自治;又有别于郡、府、道等上级行政单元,上级行政单元往往会因朝代的变更或政权的内斗而形成人为的割裂与融合。因此,始于西周之际、备于春秋战国争雄之时、立于秦汉魏晋、臻于隋唐盛世、固于宋元明清的县域制度,伴随着中华文明的王朝更迭,在皇权、士族阶层和乡里社会等各方的共同参与下,从星星点点走向牢不可破。时至今日,县域治理仍是中国社会现代化建设中的关键一环,其内涵和外延勾连着传统的乡土人情与现代社会的城市化发展要求,寄托着中国人对于"家""国"和"天下"的理解,在新的时代续写着中华大地的传奇。而这个过程中,广大县域经济参与者对旧要素精华不断汲取,并将其与新要素理念融合升华,推动着县域层面新结构对旧结构的替代,在中华民族伟大复兴的道路上不断将国家治理现代化的进程向纵深推进、向基层延伸。

一、县域体系的兴起、完善和确立

县,其文字字形最早见于商周时期的金文中,以"与国对立的郊野相聚地区"的含义被刻画在青铜器上。当然,金文之中表达与"国"或"国都"对立地域的文字其实有很多,如"郊""畿""野""鄙"等,如图2-1所示。但是,仅仅从文字字形中就可以明显看出,"县"这个字与众不同的气质和其所代表的权威与秩序。"头颅高悬于木桩之上",这就是甲骨文中"县(縣)"最初的形态。相比之下,"郊"字更侧重空间方位感,其左侧是道路错落的"交",右侧是一个"邑"字,代表城镇的位置;"畿"字是上有谷子,下有田地,中间有兵戈,因此更多指天子所辖的地区;"野"是明显的"林木生长的土地",荒野无主之所;"鄙"字则涵盖了收储谷物之意,正所谓"鄙,五酂为鄙",而商周时期大大小小的诸侯就是靠着这些大大小小的"鄙"供养,从而支撑起庞大而有序的宗法制和世卿世禄体系。

图2-1 表示与"国"或"国都"对立地域的金文与现代汉字对照

因此,"县"这个字从形成之时就与刑法和示众相关,自然而然带有一种强烈的中央权力和秩序延伸至地方的含义。经过漫长的演化和发展,伴随着分封制的瓦解和中央集权的稳固,县也自然而然成为中央集权体系中的重要一环。

(一) 春秋战国时期县制的发轫和成长

县,作为一级行政建制出现,最早可追溯至春秋时期。彼时周王室势力衰微,诸侯兼并不断,战乱四起,为了在乱世生存、发展和壮大,对人才的竞争就成了各诸侯国"图存兴国"的必然选择。因此,周朝以来的世官制变得越来越不能满足各国发展的现实要求,荐官和游说开始出现并逐渐盛行。也因此,春秋时期产生了一大批优秀的改革家和思想家。例如,齐国的鲍叔牙、管仲,秦国的商鞅、百里奚,楚国的吴起、孙叔敖,燕国的乐毅,韩国的申不害等,这些乱世人才在各国积极推动变法、改革旧制,辅佐国君不断积累土地、人口和财富,并协助国君在诸侯的兼并和攻伐中壮大实力,最终会盟诸侯成就霸业。与此同时，宗法分封制的解体过程，实质是世家大族之间相互倾轧、你死我活的权力争斗，其让无数豪门望族在残酷的政治和军事斗争中家道衰落甚至崩殂。所以，落魄贵族中的有识之士多会前往其他诸侯国，寻求东山再起的机会，而自荐和游说也成为他们在另一个诸侯国取得变革主导权的主要方式之一。至此，一个由底层有识之士和落魄贵族中有志之人为主体的"士"阶层，开始登上历史的舞台。他们的出现不仅繁荣了整个春秋战国时期的政治、经济、文化和社会等各个方面，也为中华大地上几千年的政治建构提供了最基础、最坚实，也是最核心的阶层支撑和治理基础。伴随着春秋战国时期各国变法的次第展开，政治集权化得以推行，国家对在职官吏的管理变得更加高效，"上计"制度开始形成并逐步完善，权力逐级向上集中，整个国家范围内的人力、物力和财力得以在更大的程度上被调动、整合和配置，中央集权体制雏形逐步形成，官僚制度的发展有了基础。也正是这样的背景下，县制才得以出现并发展。

现代历史学研究普遍认为，县制模式的雏形大致可追溯到西周时期，周王室对边境地区的管理方法。根据《左传》《史记》等文献资料的记载，春秋时的楚国往往在攻伐他国胜利之后，在新占领的土地上设置县，或者在边境小国的旧都或者别都等地设县，由此将其新拥有的领土或者远离王城核心统治区的土地直接纳入中央的控制之下。例如，《左传·庄公十八年》中追记楚武王（前740—前690年）时有云："初，楚武王克权，使斗缗尹之。以叛，围而杀之。迁权于那处，使阎敖尹之。"可见楚国设县最晚是在楚武王时期，并且已经十分普遍。当然，同一时期的秦、晋、齐等大国也多以县制统御全国，以更好地应对动荡的时局，管理其在兼并和攻伐中不断扩大的领土。例如，《左传·闵公元年》（公元前661年）有记载，"晋侯作二军，公将上军，大子申生将下军。赵夙御戎，毕万为右，以灭耿、灭霍、灭魏。还，为大子城曲沃。赐赵夙耿，赐毕万魏，以为大夫"，有观点认为这或许是晋国县制的开端。又例如，《史记·秦本纪》记录了秦武公十年和十一年（前688—前687年）的两次战争，"十年，伐邽、冀戎，初县之""十一年，初县杜、郑"，目前普遍认为这就是秦朝设县的发轫。春秋时期的所有大国中，县制情况最为特殊当属齐国，史学领域的研究认为，春秋战国时期，齐国前后同时存在着三套政区管辖系统，三套系统之下均设有县制。其一，即国君直接管辖区域的县制，主要是管仲"叁其国而伍其鄙"后的行政管理体系，《国语·齐语》有云："制鄙。三十家为邑，邑有司；十邑为卒，卒有卒帅；十卒为乡，乡有乡帅；三乡为县，县有县帅；十县为属，属有大夫。"这一体系更类似于《周礼》中鄙的制度，与前文所述楚、晋、秦为控制新占领土而采用的县制完全不同。其二,即功臣和士大夫的采邑区域的县制,春秋晚期《齐侯钟铭文》中有记载:"公曰:……女(汝)肇敏于戎功,余易(赐)女(汝)釐(莱)都朁譖,其县三百。"从"三百"的数量可见当时齐地邑区的小县众多,而研究普遍认为,这些小县往往是与一个高级别的大邑紧密联系的,这些大邑令的任命与分封制相似,与秦、晋、楚的县制也有几分相近之处,存在较为明显的过渡属性。例如,《齐侯钟铭文》中提及"余命女司辞(治)釐(莱)邑",文中的叔尸作为齐灵公时期受到封赏的功臣,被委以地区管辖权,其实质就是王权在地方的代表,而其获赠"县三百"的记录与传统宗族分封制如出一辙。但是,这里的"县三百"应该只是釐(莱)的部分土地,而非全部领土;同时,叔夷也被授予的釐(莱)的治理权,而非采邑权,这两点与宗法分封制又存在明显不同,与县制有明显的相似性。因此,这类公侯辖区虽然名义上不称县,但是仍属于国君直管区域的一种形式,是中央集权不断强化的产物。其三,即战国时期齐国国君直辖之国及近郊地区发生变动后产生的县,当时的国君辖区在春秋时是二十一乡,至战国时已逐步划分为五乡,同时乡所统属的行政组织亦由管仲时代的连、里、轨变更为县、乡、州、里、游、什、伍。最初时的二十一乡由齐王和两个世家大族,即高、国,三家分割掌管,到战国之时,所有五乡已全部由国君直接管理,这表明先秦时代在战争催生下,中央集权和官僚体系已具备基本骨架。

(二)秦汉时期县制的完善和发展

秦汉时期的四百余年是中华大地第一次真正意义上实现大一统的时期,也是县域治理基本制度确立的重要时期。秦汉两朝,国家的总体体量、辖区规模和人口、土地和钱粮等资源均远超前代,政治、经济、社会、文化等各方面也空前繁荣。自秦始皇统一六国后,在全国范围内推行郡县制,县一级政权自然而然地成为秦汉统治结构中关键的一级组织,也成为自中央到地方的整套国家机器中具有相对独立性的一个环节,其建制完整、功能综合,从户籍整理到土地丈量,从劝民农桑到保境安民,从征发徭役到钱粮征收,等等。这一时期的县,其功能和定位已远非春秋战国之时县鄙之县和采邑之县的概念所能囊括,而是逐渐发展成为皇权在地方治理臣民、统治百姓的全能型政府结构,即所谓的郡县之县。郡县之县,最早见于战国末期,是战国时期各国征伐压力下的结果,是分封制解体后诸侯国生存需要的产物。其管理权直属国君,是"普天之下莫非王土"最直接的体现,同时县的长官由国君直接任命,不再需要分封的世卿大夫进行管辖,官员不仅不可世袭,甚至连何时上任、何时撤职都完全听命于皇权安排。郡县之县的另一个显著特点，即县以下是地缘性的基层乡里组织，乡里的管理不再由血缘宗族来执行，而是由上至下逐级任命、逐级管理。

郡县之县，为大一统帝国的管理提供了一个新的政治样板和组织模式，秦统一天下后，秦始皇曾与大臣们就地方行政体系的设立进行过激烈的讨论，即著名的分封制与郡县制之争。时任丞相王绾等建议秦始皇承袭周礼分封诸侯，并将分封视为统御六合、确保国家长治久安的根本之策；而廷尉李斯则认为，分封制是周亡国、天下大乱的重要诱因，加之天下初定，寰宇稍安，再起分封难免会被六国旧人利用引来动荡。同时，彼时的秦帝国虽然一统六国，但北疆仍有匈奴之扰，南境尚存百越作乱，其虽皆不是心头大患，也为疥癣之疾，而唯有郡县制可以更全面地调动帝国资源，服务于秦始皇的雄心大业。很明显，李斯的论点和论据更能切中秦始皇的要害，符合这位雄主的勃勃野心，因此"废分封，设郡县"成为秦帝国基层社会治理体系的根本方针被贯彻和落实，帝国被划分为大大小小的三十六个郡，后期增至四十个郡。郡下设县或道，其中县设县令（长）负责政事，县尉负责军事，县丞负责司法，县以下还有乡、亭、里等基层机构，负责教化、治安、建设、登记徭役、征收赋税及组织生产等。

及至秦末，经过数载的探索和努力，郡县制的结构已经日趋完善，郡县官僚体系的主要任务、选拔考核、升迁罢黜等内容已日臻制度化。县一级行政机构处理的事务包括劝课农桑、征派徭役、教化百姓、听讼断案、赈灾恤民等，其组织和调度愈发得当，条例越来越清晰。但是，由于秦律严苛的刑罚和教条的规定，百姓怨声载道，同时六国贵族后裔蠢蠢欲动，秦末汉初烽烟四起、战乱频仍、生灵涂炭，中原大地人口锐减。至汉朝初年，国家自然而然地形成了"小政府，大社会"的弱中央政治结构，辅以无为而治的黄老思想，最终形成了影响深远的汉初县域经济形态。其主要特征包括三点：其一，小农经济模式逐步成熟，百姓安土重迁，自给自足；其二，封建伦理道德自上而下根植于普通民众的意识中，其中既有如"仁、礼、义、孝"这样的优秀传统美德，也有如"三纲五常"这样的封建桎梏，但其核心都在服务于集权的帝制；其三，乡里自治倾向明显，血缘和宗族关系逐步成为基层管理的主要模式，非合法行政权力充斥在乡野和民间，皇权不下县，士绅自治的基层治理结构得到发展。总体上看，汉承秦制，在地方治理机构上基本沿用了秦朝的郡县体系。不过，貌似强大的秦帝国在短短十几年内迅速覆灭的现实不得不让汉初的君臣们有所忌惮。因此，分封制在汉朝仍然被保留了下来。尽管经过七国之乱和汉武帝的大举削藩，分封体系被控制在一个非常小的范围内，以保证皇帝的绝对权力，但是郡县制和分封制名义上并行的局面一直存在，直至汉朝终结。剖开表层的制度概貌，从中央地方的权力运行结构来看，实质上汉朝的郡县体系已经从根本上替代了分封制的治理基础，昔日贵族与平民中的精英人士逐步合流，形成了以"士"阶层为核心的官僚体系，并逐步成为帝国治理、中央集权、发展经济、推动社会前进的基石。

正所谓阶级斗争是阶级社会发展的直接动力。当分封时代"封邦建国"的制度基础发生动摇后，尽管中央和地方的实力天平仍会不停地摇摆，免不了会有篡位自立的豪强野心家，或者挟天子以令诸侯的士族实力派，但是偏安一隅、长期独立赖以存续的阶级土壤已然被郡县体系涤荡得干干净净，举全国之力恢复一统，成为任何割据政权维持其统治合法性、保持其官吏和臣民凝聚力的一个基本要求。同时，由于郡县制体系的确立和发展，官僚阶级的社会基础愈发稳固，最底层的政治生态反而愈发坚韧，农业社会的生产活动可以在一定程度上与时局的动荡保持一种弱相关关系，而这也正是魏晋南北朝时期，地方行政体系虽然由于时局持续动荡而显得较为混乱，但是最基层的县制还是较为稳定的根本保证。所以，中华大地无论是面对"八王之乱"这种内部的作乱，还是永嘉之乱这种外部敌人的入侵，"国家统一""民族融合"都成为一股不可阻挡的大趋势。从这一点上看，郡县制的稳固为大一统国家形态的最终形成提供了重要的经济基础和坚实的组织保障。

（三）魏晋南北朝时期县制的继承和创新

时间来到魏晋南北朝时期，帝国再次分崩离析。但是，这次州、郡、县体系却愈加成熟，县成为州、郡之下的第三级地方政权，同时，这一时期的县制体系形成了一系列新特征，为之后一千多年郡县制的发展开辟了新空间。具体来说有以下五点。

第一，这一时期的县往往根据所在区位、地理条件和民户多寡的差异，被分成不同的等级，相应的县长官及下属官员的品级和俸禄也有很大的差别。这主要是由于战乱压力下，面对国家存亡问题，土地、人口和财富的争夺，再次上升到生死攸关的境地。因此，县级的为政不再像汉朝时那样，呈现出和平岁月里的无为静好。整个县级治理在国家治理体系中的地位也进一步得到强化，干员能吏被视为不可多得的人才，为各国所青睐。这一时期，对官吏的考核尽管仍不免落入"往来之浮言"的豪族评价体系之中，但是整体上已经开启了独立审核评价的制度先河,并且官吏考核的周期也在不断缩短。同时,巡行监察制度也逐步成为魏晋时期上级考课县政的重要手段。例如,《北史》本纪卷一就有记载,"(道武帝)遣使循行郡国,举奏守宰不法者,亲考察黜陟之。"再如,文成帝太安元年(455年)六月癸酉诏中列举了六点巡行考察的重点内容:"夫为治者,因宜以设官,举贤以任职,故上下和平,民无怨谤。若官非其人,奸邪在位,则政教陵迟,至于凋薄。思明黜陟,以隆治道。今遣尚书穆伏真等三十人,巡行州郡,观察风俗。入其境,农不垦殖,田亩多荒,则徭役不时,废于力也;耆老饭蔬食,少壮无衣褐,则聚敛烦数,匮于财也;闾里空虚,民多流散,则绥导无方,疏于恩也;盗贼公行,劫夺不息,则威禁不设,失于刑也;众谤并兴,大小嗟怨,善人隐伏,佞邪当途,则为法混淆,昏于政也。诸如此比,黜而戮之。善于政者,褒而赏之。其有阿枉不能自申,听诣使告状,使者检治。若信清能,众所称美,诬告以求直,反其罪。使者受财,断察不平,听诣公车上诉。其不孝父母,不顺尊长,为吏奸暴,及为盗贼,各具以名上。其容隐者,以所匿之罪罪之。"自此之后,北魏的巡行监察制度愈发盛行,其后的北齐、北周也多延续此政,并不断对其进行发扬和完善,为隋唐时期中央对地方巡察制度的创新打下了很好的实践基础。

第二,魏晋南北朝时期由于战乱频仍,百姓流离失所,尤其是在北方游牧民族内迁之后,西晋大量臣民南迁,因此,侨县开始大规模地出现在这一时期的历史资料之中。例如,《隋书·食货志》中就有记载:"晋元帝寓居江左,百姓自拔南奔者,并谓之侨人,皆取旧壤之名,侨置郡县,往往散居,无有土著。"《宋书·州郡志》也有类似的记载:永嘉以后,"司、冀、雍、凉、青、并、兖、豫、幽、平诸州,一时沦没,遗民南渡,并侨置牧司,非旧土也"。这些南地的侨县,尽管物是人非,但也足以为漂泊南下的北方民众提供安顿和休养生息之所。东晋初年,这些新置侨县皆用北方原县名。东晋末年,刘裕率军收复青、徐诸州之后,在新收复的北方原县名前加"北"字,以与南地侨县相区别。南宋以后,随着北方之地再次沦陷,"北"字取消,而在南地的侨县名前加"南"字。从空间分布上看,魏晋南北朝的侨县主要集中在长江下游一带,其次是长江中游和今陕西秦岭以南地区,史料记载,仅京口(今江苏镇江)、广陵(今扬州西北)两处,东晋就侨置了徐、兖、青、幽、冀、并等州及其所领郡县;而在江南武进(今江苏武进市西北)一县附近,南朝侨置了二十个郡和六十多个县。唐张籍《永嘉行》中有云"北人避胡多在南,南人至今能晋语",确系写实之言。这些侨县的设置一方面安顿了北迁民众的民心,另一方面也为士族豪绅的稳定相处提供了一个相对有界的空间范围,尽管这期间南朝弑君篡位者数不胜数,但总体上看,门阀士族借以在时局相对稳定的南方延续了两百多个春秋,并孕育了独具特色的江南风骨。

第三,魏晋南北朝时期选官制度初步开启标准化进程,尽管没有完全摆脱门阀士族操纵乡间舆论的窠臼,但是彼时的官员选任体系已经在很大程度上缓解了东汉末年士族大地主与中小地主及贫苦读书人之间的矛盾,改善了因为缺乏社会阶层流动的通道而造成的时局动荡。尤其是九品中正制的颁布和实施,上承两汉察举制和征辟制的精神内核,下启隋唐科举制的体例创新,较为妥帖地解决了当时选拔官吏无标准的问题,甚至使得一时之间吏治清明,在中国古代政治制度发展史上留下了浓墨重彩的一笔,有着十分重要的历史地位和作用。当然,九品中正制发展到后期,中正职位逐步由世家大族所把持,中正们对士人的评判也多考虑其父辈、祖辈的官阶和爵位,越来越背离"中正"这一名称的初衷,甚至成为魏晋南北朝政治门阀士族阶层发展的催化剂。不过总体上看,魏晋南北朝时期官吏选拔兼有九品中正、征辟制和考核升迁等制度,其影响是深远的。就效果而言,一方面,这样的制度安排弥补了中央集权体系衰落之后察举无路、征辟无门的尴尬选才境地;另一方面,在当时时局动荡、南北对立的局面下,这种制度安排成为割据政权为缓解广泛的内部矛盾(如农民和地主阶级的矛盾、地主阶级内部的矛盾,以及移民和本土居民的矛盾等),最大限度动员国内力量所需要的制度基础。

第四,由于县官为亲民之官,魏晋南北朝时期官员的督查考核更加强调基层经验和能力,并进一步创新了中央对县的督导和考察方法。

首先,这一时期的政权都继承了汉朝地方监察巡行的刺史制度,并对监察巡行制度进行了一定的创新,将中央直接考核县官的结果纳入从中央到地方的整个官僚体系的升迁和罢黜之中。《晋制》曾有云,"不经宰县,不得入为台郎",即高级官员都需要在县官任上有所作为,并接受历练和考核,这样才能得到升迁。这种强化中央对地方基层组织考察管理,同时确保高级官员都在基层得到锻炼后,方能入阁中枢的选拔模式,对后世官僚系统的演化和发展产生了深远的影响,其升迁形式和一些具体要求,甚至对当今政治生态建设的选人用人都有一定的借鉴和参考意义。

其次,魏晋南北朝时期对始于先秦的上计制度进行了传承和发展。尤其是在北朝时期,其县虽仍是上计于郡,但是对于县令长的考核转由中央完成。《隋书·刘炫传》就曾记载"弘又问:'魏、齐之时,令史从容而已,今则不遑宁舍,其事何由?'炫对曰:'齐氏立州不过数十,三府行台,递相统领,文书行下,不过十条。今州三百,其繁一也。往者州唯置纲纪,郡置守丞,县唯令而已。其所具僚,则长官自辟,受诏赴任,每州不过数十。今则不然,大小之官,悉由吏部,纤介之迹,皆属考功,其繁二也。省官不如省事,省事不如清心。官事不省而望从容,其可得乎?'"这段话反映的是治理帝国时,吏部面对庞大的官员数量和烦琐的考核流程,对监察管理任务表现出的无奈。不过,从中也可以看出官僚系统中,隋唐时期继承来的基层官吏提级管理的制度安排。因此,魏晋南北朝时期虽然国家整体上是分裂的,但是中国政治体系的演化发展历程并未停歇,中央相对地方的集权性和官僚体系相对于皇权的分散化,是中华政治体系发展中两个永恒的主体。

最后,魏晋南北朝时期对官员的考核周期进行了调整。汉朝时主要是每岁上计,三年一考,三考迁除;及至两晋之时,在维持三年一考的基础上,新增加了六年一迁除的制度安排,即"三年一考,再考迁除"。这样的制度调整,可以在一定程度上缓解汉末时期人浮于事的问题,使得官员的升迁变得可预期,官僚体系的调整和变动有了提前量。同时,地方干吏选拔的速率得到有效提升,从地方到中央官员晋升的周期缩短,有利于鼓励县令长在有限的时间内多做实事,办好事,提升政绩。

(四) 隋唐、五代十国时期县制的繁荣和稳定

589年,随着南陈的灭亡,南北分裂的时代终结,中华大地再次迎来了大一统时期,短促的隋朝和此后享国近三百年的唐朝,标志着中国帝制时代走过了前期的曲折和坎坷期,在步履蹒跚中逐步迎来了其辉煌和完善期,所谓繁荣主要表现在两个方面。

第一,从这一时期开始,中国社会的主导阶层发生了深刻的变化。隋唐之际,伴随科举制的全面推行,统治阶层发生了深刻的变化,官僚体系自此产生了划时代的更迭,即东汉以来把持朝纲、独享各种特权的门阀士族阶层愈加没落,庶人地主阶级有了上升的通道,其社会地位逐渐上升,社会的融合度和阶层的流动性都得到了强化,社会统治阶层的覆盖度和各阶层的联系度得以大大提升。因此,唐朝灭亡后的五代十国,作为晚唐动荡和分裂的延续,其时间仅仅有半个多世纪,这与分裂绵延接近两个世纪的南北朝时期相比时程大大缩短,而其根本原因就在于社会主导阶层大多渴望大一统和稳定,政治结构趋于统一的惯性已经深深地印在社会基因中,分裂和割据自此在历史上基本失去了存在的基础。

第二,这一时期也达到了思想、经济和社会发展领域的高峰。隋唐之际的思想界,儒学从众说纷纭逐步走向统一,且传统儒学在佛、道之说的冲击下发生了深刻的变化,儒、道、佛三者在相互竞争的同时也相互影响和相互渗透,其中的很多思想为理学的发轫提供了思想土壤。国学大师钱穆先生就曾言,"治宋学必始于唐,而以昌黎韩氏为之率"。正是韩愈、柳宗元等中晚唐思想家的努力,为宋朝理学的发展奠定了基础。这一时期的县域治理重拾儒家民本、大一统的思想作为政治基础,同时,伴随着社会阶层的悄然变化,普通农家"耕读传家、诗书济世"的文脉情怀逐渐融入每个中国人的骨子里和行动中。文化的高峰促进着经济社会的长足发展,带来了乡里社会和县域经济的空前繁荣,社会分工和小城镇的兴盛,有效地推动了个体手工业和个体工商业的发展。社会各方面都迎来了空前的繁荣,政治、经济、文化等都留下了辉煌的印迹。

隋唐时期的行政体系也有了重大突破。中央对地方的行政管理最初继承了秦汉时期的二级制,设州、县两级。至唐太宗时期,为更好地贯彻政令、监督执纪,唐太宗初设"道",负责区域的监察和考核,但道不设长官,仅作为巡察的一级部门,直属中央管理。至唐中期,道由监察机构逐步演变为行政区,道、州、县三级行政体系最终成型。隋唐时期的改革始于汉末的刺史自辟州县官制被废除,县级及以上官员都由中央直接任命,县属官员的配置和权责分工也由中央按县的等级要求设定,不得逾制。史料显示,隋炀帝时(569—618年),共设190郡、1252县;唐太宗贞观十四年(640年),全国设360州、1557县。及至唐玄宗开元年间(713—741年),全国设328郡、1573县。后经安史之乱进入中晚唐时期,帝国实力虽大不如前,但是县的数量仍旧相对稳定。唐宪宗元和二年(807年),全国共设48道、295州、1458县。晚唐和五代十国战乱时期,州府体系仍延续唐制,行政区划的等级和数量均变化不大。由此可见,县的设置愈发具有连续性和稳定性,其意义主要体现在两个方面。其一,社会由乱到治,有了一个高效稳定的组织体系。尽管百姓无法避免战乱之苦,但是一旦战乱停歇,治理回归正轨的速度和可靠度都是极高的。其二,在国家行政体系中,县的基础性作用更加凸显,此后历朝历代对县治的认识都上升到了一个新的高度。改革试验始于县,政策抓手落于县,县真正从皇权、诸侯和门阀士族的政治斗争中解放出来,成为士族地主和庶民地主掌控经济的基本盘。

除了上述要点,隋唐、五代十国时期县制还出现了一些新的安排,对后世制度的进一步完善产生了较为深远的影响。具体包括县吏任期制的完善,县吏回避本籍制度，乡吏的废除和田正的设立，县级军、监系统的设置，边疆和民族地区设置羁縻县促进民族融合等。其中的部分制度和关键环节甚至留存至今，对当前中国国家和社会治理的现代化进程也有很强的启示。

（五）宋、辽、金时期县制的开放和融合

宋、辽、金时期是汉族政权和其他民族政权分裂对峙的时期，虽然其相互之间存在着攻伐与冲突，但是各个政权在其统治区内均有效实现了统一，并顺利完成了对政权的基本控制。其中，宋朝政权在结束五代十国的军阀纷争后，充分吸取了唐末藩镇叛乱的教训，在军政分离和社会秩序重建方面进行了大胆的创新，以"文臣化"来治国，严防文臣、武将、女后、外戚、宗族、宦官等六类人专权独断，不断强化皇权。宋朝在政治、军事、财力、立法和司法等领域也形成了一套独特的集权体系，被称为"祖宗家法"。总体上看，宋朝的社会是一个宗族宗法制社会，上至帝王皇族，下至庶族地主，包括官僚体系核心的士族阶层，都希望通过构建具有传承色彩的宗法组织，来形成区域和国家的凝聚力。但是，这套宗族宗法制与先秦的宗法分封体系又有着本质的区别，后者更多是根据出身及门第分配社会资源，前者则强调以祖宗之名约束人的行为，强调"死者为大"的敬祖情怀，这就使得尊祖、敬宗、收族、聚居等宗族管理形式愈加普遍且重要，相关的等级、礼仪、仪式和秩序等都成为强化基层社会建设的核心内容。

在宋朝的理学家们看来，乡村自治是国家政治统治的基本单元，国家法与习惯法、国家伦理与家族伦理的一脉相承和贯穿一致，是有效推动乡村自治服务国家稳定和社会发展的前提条件，是实现国家长治久安的必备基础。因此，宋朝的县域治理，往往鼓励家族伦理向国家伦理和社会伦理扩充，从而促进了社会层面纲常礼教的形成和发展。当然，进入近代以后，这些纲常礼教在很大程度上束缚了人们的思想，阻碍了社会的进步。但是在当时的社会环境下，这是一种高效的社会制度选择和低成本的社会契约化的管理方式。县，作为皇权行使公权力和统治力的基点，是中央政治与社会现实接触的最直接的截面。在权威性的加持下，县得以网罗大小宗族和地主乡绅，通过促进乡村宗族自治，将皇权意识更充分地贯彻到基层。结构上，这样的制度安排使得阶级关系和血缘关系相互连接并互为纽带，从而有效缓解了专制集权社会里最直接的阶级压迫感，使得政治治理和各项国家功能都能够更顺利地执行和贯彻，实现了前所未有的中央和最底层社会结构的有效连接。尽管这套体系的内容和观点已然不符合时代的要求,但是其结构和逻辑对当代的社会治理和现代化的体系建设仍富有启迪和借鉴意义。

契丹人的辽和女真人的金都是北方民族南下后,在农耕文明的核心区建立的政权。他们在占领了富庶的中原地区之后,都相继开启了政权的儒家化过程。在这个过程中,他们在参照中原王朝地方行政体系的同时,也结合自身的民族特点,在县制的具体内容和习惯上有所创新。例如,入主中原之后,辽逐渐弱化了其地方组织的军事职能,宫卫制被有限继承,而部族制和州县制并行成为其复杂行政体系的鲜明标志。这种独具特色的多元管理制度体现了辽"藩汉分治"的统治思路,既是对中原王朝制度的模仿,也是基于自身情况进行的创新,其所形成的"复式"国家管理体系中,各条管理路径互相平行、集权程度不同,但又最终统归于皇权。辽这样的政治体系安排,在一定程度上解决了在不同民族、不同生产方式、不同生产力水平条件下国家的管理难题,间接提升了民族的融合度,使部族和州相互牵制,维持了地方的稳定,推动了民族的共同进步。在享国两百余年里,辽虽频繁发生激烈的皇权斗争,但是中央和地方一直保持了比较和谐的政治局面,并未发生大的冲突,这说明多元管理制度在辽的政治体系中发挥了良好的效果。

金在县制上承辽、宋体系,其中有沿有革。金的县分为赤县、次赤县、次剧县三类。赤县为大兴府所属大兴、宛平县。次赤县又称剧县,即民户在2.5万户以上的大县。及至金后期,司、县并提,警巡院、录事司、司候司所辖亦视为准县级政区。官制方面,县令作为县最高长官,"总判县事"。县令以下设县丞、主簿、县尉,是为佐贰官,县丞"掌贰县事",主簿"掌同县丞",县尉"专巡捕盗贼"。另设若干司吏、公使,以协助县官处理具体政务。不同等级的县设官员数各有差异。赤县设令、丞、簿各一,尉四,司吏、公使各十人,共计二十七人。次赤县只设一尉,余与赤县同。次剧县不设县丞。县官官品方面,赤县令为从六品,次赤县令为正七品,而次剧县令均为从七品。赤县和次赤县丞、簿、尉为正八品,余县皆为正九品。从上述制度安排可以发现,女真人为统治中原,已然开启了一个与部落文明完全不同的官僚体系时代,而这些调整和适应也为开启元明清时期的大一统格局下稳定且成熟的县制奠定了坚实的基础。

(六) 元、明、清时期县制的成熟与局限

据统计,秦朝全国县级单位有1000个左右,西汉有1587个,唐朝有1573个,明朝有1138个,清朝有1455个,历朝历代县级单位总数大体都保持在

1000多个。其中的原因主要有两点。其一,从经济基础上讲,传统小农经济的特点就是自给自足和封闭性,这就决定了县级单位的特殊性和稳定性。一地居民经济活动的本质是以县域的城镇、乡村为范围,以自身的资源禀赋为基础条件,以因地制宜、因时制宜的方式,参与经济活动。其特点是满足自身生产生活的基本需要,以实现安居乐业为根本目标。这种经济活动实质上是一种民生经济,或者叫作草根经济。在这样的经济基础上搭建的政治体系,不需要过多的区域联系,也就没有多大必要形成区域性的政府公共服务。例如,河道、漕运等跨区域性农业基础设施和运输基础设施的修建及养护,中央都有专门的官吏和部门负责,而大多数县级以上的州、府、道等行政单位很大程度上也就是负有上计、传达、管理和监督等职责。小农经济的形态决定了县域成熟期的县制的稳定状态。其二,在日益强化的君主专制中央集权体制下,县级单位没有独立的行政决策权、财政支配权,其管辖的人口和财政也不足以抗衡中央朝廷。所以,大一统局面稳定后,没有任何单一的地方行政单元可以威胁到朝廷的统治,地方独立和藩镇割据自此失去了制度性基础,辅之以军政分离的体制安排,统之以纲常礼教的忠君爱民儒家思想教化百官。如此之后,大一统的帝国基础便更加牢不可破,任何地方势力再也无力从统治阶层内部通过暴力手段实现自身的野心,唯有自下而上的农民起义可以彻底毁掉一个王朝的统治。因此,元明清三朝,以皇权为中心的高度集权的专制体制,不断重塑着地方县域治理的模式和行政权力的结构,通过各种方式和手段持续推动县域治理向"亲民""爱民"的方向发展和延续。

元朝是蒙古人入主中原建立的政权,其领土比汉朝和唐朝更为广阔。为了有效地管理地方,元朝创设行省制度,划分岭北、辽阳、河南、江北、陕西等11个行省,行省之下地方管理制度沿袭宋制,既有行省、路、府、州、县五级行政管理体制,也有行省、府、州、县四级行政管理体制,还有行省、府、县的三级行政管理体制,地方行政体制比较杂乱。至明朝,明太祖朱元璋取消行省,设三司,行省官署衙门亦改称布政司,但是在行政区划和管理性质上与元朝行省并无多大不同,基本上仍实行省、府、县三级制,其间虽然经历过省、州的二级制和省、府、州、县的四级制,但所占比重不大。清朝是中国最后一个封建王朝,其疆域面积十分广阔。为了对地方进行有效管理,清政府实行省、府(州)、县三级行政管理体系,除满族、蒙古族、回族、藏族等民族区域外,全国先后设18个行省,至光绪年间增设台湾、新疆行省,改东北为奉天、吉林、黑龙江三省,共23个行省。至此,省一级的行政区划基本固定并沿用到今天。纵观三朝地方行政体制的变化,虽然有所调整,但实质并没有多大的变化,即县始终是最基层的地方行政单元,长官由皇帝任免,全权代表国家对县域实施管理,并依次向上级行政单元负责。县级行政单元的治民之责与县级以上各层级行政单元的治官相结合,形成一种中国治理体制"上下分治"的结构形式。

正所谓"成也萧何,败也萧何",帝制时代艰难之中形成的成熟稳固的县制体系,其优势随着工业革命和社会化大生产的浪潮,也成了其难以适应时代需要的劣势,其中原因不免让人唏嘘。其一,随着工业革命浪潮的袭来,传统小农经济下的农业、手工业和个体工商业生产的产品,已经无法在质量和价格上与现代化工厂生产的产品抗衡,自给自足的封闭性草根经济已然不能满足人们的生活需求。其二,随着清晚中国沦为半殖民地半封建国家,帝国主义与中国人民的矛盾加深,这就要求政府实现更有效的力量整合,以抗衡外夷。但是,传统的军政组织下,受经典儒家纲常礼教训练出来的大部分官员都不具备这样的能力和组织基础。面对深重的民族危机,中华大地缺乏有效的组织和联系。其三,理学的执拗和顽固,在清末的民族危机之中体现得淋漓尽致。理学家们维持家族伦理和国家伦理相统一的初衷是维持皇权的至高无上,保障国家内部的稳定和有序。但是,当深重的民族危机来临时,统治阶层却无法组织有效的救亡图存活动。此时,理学家们所推崇的国家法与习惯法、国家伦理与家族伦理的一致性,就成了各阶层寻求自救新路的阻碍。因此,无论是维新派还是革命党,甚至连很多洋务派大臣都对传统礼教多有微词。其根本原因就在于理学没能适应近代社会主要矛盾的变化,无法对民族力量进行有效的整合和重塑,以反抗帝国主义的殖民活动。在这样的背景下,面对中华民族前所未有的生存危机,帝制体系下的县制尽管有很多闪光的智慧,也终归埋入了历史的风尘之中。

(七)近代以来县域治理的革新和除弊

西方列强的坚船利炮轰开了大清帝国的近代化进程,各种思潮的涌入让这一时期的县制改革充满着传统向现代转型的浪漫与无奈。地方政治体制改革实际上始于预备立宪之后,清廷陆续颁布了《奏定各直省官制章程》《城镇乡地方自治章程》和《府厅州县地方自治章程》等纲领性文件,其中要求地方州县健全县乡行政组织和机制,建立乡镇一级国家行政机构,从而将地方的经济建设、文化和社会事务的兴办及管理等通通纳入国家行政的轨道。后来的历史轨迹证明,这一州县改革的基本方向是十分正确的,将国家行政触角向乡里社会延伸,是改变千年以来"国权不下县,县下唯宗族"传统的一次大胆创新,如若成功,清廷也可以动员更广泛的社会力量,形成更有效的社会共识。只不过,覆巢之下焉有完卵,当清廷在皇族内阁的领航下,逐步背离历史发展大势,甚至逐步脱离自身赖以生存的大地主阶级时,大厦倾覆已然不可避免。此时,任何局部的调整和创新,一方面,由于缺乏有效的组织和实施,再好的政策也无法得到有效的贯彻,更谈不上落实。另一方面,这些组织架构的改变多半属于深谋远虑的范畴,效果显现也赖于内政的稳定和中央权威的稳固。但对彼时的清廷来说,内有野心勃勃的权臣,外有来势汹汹的革命党人,皇族自身又缺乏强力的手腕和足够的威望,完全不具备主导行政体制革新的能力和基础。于是,随着清廷的垮台和政治体制的变更,县制的革新除弊也进入了民国时代。

民国初年,北洋政府统治下各省政治自治自决风气严重,甚至出现各省左右中央政府的局面,正所谓"中央拥集权之名,各省享分权之实"。因此,北洋政府出台了《划一现行各省地方行政官厅组织令》等文件,希望以厘清官制为主要抓手,试图恢复中央对地方各级官吏的任免权,逐步加强中央权威。为了将各项政策贯彻落实,北洋政府也进行了一些尝试和努力。一方面,中央以正规的考试遴选和任免县级行政长官,打破各省对属县人事事务的垄断权;另一方面,中央逐步介入并彻底改变清廷只控制县官,不控制胥吏的状况,将科层化管理机构向下拓展,在县知事之下设置科员并将其纳入国家公务系统。在当时复杂的时代背景下,这些努力对维持国家表面的统一发挥了很大的作用,军政府的内核之上,中华民国仍然保留了一个文官政府的基本面貌,尽管每一顶乌纱帽的背后都是中央和地方博弈的结果。

当北洋政府分崩离析后,历史的接力棒到了国民党政府手中。蒋介石掌握权柄以后,为标榜其正统地位,号称奉先总理遗训,在继承和发展基层官制体系的同时,更加强调所谓的"地方自治"。但是,蒋介石的地方自治思想与孙中山的地方自治思想有着本质的区别。孙中山更加强调直接民权,即给人民真正的选举、罢免和复决的权利。以自治促自决,以自决促自醒,其目标"一方面是唤起民众,发动民力,加强地方组织,以配合长期抗战之需要;另一方面是促进地方自治事业,以奠定革命建国的基础"。这一切都是"三民主义"的政治理想在社会实践中的具体体现。与之相较,蒋介石的地方自治思想就颇具"返祖"的味道,其推崇西周的社会制度,强调"伦理纲常"的重要性,并试图利用宗法体系维持所谓"地方自治"状态。蒋介石的地方自治思想本质上就是传统礼教的一种变相复活，不存在所谓人人平等的先进概念，更不可能体现孙中山先生极力倡导的所谓人民"四权"的思想。而究其根源，蒋介石主导的国民党政府以大资本家、大买办和大地主为核心的统治阶级基础，而这也决定了其对封建等级制度和伦理纲常的青睐。只不过近代以来，在民主、民权、民生浪潮中浸泡过半个世纪的中国社会，以及经历过五四运动的洗礼，在各种主义之争中日渐成熟的中国民众，对于这种所谓"新"外衣之下的封建复辟思想明显已经免疫，民众用小推车和小米面投票，推翻了国民党的反动统治，1949年后中国社会迎来了一个新纪元。

中国共产党的"中央—地方"行政制度和组织建设，最早可追溯到北伐时期。当时，随着北伐军的节节胜利，工农运动在敌后蓬勃发展，党的组织规模和动员影响力愈加壮大，规范党的组织和领导体系也变得愈加紧迫。尤其是1927年发生的"四一二"反革命政变，给党的事业带来了前所未有的重大挫折。面对敌人的疯狂反扑，党在武汉召开了五大。尽管从历史功绩上看，五大没能回答党当时面临的深刻而尖锐的路线问题，但是其后的一系列决案，对于规范党的组织体系发展有着重要且深远的影响。例如，1927年6月1日中共中央通过的《中国共产党第三次修正章程决案》，第二章第十七条就规定党的组织系统为全国代表大会和中央委员会，省代表大会和省委员会，市或县代表大会和市或县委员会，区代表大会和区委员会，支部党员全体大会和支部干事会。第五章规定了市及县的组织：各市或县有两个区委员会以上或有五个支部以上经省委员会认可，并派员至该市或县召集市或县代表大会，由该代表大会选举市或县委员会（简称市或县委）；省委员会领导市委员会或县委员会，省执行委员决定市或县的划分；市及县委员会"得经过党团指示市或县政府及社会团体之工作方针"。以此为起点，党"中央—省—市（县）—区"的组织体系逐步建立起来，为中国的土地革命和武装斗争打下了坚实有序的组织基础。

新中国成立后，三大改造陆续完成，盘踞千年的封建专制的阶级基础被连根拔起，社会生产力进一步提升。中国共产党人通过改造、汲取传统县制中的精华成分，同时将其与社会主义的经济、政治、社会体系下的新要素、新理念进行整合，不断推动着县域层面上新结构对旧结构的替代，促进着当代县域的政治、经济不断服务县域生产力的发展，努力在民族复兴的道路上，将国家治理现代化进程向纵深推进，将富强、民主、文明、和谐的新气象向基层延伸。

二、县治体系的生态位

所谓生态位，是指一个种群在生态系统中所占据的位置及其与相关种群之间的功能关系与相互作用。秦汉以来，在官僚体系的统治架构形成之后，其阶级基础虽几经变迁，但是上承下达的功能却始终如一。县吏作为具体事务的执行者、突发事件的一线指挥者、皇权在基层的具象化代表，对王朝的稳定和发展起着最基础的作用。而历朝历代对县级官吏的要求也往往具有双重性。一方面，朝廷要防止其胡作非为，扰乱基层政治生态、经济发展和社会稳定；另一方面，朝廷又要防止其不作为、不进取，延误地区发展，甚至使地方错过发展的有效窗口期。这两点就构成了县治体系生态位的核心内容。在帝制时代的小农经济社会，为防止县吏豪强化或循规蹈矩，雄主和能臣们也进行了各种制度化建设，其可圈可点的经验和最终走向瓦解的历程，都对当今社会的基层治理现代化建设有一定的启迪和参考意义。

（一）县级胥吏的专权之祸

自秦一统六合创立大一统帝国以来，中华帝国逐步形成了一套成熟的社会治理组织模式，即"县以上通过建立科层式的官僚机构进行直接统治"，县以下便再无正式的官僚机构。县，因此也成为传统科层式官僚组织结构中的最后一环，县令更是被称为"亲民之官"，其选拔和任命为历朝历代所重视。瞿同祖就称清朝的县为"一人政府"，即除了朝廷直接任命的县官，在县以下不存在言之凿凿的正式职官。因此，面对繁杂庞大的县级事务，县令往往需要征辟专业的人员组织和落实具体工作，这些人被称为"胥吏"。因为他们不是正式官吏，不享受官僚待遇，但又身处重要岗位，如果县令有所懈怠，就很容易形成胥吏为非作歹的局面。另外，如果县令频繁调换，那么中央委派的县令初来乍到之时，往往会首选征辟前任县令留下的官吏，即所谓"流水的知县，铁打的胥吏"。因此，这些非正式的办事人员往往擅理民讼、横征滥索、鱼肉百姓，形成所谓"胥吏之害"。这也是传统州县行政系统中最大的弊病，最终会影响帝国的统治。

目前普遍认为，胥吏体系最早形成于唐朝。伴随着科举制的确立，官僚阶层由传统的门阀士族变为庶族地主。其结果是，一方面，朝廷选人、用人的主动权变得更大，通过读书、参加科举，普通人也能有机会参与社会治理；另一方面,大批缺乏地方背景和家族支持的新贵官员进入政坛,他们需要在日常行政管理中启用一批自己信得过的下属,以更好地主政一方,此时同样出身卑微的读书人便成了他们的首选,胥吏体系也就因此初现端倪。起初,"胥"和"吏"为性质不同的官府服务人员:"胥"大多数为从事体力劳动,甚至具有职役性质的差人或役卒,"吏"则指州县的文职办事人员,以脑力劳动为主。很多吏成为在册官员的宾客或者幕僚,随其升迁罢黜,长期为官员的日常公务和重大事项做谋划。

唐朝时,吏典的确立在制度方面对胥吏做了明确的规定和要求,朝廷整体上以"外流官"的形式将其与在册官员区别开。但是,当时胥吏作为九品官的候补存在,依然具有品阶。此后,随着科举制度的日臻完备,官僚队伍不断扩大,主流思想愈加收拢于官,胥吏虽仍可以入仕,但难度愈加增大,社会渐轻之。及至宋朝,官与吏的社会地位差距进一步拉大,胥吏趋于役的倾向更加明显。宋人王栐编撰的典制文献《燕翼诒谋录》中就有这样的记载:"吏人皆士大夫子弟不能自立者,忍耻为之。"可见,时人对胥吏的不屑和轻视。但是,随着唐宋经济和社会的发展,依靠科举制度选拔出来的官僚群体知识结构参差不齐,国家又具有多元化的社会治理要求,因而很多地方行政事务不得不依赖胥吏来主持和维护。为此,基层胥吏体系逐步形成了一套相对完备的考试制度,以尽可能保证其工作能力和办事水平。此时的胥吏尽管仍可以通过官府内部晋升和授官出职以达到为官的目标,但是其难度与科举相比有过之而无不及。

元朝,因为民族分治、不兴科举,胥吏成为统治者管理汉人的主要途径,这一作用也使其工具地位有所提升。至明清时期,朝廷为了加强中央集权,增强对地方的控制力,逐步发展并确立了规范化、封闭性的地方行政组织架构,胥吏队伍异常庞大,其危害也日益凸显。明清两朝的地方县衙均设"三班六房",即所谓"皂、壮、快等三班差役,吏、户、礼、兵、刑、工房等六房胥吏"。此时,县级单位治理的分工变得非常明确。专业化的分工本身是为了提升基层单位的组织效率,其结果却是为这些本身政治地位不高的胥吏提供了以权谋私的条件。胥吏之害在清朝达到了顶峰,甚至严重影响了清廷的统治。

回顾胥吏把持县政、牟利弄权的历史,有四大特点值得思考。其一,八股选官保证了各级主政官员在思想上对朝廷绝对效忠,因此明清两代各州县都采用独任制,即"一人政府"型政体,基层政权交由一人全权负责。但是,地方政务冗繁,主政官员没有时间,也没有能力亲理全部民事,所以不得不委诸幕僚和胥吏,这也正是无名小卒牟利弄权的土壤。其二,文牍主义严重是胥吏为害的又一重要基础。明清以例治天下，所谓"有例则兴，无例则灭"，大小衙门无论做什么，都必须有律例作为依据。如果要处理具体事务，就要找到相应的律例，获取合法性依据；如果没有这种依据或引用失误，就算是违例。因此，才会有言："律乃一代之典章，例为因时之断制。"这样的政治生态，让胥吏有了弄权牟利的先天条件，甚至造成胥吏挟持主官的现象。其三，明清主政官员均施行回避制度，一般任职地域离籍贯地不少于500里。"南人使之治北，山人使之治泽，其土俗固非素悉也。"地方官员既听不懂方言土语，又不熟悉风土人情，根本无法有效地开展日常政务，而胥吏主要是本地人，久踞地方，熟悉本地情况，且有各种私人关系，根深蒂固，盘根错节，熟悉政事，因而主政官员在一定程度上受其挟制在所难免，故有谚云"清官难逃猾吏手"。其四，地方官员的任期普遍较短、调动频繁是胥吏为害的重要推手。根据张仲礼的研究，清朝知县的任期都相当短暂，平均任期只有1.7年，到19世纪任期更是缩短至0.9年。因此，主政官员对于政事往往持多一事不如少一事的态度，官员视衙门为传舍，而胥吏视官长为过客。这种人浮于事的局面对地方政务的迫害可谓深之痛之，其直接造成了懒政怠政与携权谋私在基层并行，给明清地方社会的发展造成了不可估量的损失。

（二）上计和巡察制度建设

"上计"最早可追溯至西周的"朝聘述职"之制，在《礼记·王制》中就有记载："诸侯之于天子也，比年一小聘，三年一大聘，五年一朝。"其中的"聘"即指诸侯派卿大夫去朝见天子，"朝"则指诸侯亲往朝觐述职，天子以此考察官员政绩，以实施赏罚。《孟子·告子下》中有云："一不朝，则贬其爵，再不朝，则削其地，三不朝，则六师移之。"可见"朝聘述职"之制对于维护周礼体系具有重要意义。及至春秋战国时期，各诸侯国的官僚制度逐步由世卿世禄制向封建官僚制度转变，各国国君为了对官僚体系进行有效管理，逐步建立起了对官吏的考课和奖惩制度，正所谓"申之以宪令，劝之以庆赏，振之以刑罚"。在具体实施中，上计制度要求地方官员每年将其所辖地域的人口、户数、房屋和耕地面积、赋税和徭役情况等编为簿籍，称为"计书"，以供上级部门考核定级，并作为官员升迁或罢黜之依据。

秦汉时期，国家进入和平稳定时期。为了有效推进地方治理，提高行政运行效率，中央对各级官员的考核日益紧迫。汉元帝时还出现了中国历史上第一部考绩法。汉元帝命人制定了"考功课吏法"，规定县令、县尉负责所辖区域的全部事务,如果所辖区域在其当政期间没有出现违法乱纪之事,就对该官员进行奖赏;如果出现盗贼,却没有官员发现而给民众造成损失,县尉就要受到责罚。对于其他官员,依此法类推。尽管当时定法过于简略,且之后该法也在三公九卿的强烈反对下胎死腹中,但是其绩效考核的开创为后来上计制度的发展埋下了伏笔。到了魏晋南北朝时期,为避免数据造假,同时对官员政绩进行更有效的监督和考核,各郡均设置上计吏,以考核各县政绩,司马懿、司马望、魏舒、付玄等人都曾担任过上计吏。这样的制度设计,让冷冰冰的数字背后有了地方为政者更加立体化的概貌。

隋唐时期,中央吏部每年定期对任职官吏进行考核,从中央吏部到地方的州府,都设有"掌文武百官功过、善恶之考法及其行状"的专门官员。对县令的考核通常由该县所属上一级州府行政机构负责,具体考核事宜由州府长吏统一部署安排。为客观反映为政状况,朝廷严格规定:"应注考状……不得更有虚美闲言。其中(中)以下考,亦各言事状。然注考,并不得失于褒贬。如违,准令降书考官考。"可见,朝廷对于录得真实考核情况之严苛。当然,除了例行考核,唐政府又对县令实施巡考制。所谓巡考,是指对地方县令实行定期或不定期的巡视考察,其目的在于纠举不法,使县令在任职期间忠于职守,时有所警,认真履行职责。不过,彼时的巡考大多数时候是由上一级都督或者刺史负责进行。这样的制度安排也为晚唐地方割据、中央人事权旁落藩镇的衰败局面埋下了种子。

宋朝前期对县的考核非常强调"善"。经历了连绵的战乱后,抚境安民、增益户口、无盗无贼成为前期县吏考课的关键。至宋中晚期,在"三冗"的巨大压力下,宋朝财政不堪重负,于是对户口和财税方面的考核成为最主要的内容。因此,县制体系的考核和政策都不是一成不变的,其与国家面临的整体状况密切相关,所有制度设计都要服务于大政方针,不可教条化。

元明清时期,县吏考课的内容、形式愈发成熟,所有考核任务均由中央组织督导,地方协助并同样接受中央问责。尽管在吏部安排和升迁罢黜等细则上不尽相同,但是考课的整体架构已经相当成熟。古代考课制度在某种程度上起到了限制官吏恣意横行的作用,造就了一批廉洁奉公的清官干吏。但是,很多时候考课中又存在官官相护、行贿受贿等现象,使其浮于表面,直至徒有其表,完全沦为官僚系统的文字游戏。这一点也是现今县域治理乃至社会治理中值得注意的问题。

除了考课制度,监察制度是古代县域上下级考核中的另一个重要手段,是人事管理中必不可少的内容，也是中国封建社会的一个创举。秦一统六国后，实行三公九卿制，其中御史大夫的主要职责就是监察百官群吏，察举非法，受公卿群吏奏事，这被认为是监察制度化的肇始。此后，汉承秦制，对监察进行了进一步的完善和发展，尤其是中央和地方的均有监察之责的制度安排，为大帝国的基层监察体系建设立下了雏形。隋唐时期，监察制度转型，在分权和标准化的基础上，行政和监察分离的制度安排为监察制度的发展创新开辟了新的道路。晚唐五代时期，随着藩镇割据的来临，监察制度没落，地方政局动荡，百姓流离失所。而此后的宋元明清，伴随着大一统帝国的稳固和文官官僚体系的健全，监察制度再度成为皇权稽查百官、维持政权清明的重要工具。目前的研究普遍认为，"先秦时期是监察的雏形时代，汉是监察的成长时期，南北朝监察互异，隋是监察的转型时期，唐是监察的全盛时期，五代监察没落，宋时监察复兴，辽金元是监察制度的南北融合时代，明朝是监察制度的完备时代，清朝是监察制度的台谏合一时代"。

纵观中国古代县级单位监察的发展历程，统治者对县级单位的监察十分重视且极为严苛。中央政府对县级单位的监察制度逐步体系化、完善化的过程，就是一个央地博弈和中央集权化的过程。在朝廷中枢直接领导的基础上，元明清后期的监察制度多采用多元分层化管理的模式，统治者始终追求对地方行政单元全年度无死角的监察覆盖。但是，这样的监察行为在促进官吏保持清正廉洁的同时，也干预了地方的政务。基层官员往往人人自危，视监察如猛虎，其间监察人员滥用职权、以权谋私，导致基层官员受无端迫害的情况也屡见不鲜。因此，明清后期基层为政的惰性与日俱增，懒政惰政也因此浮于官场，其影响仁者见仁，智者见智。

（三）县乡关系与乡里社会

中国的乡里社会最早可追溯至西周时期，在一个农耕文明主导的社会中，乡里有着其他文明不可比拟的重要性，比如其自治管理职能及社会成员之间的联系性。秦汉时期的乡、里是国家郡、县以下的行政区划，这一空间是人们生产、生活的最小居住地，官吏由朝廷任命。乡里上沟通郡、县，下治理臣民，具有重要的地位。它在这一时期孕育萌芽并不断地发展完善，此后历朝历代的乡里制度都在此基础上改进，对中国古代乡里社会的发展起到了制度基石的作用。例如，乡官制度是秦朝初年设立的，而乡、亭、里的三级行政机构最早也出现在秦国。《汉书》中载："大率十里一亭，亭有长；十亭一乡，乡有三老、有秩、啬夫、游徼。三老掌教化；啬夫职听讼，收赋税；游徼徼循禁贼盗。县大率方百里，其民稠则减，稀则旷，乡、亭亦如之。皆秦制也。"秦汉以后，如北魏的三长制，北周的党、闾、里，隋朝初期的族、闾、保，宋朝的牌、甲、保，明清两朝的乡、都、图等制度，都或多或少衍生于秦制。

魏晋时期，乡里社会是县统计户籍人口的重要支撑，统治者也充分利用了宗族、士绅等社会资源的管理作用，形成了官绅结合的"指导—渗透—协同"的社会综合治理体系，使自组织职能弥补行政职能的不足。地方宗族在教育、养老、安抚、调解息讼、治安、婚姻、乡村建设等方面发挥着越来越大的作用。隋唐时期，伴随着官僚系统阶级基础的演变，庶族地主阶层在基层政治中越发活跃起来。由于不具备世卿豪族那样的财力和人脉，庶族地主们首先在里这个层面的活动更加积极，因此隋唐时期"乡"的概念弱化，"里"得到重视和强化。同时，由于中央集权的强化，一方面，县级官府千方百计地将地方势力纳入自身控制范围之内，使县级官府行政得以顺利进行；另一方面，地方士人、豪强等对县级官府产生影响，他们或干预县级官府的行政司法，或控制人口、土地侵占县级官府财政，将触角伸入县级官府行政的各个领域，以谋取自身利益。县、乡之间的矛盾和冲突日渐取代魏晋时期的协作和渗透关系，对抗逐步成为主流。这一时期，乡里组织领袖的选任事务，原本是乡举里选后由郡县定夺，但在矛盾和冲突下，完全改为由县令掌握控制。唐朝"乡里之组织，有乡里邻等地域上划分之名称，以隶于县治之下"的规定，本质就是中央对基层管理的强化。

两宋时期，由于边疆压力一直存在，地方矛盾有所缓和。宗族势力、乡里精英与县吏的合作与冲突始终相伴相行。地方自治力量对基层社会公共事务的调控，说明宋朝的乡里组织既是有权威的仲裁者，也是有权力对诉讼进行裁判的组织系统。无论是宗族势力与乡里精英之间，还是他们各自内部，都维持着有秩序的控制力，官府、乡里精英和宗族势力形成了一个共治的基层管理体系。因此，宋朝乡里组织较好地弥补了国家调控力的不足，对县域治理起到了一定的正向补充作用。当然，其中也有冲突和对抗，尤其是宋朝后期财政困难，使其县吏有了更沉重的人口和财税任务，这就难免触及乡里利益，引发矛盾和冲突。宋徽宗宣和七年（1119年），朝廷发文要求地方政府对豪强进行约束，"诸非见任官有贪恣害民、干扰州县而迹状显著者，监司按劾以闻"。

乡里社会的自治传统，与帝制时代的小农经济基础是密不可分的，实际上到了明清这样的帝制成熟期，国家正式权力还是很难直接渗透到乡里社会之中。这种情况下,乡里社会的治理很大程度上就要依赖各类半官方的基层组织和民间团体,而它们构成了乡里和县治互动的关键环节。明朝的里老制,清朝的保甲制,都是县乡互动的浓缩,是制度性的提炼。费孝通先生研究认为,中国传统的乡村社会存在四种权力,即皇权、绅权、邦权和民权,其中民权最不发达。封建社会后期,特别是明清时期的乡村社会主要是由族权、绅权、政府治理权共同治理的。其中,族权主要以血缘关系为纽带,通过建祠修谱、收族敬宗、制定族规等方式和手段来构建宗族成员对血缘共同体的认同感与归属感;绅权主要以士绅阶层对知识的垄断及其官府的政治背景来确立其在乡村的权力与权威;政府治理权则来源于皇权,是皇权在地方行政统治中的具体体现。三者相辅相成,共同构筑起严密契合的地方基层社会管理体系,完成了帝国时代的县乡合谋共治。

邓小平同志曾说过:"中国有百分之八十的人口住在农村,中国稳定不稳定首先要看这百分之八十稳定不稳定。城市搞得再漂亮,没有农村这一稳定的基础是不行的。"如今,尽管中国的城镇化建设已经取得了相当可观的成果,但是稳固农村农业、实现农村现代化、推动乡村治理体系现代化仍是实现中国梦的关键一步,是乡村振兴的基石,是县域经济长期稳定发展的关键和保障。在农村人口结构、产业结构和治理结构都发生深刻变化的今天,理顺县乡关系,把握县乡发展脉络,抓住乡村发展的"牛鼻子",实现县乡经济产业发展的良性互动,对于实现乡村振兴、打造现代化的县乡治理体系弥足珍贵,意义重大。

三、户籍制度和土地制度的变迁

人口和土地是历朝历代最重要的生产资料,与不同时代的生产关系和阶级基础相关联,也自然形成了各具特色的户籍制度和土地制度。例如,春秋战国时期,铁器和牛耕的推广极大地提高了农业的生产效率,促进了自耕农经济的发展。于是,在井田制之下的"千耦其耘""十千维耦"的集体劳动形式逐渐无法适应生产力的发展要求,以户为基础的分散式农业生产活动开始繁荣起来。相应地,井田制对土地流转的束缚,阻碍了农业生产的扩张与发展,拥有土地的封建领主们不断组织农民开垦"私地",扩大领土范围,周王室的"公地"便日渐被侵蚀,势力日衰,直至井田制彻底解体,周天子失去了对贵族的经济节制。诸侯们对土地和人口的追求,引发了春秋战国时期的争霸和攻伐,而落实户籍、征发徭役、征收赋税钱粮、扩大领土辖域等行为在攻伐前后都变得格外重要，这些行为也构成了县级官府的功能主干，贯穿了整个华夏帝制时期，而影响几千年中华文明史的户籍制度和土地制度就在这血雨腥风之中逐步成长、发展并完善起来。

（一）田亩制度的变迁与县制的发展

秦汉时期，县级官府的一项重要工作就是授田和收缴田税。据《秦简·田律》所载，秦朝县吏的农业考核工作至少包括四项基本内容，即农情管理、自然保护、维护乡里秩序、授田和收缴田税。其中授田和收缴田税有专门的基层官吏负责，即田啬夫和田佐。秦始皇统一全国后，推行郡县制，将全部土地纳为国家所有。所谓"授田"，就是根据生产能力将田地分给农民，或者赏赐给有军功的将士。根据现存秦朝文书《法律答问》中的记载，"匿田罪"在当时被定为重罪，具体而言就是，基层小吏如果已经收了农民的租子却不上报，就会被处以极刑。

当然，为促进农业发展，秦朝县级官府所设农官种类极多，包括大田、田典、田啬夫、田佐、仓啬夫、厩啬夫、皂啬夫、漆园啬夫、苑啬夫、牛长、苑计，等等，足以见当时基层生产组织之完备，秦廷对农业生产之重视。汉朝因袭秦制，官吏设置与秦朝基本相同，不过在发展中列曹治事的格局更加清晰，各官署律吏的分工和协作更加制度化。例如，汉朝出现了专门负责皇帝贡品的官员，如刘渊林注左思《蜀都赋》引《地利志》说，"蜀郡严道出橘，有橘官"，橘官便是专门负责贡橘的官员。汉廷多次颁布法令和赈农、劝农诏书，要求县级官吏充分重视农业生产。《汉书·百官志》载，哀帝诏令说，来自郡国的上计吏、丞史回去后转告郡国长官，天子担忧百姓困于衣食，郡国长官应该劝农桑，"无烦挠夺民时"。《汉书·成帝纪》中也记录着成帝命令郡国长官劝勉农桑之业，"出入阡陌，致劳来之"。在东汉时，建初元年（76年），汉章帝面对当时"牛多疾疫，垦田减少，谷价颇贵，人以流亡"的局面，要求郡国长官勉劝农桑，"弘致劳来"。尽管如此重视，但是汉末土地兼并仍是愈发猖獗，士绅阶层兴起，土地庄园化趋势愈演愈烈。之后，以士绅阶层为领导核心，以私家庄园为基础的地方武装割据势力崛起，并陆续形成尾大不掉之局面，最终导致了汉末百余年的动荡不安。此后，土地大面积兼并和庄园化成为历朝历代都深恶痛绝并坚决遏制的重点。

到了魏晋时期，由于世卿世禄阶层拥有大量的土地，控制着地方经济，劝课农桑更是成为统治者考察县吏的重点环节。农业发展的好坏甚至成为检验一名县官是否称职的主要考核标准，缴纳皇粮、征收赋税成为县官的首要任务。但是，这时的皇粮往往不是全部汇入朝廷手中，而是被各州府豪族士绅自行收缴。世卿世禄制度下，中央的软弱决定了土地困局无法扭转，农业生产活力不足。此时，来自北方的拓跋氏异军突起，由于其游牧民族所建立的政权较少受到汉族士绅贵族与王公大族的影响，因而能够有效推行由县直接征收并汇总至中央的赋税法令，从而有效限制了地方豪强权力的扩张。公元458年，即北魏孝文帝太安四年，北魏颁布均田令，宣布实行耕地国有、有限买卖的均田制度，这一法令一举扭转了东汉末年以来形成的地方分权趋势，从而为大一统帝国的建立奠定了非常有效的土地制度基础。

隋唐时期，从北魏继承的均田制被长期保留、延续并发展，最终以租庸调制的形式将户籍、徭役、田制和赋税进行贯连，形成了一整套相互关联的财税系统，由此奠定了唐王朝气盛寰宇的重要基石，开启了大唐万国来朝的盛世。各县国库因之日丰，国家税收因之愈满，唐朝著名政治家陆贽就曾道："丁男一人授田百亩，但岁纳租粟二石而已。言以公田假人，而收其租入，故谓之租。"但是好景不长，及至中晚唐时期，随着地方藩镇割据的壮大和土地兼并的发展，均田制的基础被破坏殆尽。在以丁计征的背景下，占据了大量田亩的官僚贵族无须缴纳租庸调，而与之形成鲜明对比的是均田农户成为租庸调的纳税主体。正所谓"朱门酒肉臭，路有冻死骨"，在如此不均的实际税赋制度下，流民愈加增多，以丁计征的均田制自然也趋于崩坏。户籍制度更是随着土地制度的崩坏变得愈加废弛，租庸调与均田制之间的紧密关系不复存在。在均田制名存实亡的背景下，租庸调的制度弊端也暴露无遗，百姓无田可耕却依旧需要承担租庸调负担，进而被迫走上"逃户"之路。此时，为剿灭藩镇割据势力、安置大量流民，唐建中元年（780年），德宗初登大宝即接受宰相杨炎的提议，推行两税法。简言之，其主要内容是：第一，就地编入户籍，不再有土、客户籍之分；第二，以资产为课税依据，不再以丁计征；第三，每年春季、秋季征税（故有两税法之称）。这样的制度安排对于稳定当时的人口和土地，削弱藩镇势力无疑是行之有效的策略。因此，两税法在中国财税史上也留下了浓墨重彩的一笔，两税法的实施后对于理顺央地关系，增强中央对县乡的控制起到了一定的积极作用。但是，鉴于唐帝国末期藩镇割据，武人干政不绝，两税法只能算作唐王朝最后的昙花一现。

如果说唐朝两税法的改革是面对山河崩裂时皇权的自我救赎，最终因为中央权威的衰落和地方自治的兴起等原因没能彻底改变土地集中的状态,那么,宋神宗时期的王安石变法则是明明白白地反映了封建皇权统治下宗族大户和士绅精英的阶级属性,使土地兼并的发生和大地主的形成变得不可避免。在县域范围内,皇权和士绅望族的矛盾和冲突,伴随着土地、人口等生产资料的所属权转移,而这不断重塑着王朝的兴衰,最终形成了帝国时代大一统的背景下,历朝历代此起彼伏的宋元明清王朝兴衰图。

总的来看,粮赋与徭役作为保障国家机器运转的基石,其征取是国家政权赋予地方基层组织的主要职能。从宏观层面上讲,一方面,生产资料所有权随着生产活动的进行重新划分和整合,在封建时代有着不可逆性,土地兼并有其发生的阶级基础。另一方面,以自然经济为基础的封建社会,农业作为国家的根本,是国家经济发展命脉,农业发展直接关系到农民是否安居、国家财政是否充裕,以及社会是否稳定。这就自然而然地导致了中央集权、地方自治团体和普通农民之间的利益冲突。而无论何时何地,这一冲突发生的界面就在县这一层级,无论是地主豪绅的割据自治,还是农民阶级的揭竿而起。可以说,县域的有效治理直接关系着国家命运,县域是社会生产成果分配的直接发生空间,能否将其经济职能发挥到位,理顺经济发展成果的分配机制,意味着施政的成败和国家的兴衰。

(二) 当代县治户籍、土地政策的发展方向

回顾历史是为了温故知新、鉴古思今。户籍制度和土地制度在中华大地已有超过两千年的历史,当然,随着新中国的成立和经济社会的发展,如今的户籍和土地已经拥有了新的时代含义。户籍是人民享受城乡基本公共服务的主要凭证,是筹划各类社会基础设施建设时重要的参考依据。而土地也早已告别税负的属性,第二、第三产业反哺农业成为常态。但是,在新的历史发展期,县域的户籍和土地现状也面临着棘手的问题。

户籍方面,大中城市的城市化进程进一步加深,人口规模缩减与城市群、城市带等大城市发展共同作用,使得县城人口大量流出。而乡村人口则向县城集聚,造成了乡村人丁稀少,很多乡村只见砖瓦不见居民。与之相对,新流入县城的农村人口的市民化过程推进缓慢,由于缺乏足够优质的产业支撑,大部分县城吸纳就业人口的能力不足,进入县城后的村民不得不继续维持农业生产活动,在城乡之间来回奔波。这就造成了新进城的居民普遍从事第一产业的小规模生产活动,其收入水平偏低,无法支撑县城第二、第三产业的长足

发展。县域范围内城乡消费水平和消费能力基本见底,加之投资不足,县级财政基本维持在人不敷出的状态。

土地方面,改革开放时期的农村土地家庭联产承包责任制类似于历史上的均田制。作为改革开放30年的第一个突破口,农村土地家庭联产承包责任制明确了30年不变的政治承诺,给农民吃了定心丸,有力地促进了农业发展。但是,随着第二、第三产业的发展,城市对农村劳动力的吸纳明显,加之中国人均耕地本就不足的禀赋基础,这些都使得当前农业部门的土地改革仍面临巨大挑战。在很多农业大省,土地的规模化经营已经成为常态,但是如何发挥县及以下党委政府的功能作用,促进规模化土地增产增收,同时让党和政府的好政策真正惠及普通种地的农民,仍是当前和今后很长一段时间内政策的重点和难点。另外,农村居民宅基地作为农民资产的最后护城河,如何合理有效地利用和盘活,在保障农民利益的前提下,增加可用土地规模,其中的制度设计仍旧复杂而艰巨。

2015年6月30日,习近平总书记在北京人民大会堂会见全国优秀县委书记时再次强调:"郡县治,天下安。在我们党的组织结构和国家政权结构中,县一级处在承上启下的关键环节,是发展经济、保障民生、维护稳定的重要基础,也是干部干事创业、锻炼成长的基本功训练基地。"面对户籍、土地等问题,在新时代条件下面临的新问题,遇到的新挑战,县级主政者实际上有很多可为的工作可以做。县域治理既具有与国家治理相一致、相统一的地方,又有其相对的独立性和特殊性。我们回顾历史,更多的是为了反观今天的问题。今天的中国,要搞土地财产制度改革,就必须以土地存量与人口增长的矛盾为前提,因地制宜地推动小手术,这样才能够以足够的勇气和智慧,为县域重振和乡村振兴寻得更多出路。

Ⅱ 县域发展基础篇

第三章 县域发展的人口与空间基础

当前,推动县域经济高质量发展,特别是欠发达地区县域经济的高质量发展,是解决好新时代社会主要矛盾的迫切需要,也符合双循环战略的具体要求。而县域人口问题和空间问题作为县域发展的基础支撑,为县域经济的再度繁荣提供了最为基本的保障。深入分析县域人口问题和空间问题既符合国家发展要求,也对充分认识县域经济发展现状、激发县域发展特色、形成县域经济发展新动能、构建县域经济突破新模式,具有极其重要的意义。

一、县域城市总人口比较分析

本研究基于《中国县域统计年鉴》《中国城市建设统计年鉴》《中国县城建设统计年鉴》数据,对中国县域人口、经济、财政、社会保障等方面进行发展趋势及特点的深入分析,纳入研究范围的县域单位包含县级市、县和旗,市辖区不在本文数据分析的范围之内。本研究着重分析了当前中国县域总人口、县域城区人口的总量情况和变动情况,并在此基础上对排名前100位和后100位的县域单位进行了详细的分省份分析,希望能够将县域人口的总量排名情况、不同省份的分布情况、相对规模的占比情况等清晰地呈现出来,以便于为县域经济发展提供借鉴和参考。

(一)县域人口总规模概况

人口是一切经济社会活动的基础,而中国是一个具有人口超大规模特征的社会主义国家,深入探讨当前的人口问题对中国经济的持续健康发展具有重要意义。当前中国正处于从中高收入国家迈向高收入国家的关键阶段,其经济增长需要县域高质量发展给予强力支撑,而县域辖区内的经济状况极易受到当地人口规划和城市建设规划的影响,因此,探究当前县域的人口空间问题能够为县域经济发展提供最为基础的保障,也有助于发挥中国县域单位的关键性、驱动性作用。

1. 河南县域人口体量位居全国首位

2021年中国县域人口总量为 87 335.0 万人,约占全国总人口的 61.83%,其中县域城区人口也达到 21 476.67 万人,县域人口为县域经济的发展提供了基础条件。本研究主要从不同省份的角度,对 2021 年全国县域人口和县域城区人口进行了分析,如表 3-1 所示。结果显示,河南在县域总人口和县域城区人口两方面均位居全国首位,相较于其他省份而言,其县域人口优势明显。具体而言,分省份县域总人口排名前三位的分别为河南、四川、湖南,县域总人口分别为 8 810.5 万人、5 809.3 万人和 5 735.9 万人,县域总人口排名后三位的分别为西藏、宁夏和青海,县域总人口分别为 275.1 万人、357.6 万人和 410.3 万人。在县域城区人口方面,分省份排名前三位的分别为河南、山东、四川,县域城区人口数分别为 1 882.61 万人、1 850.29 万人和 1 376.77 万人,与县域总人口排名相比,山东排名有所上升,湖南排名有所下降;分省份排名后三位的分别为西藏、海南、宁夏,县域城区人口数分别为 58.55 万人、90.57 万人、118.04 万人,与县域总人口排名相比,宁夏排名有所升高,而海南排名有所下降。

表 3-1　　2021 年分省份县域人口和县域城区人口总量排名　　单位:万人

省份	县域总人口	县域总人口排名	县域城区人口	县域城区人口排名
河南	8 810.5	1	1 882.61	1
四川	5 809.3	2	1 376.77	3
湖南	5 735.9	3	1 283.52	5
山东	5 506.1	4	1 850.29	2
河北	5 336.7	5	1 335.53	4
安徽	4 913.8	6	966.97	9
广东	4 632.2	7	947.08	10
湖北	4 115.1	8	1 000.68	7
江苏	4 025.9	9	1 112.40	6
云南	3 915.7	10	809.94	12
广西	3 858.7	11	616.97	16
江西	3 494.1	12	975.31	8
贵州	3 464.5	13	803.20	13

续表

省份	县域总人口	县域总人口排名	县域城区人口	县域城区人口排名
浙江	3013.3	14	938.83	11
福建	2480.3	15	578.67	17
山西	2271.2	16	777.33	14
陕西	2241.3	17	557.56	18
黑龙江	2092.4	18	530.08	20
辽宁	1981.4	19	482.30	21
新疆	1977.9	20	693.88	15
甘肃	1885.4	21	401.36	23
吉林	1634.7	22	434.92	22
内蒙古	1629.2	23	532.29	19
重庆	928.2	24	188.83	24
海南	538.2	25	90.57	27
青海	410.3	26	132.19	25
宁夏	357.6	27	118.04	26
西藏	275.1	28	58.55	28
全国	87335.0		21476.67	

注：县域人口数据样本中不包含市辖区。
数据来源：《2021年中国城市建设统计年鉴》《2021年中国县城建设统计年鉴》。

2. 东部省份县域单位人口总量居全国前列

东部省份作为人口流动的主要聚集地，在过去的20多年间，以其完备的产业基础条件，吸引了来自全国各地的流动人口，部分流动人口选择在东部省份落户，给东部省份各县市补充了新鲜血液，也使东部省份人口体量逐步增大。在对2021年全国县域人口和县域城区人口总量分析的基础之上，对全国县域单位进行县域总人口和县域城区人口的详细排名，选取排名前100位的县域单位进行分省份分析（见表3-2），结果显示，县域总人口排名前100位在河南分布数量最多，县域城区人口排名前100位在中山东分布数量最多，总体来说，东部省份县域单位人口总量居全国前列。具体而言，从县域总人口排名前100位的分布来看，分布数量最多的三个省份为河南、安徽和广东，分别有19个、14个和13个。从县域城区人口排名前100位的分布来看，分布数量最多的三个省份为山东、河南和江苏，分别有18个、14个和12个。值得注意的是，县域总人口和县域城区人口排名前100位相比，分布数量较多的省份并不完全相同,表明部分省份的县域人口主要集中于城区,这一现象在接下来的城镇人口结构中将得到进一步说明。

表 3-2　　2021 年分省份县域人口总量前 100 位分布　　　　单位:个

省份	县域总人口排名前 100 位分布	县域城区人口排名前 100 位分布
河南	19	14
安徽	14	4
广东	13	5
江苏	10	12
四川	8	8
广西	6	—
湖南	6	4
福建	4	—
浙江	4	8
湖北	3	5
山东	3	18
贵州	2	2
吉林	2	1
江西	2	4
云南	2	1
河北	1	4
重庆	1	1
辽宁	—	1
内蒙古	—	1
山西	—	1
新疆	—	6
合计	100	100

数据来源:《2021 年中国城市建设统计年鉴》《2021 年中国县城建设统计年鉴》。

3. 西部省份县域单位人口总量相对较少

自中国实施西部大开发战略以来,西部各省份的经济发展取得了长足进步,基础设施建设速度逐年加快,综合实力也有所增强。但由于本身经济基础较为薄弱,西部省份的社会发展、经济实力方面与中东部省份相比仍有较大差距。而人口的集疏往往受经济发展影响较大,本研究基于全国县域单位的总人口和城区人口排名,选取排名后100位的县域单位进行分省份分析(见表3-3),结果显示,西部省份县域单位人口总量相比于中东部地区更少,从总人口和城区人口排名后100位的分布来看,西藏分布数量最多。具体而言,县域总人口排名后100位的分布来看,分布数量最多的三个省份为西藏、新疆和青海,均为西部偏远省份,分别有44个、14个和12个县域单位。从县域城区人口排名后100位的分布来看,分布数量最多的三个省份为西藏、四川和青海,分别有55个、13个和11个县域单位。值得注意的是,与县域总人口排名后100位的分布情况相比,四川的县域城区人口排名后100位分布数量明显增加,而新疆的分布数量有所降低,但整体来看,县域人口和县域城区人口排名后100位主要分布于西部省份,青海、西藏、新疆尤为明显。

表3-3　　2021年分省份县域人口总量后100位分布　　单位:个

省份	县域人口排名后100位分布	县域城区人口排名后100位分布
西藏	44	55
新疆	14	10
青海	12	11
内蒙古	9	1
四川	7	13
甘肃	6	5
陕西	4	1
黑龙江	2	—
山西	1	—
云南	1	3
福建	—	1
合计	100	100

数据来源:《2021年中国城市建设统计年鉴》《2021年中国县城建设统计年鉴》。

(二)县域人口所属省份占比概况

从1992年开始,国家统计局每隔一段时间就会公布一次"百强县"榜单,一直更新到2007年,在这之后由诸多民间和国家性质的机构进行评选。这些机构往往基于多项经济指标来评判县域发展情况,确认其在所属省份的重要程度,并在全国范围内进行排名。然而,"百强县"的评判往往只限定于经济指标,对于同样重要的人口情况则少有涉及。鉴于此种情况,本节在前一节对当前中国县域总人口绝对值情况进行分析的基础之上,进一步对县域人口在全省人口中的比重进行计算,以体现县域人口在全省人口中的重要程度,期望能够对全国县域单位的整体情况有一个充分的认识。

1. 中国中西部省份县域人口占所属省份人口比重较高

对2021年各省份县域人口占所属省份人口比重进行分析后发现(见表3-4),中西部省份县域人口占所属省份人口比重较高,部分省份该比重超过80%,县级市人口占所属省份人口比重较高的县域单位主要集中于中东部省份。具体而言,县域人口占所属省份人口比重排名前三位的分别为贵州、河南、湖南,三个省份县域人口占所属省份人口比重均超过80%,最高为贵州,比重达到89.94%;全国大部分省份县域人口占所属省份人口比重超50%,比重最低的为重庆,县域人口占所属省份人口比重仅为28.90%。县级市方面,县级市人口占所属省份人口比重最高的为吉林,比重达到38.56%,远超县人口占所属省份人口比重(30.27%),其余大部分省份县人口占所属省份人口比重超过县级市人口占所属省份人口比重。县方面,县人口占所属省份人口比重最高的省份为西藏,达到75.16%,其次为贵州,72.68%;县人口占所属省份人口比重最低的为广东,比重仅为17.70%。总体而言,中西部省份的县域人口重要程度较高,占所属省份人口的比重较高,而中东部省份的县级市人口重要程度较高,这一现象从侧面反映了一种趋势,经济发展相对较好的地区县域人口偏向在县级市聚集,经济发展相对较差的地区县域人口偏向在县聚集。

表3-4　　　　2021年各省份县域人口占所属省份人口比重　　　　单位:%

省份	县域人口比重	县级市人口比重	县人口比重
贵州	89.94	17.26	72.68
河南	89.15	18.85	70.30
湖南	86.62	23.18	63.44
云南	83.49	17.66	65.83
安徽	80.38	10.47	69.91
江西	77.35	15.74	61.61
广西	76.61	15.59	61.02
新疆	76.40	25.75	50.65
甘肃	75.72	3.11	72.61
西藏	75.16	0.00	75.16
河北	71.65	18.65	53.00
湖北	70.58	37.20	33.39

续表

省份	县域人口比重	县级市人口比重	县人口比重
四川	69.39	13.44	55.95
青海	69.07	10.34	58.74
吉林	68.83	38.56	30.27
内蒙古	67.88	8.56	59.32
黑龙江	66.96	25.36	41.60
山西	65.26	12.23	53.03
福建	59.24	18.18	41.06
陕西	56.68	6.94	49.74
山东	54.14	21.28	32.86
海南	52.76	21.90	30.86
宁夏	49.32	7.50	41.82
江苏	47.34	24.24	23.09
辽宁	46.85	22.99	23.86
浙江	46.07	24.30	21.77
广东	36.52	18.82	17.70
重庆	28.90	0.00	28.90
全国	61.83	17.94	43.89

注：县域包含县级市、县；县包含县、自治县、旗、自治旗、林区和特区。受篇幅所限，各县域城区人口占全省人口比重具体情况未在书中展示，如有需要，请与作者联系。

数据来源：各县域数据来源于《2021年中国城市建设统计年鉴》和《2021年中国县城建设统计年鉴》，各省总人口数据来源于《2022年中国统计年鉴》。

2. 中国西部省份县域城区人口占所属省份城区人口比重较高

在分析县域人口占所属省份人口比重的基础之上，进一步对县域城区人口占所属省份城区人口比重进行探究（见表3-5），用以反映县域城区人口在所属省份城镇人口中的重要程度。其排名结果与县域人口占所属省份人口比重呈现出较大差别，西部偏远省份的比重明显上升。具体而言，县域城区人口占所属省份城区人口比重排名前三位的为新疆、西藏和贵州，其中新疆和西藏的比重超过40%；青海的比重为36.47%，排名第四；西部偏远地区县域城区人口占所属省份城区人口比重相对较高，特征明显。县级市方面，县级市城区人口占所属省份城区人口比重最高的为新疆，所占比重为25.22%，超过县城区人口占所属省份城区人口比重（21.58%）；其次为吉林，县级市城区人口占所属省份城区人口比重为18.40%。县方面，县城区人口占所属省份城区人口比重最高的为西藏，达到43.70%；其次为贵州，比重达到28.00%。总体而言,除中国西部偏远省份县城区人口占所属省份城区人口比重较高之外,山西与江西的县城区人口体量在所属省份也占据较为重要的位置。

表3-5　2021年各省份县域城区人口占所属省份城区人口比重　　单位:%

省份	县域城区人口比重	县级市城区人口比重	县城区人口比重
新疆	46.81	25.22	21.58
西藏	43.70	0.00	43.70
贵州	38.38	10.38	28.00
青海	36.47	9.46	27.01
山西	35.22	8.76	26.46
江西	35.13	7.62	27.51
云南	33.83	11.38	22.45
河南	33.74	9.19	24.55
内蒙古	32.52	7.52	25.00
湖南	32.46	9.58	22.88
甘肃	30.22	3.11	27.12
河北	29.33	9.00	20.33
吉林	28.90	18.40	10.50
山东	28.45	13.14	15.32
四川	28.44	7.89	20.55
湖北	26.78	15.60	11.18
安徽	26.63	4.14	22.50
黑龙江	25.82	9.97	15.85
宁夏	24.65	4.63	20.02
广西	22.24	5.15	17.09
陕西	22.16	3.85	18.31
福建	19.83	5.98	13.85
浙江	19.76	12.47	7.29
江苏	17.69	9.96	7.73
辽宁	15.66	9.38	6.29
海南	14.56	6.17	8.40
广东	10.00	5.01	4.99
重庆	8.36	0.00	8.36
全国	15.20	5.43	9.77

注:县域包含县级市、县;县包含县、自治县、旗、自治旗、林区和特区。
数据来源:各省份城镇人口数据来源于《2022年中国统计年鉴》。

3. 县域人口相对比重前100位在西部省份分布数量较多

根据前文的分析结果可以发现,经济发展相对较差的地区县域人口偏向在县聚集,那么全国县域单位人口相对比重的排名是否符合这一趋势呢?本研究进行了前100位和后100位的分省份统计分析。从县域人口占所属省份人口比重前100位和县域城区人口占所属省份城区人口比重前100位的分布来看(见表3-6),在宁夏、海南、吉林、青海、新疆、西藏分布数量较多,这些省份大多分布于西部地区,表明从县域单位人口相对比重来看,西部地区仍具有县域人口集聚特征。具体而言,从县域人口占所属省份人口比重前100位的分布来看,在宁夏、海南、吉林三省份分布数量较多,分别为11个、10个和10个。从县域城区人口占所属省份城区人口比重前100位的分布来看,分布数量最多的前4个省份分别为青海、西藏、宁夏和新疆,分别为13个、13个、11个和11个。总体而言,综合县域人口占所属省份人口比重和县域城区人口占所属省份城区人口比重两方面因素,可以发现所占份额较大的省份集中分布于西部地区和经济发展相对较差的地区,这些地区部分县域单位的人口比重尤为凸显,与前文提出的预期相符。

表3-6 2021年分省份县域人口占所属省份人口比重排名前100位分布　　　单位:个

省份	县域人口占所属省份人口比重排名前100位分布	县域城区人口占所属省份城镇人口比重排名前100位分布
宁夏	11	11
海南	10	9
吉林	10	8
贵州	8	7
青海	8	13
安徽	7	1
广西	6	—
重庆	6	1
福建	5	1
江西	5	5
西藏	5	13
新疆	5	11

续表

省份	县域人口占所属省份人口比重排名前100位分布	县域城区人口占所属省份城镇人口比重排名前100位分布
甘肃	3	3
黑龙江	3	1
湖北	3	2
云南	2	3
湖南	1	1
江苏	1	1
辽宁	1	—
内蒙古	—	4
山西	—	2
四川	—	1
浙江	—	2
合计	100	100

4. 县域人口相对比重后100位中，四川所占份额远超其他省份

县域人口占所属省份人口比重后100位和县域城区人口占所属省份城区人口比重后100位的分布来看(见表3-7)，在四川的分布数量分别达到了39个和49个，远超其余省份。具体而言，县域人口占所属省份人口比重后100位的分布来看，在四川、新疆、内蒙古三个省份分布数量较多，分别为39个、15个和9个，四川所分布的数量远超排名第二和第三的省份。从县域城区人口占所属省份城区人口比重后100位的分布来看，分布数量最多的前三个省份分别为四川、广东、新疆，分别为49个、12个和9个，四川的分布数量仍旧远超其他省份。总体而言，综合县域人口占所属省份人口比重和县域城区人口占所属省份城区人口比重两方面因素，四川分布的县域单位人口相对比重排名后100位数量均远超其余省份，表明四川部分县域单位相对人口规模较小，当前在省内的人口重要程度较低，可能与四川县域单位个数全国之最密切相关。从另一方面来说，这些县域单位往往具有较多的人均土地面积，其土地资源的发展潜力相对较大。

表3-7 2021年分省份县域人口占所属省份人口比重排名后100位分布　　　　单位:个

省份	县域人口占所属省份人口比重排名后100位分布	县域城区人口占所属省份城镇人口比重排名后100位分布
四川	39	49
新疆	15	9
内蒙古	9	5
陕西	7	7
甘肃	6	3
广东	6	12
黑龙江	3	—
云南	3	4
安徽	2	2
河北	2	2
山西	2	—
浙江	2	3
河南	1	—
湖南	1	—
辽宁	1	—
西藏	1	—
福建	—	1
广西	—	2
湖北	—	1
合计	100	100

(三)县域人口总规模年度增长概况

自20世纪90年代起,理论界逐步开始关注县域经济的发展情况,党的十六大报告中第一次明确提出了要发展壮大县域经济的目标,但历经多年的发展,不同县域单位的人口增长呈现出不同的特征。本研究对2020—2021年全国县域单位人口增速情况进行了初步计算,采用分省份的方式对排名前100位和后100位的县域单位进行分析(见表3-8),结果发现,新疆分布了数量最多的人口增速较快的前100位县域单位,山西分布了数量最多的人口增速较慢的前100位县域单位,表明新疆部分县域单位人口增长明显,而山西部分县域单位人口缩减明显。进一步具体分析,从县域人口总量增速排名前100位的分布来看,分布数量最多的省份为新疆,为23个,其次为西藏,两个省份均为西部偏远省份；从县域人口总量增速排名后 100 位的分布来看，分布数量最多的为山西，为 17 个，其次为内蒙古，为 11 个。值得注意的是，除排名前两位的省份外，贵州、河北两省份分布的县域人口总量增速排名前 100 位数量较多，云南、河北两省份分布的县域人口总量增速排名后 100 位数量较多，不同省份县域人口规模年度增长呈现不同特点。

表 3-8　2021 年分省份县人口总量增速排名前、后 100 位分布情况　　　单位：个

省份	县域人口总量增速排名前 100 位分布	县域人口总量增速排名后 100 位分布
新疆	23	3
西藏	13	2
贵州	9	3
河北	7	9
四川	5	4
云南	5	10
广东	4	—
湖北	4	4
江西	4	6
浙江	4	—
湖南	3	8
青海	3	—
山东	3	—
河南	2	3
江苏	2	1
内蒙古	2	11
山西	2	17
安徽	1	—
福建	1	1
甘肃	1	5
宁夏	1	2
陕西	1	3
黑龙江	—	5
吉林	—	3
合计	100	100

(四) 县域人口占所属省份人口比重年度增长概况

国家统计局的数据显示,2021年外出农民工中,省域内流动10 042万人,比2020年增加135万人,增长1.4%,农民工省域内流动比例逐步增加,县域单位有望成为农民工省域内流动的承接地和就近城镇化的重要载体。同时,2021年中央一号文件也指出,要把县城作为城乡融合发展的重要切入点,县域单位已经逐步成为乡村振兴的落实地和城乡融合的着力点。在这种情况下,县域单位人口占所属省份人口比重的变动能够反映出诸多问题,一方面能够体现各省份县域对流动人口的承接能力变化,另一方面也能从侧面印证各省份乡村振兴的发展程度。具体而言,根据2021年分省份县域人口占所属省份人口比重变动排名情况,变动较大的县域单位主要分布于西藏、新疆和贵州,排名前100位的县域单位中分别有17个、17个和11个,这三个省份的县域单位在承接流动人口、促进城乡融合方面呈现出较强态势。排名后100位的县域单位,在甘肃、内蒙古和山西分布数量最多,均为9个,表明该三省份在承接流动人口、促进城乡融合方面呈现出较弱态势。具体情况如表3-9所示。

表3-9　2021年分省份县域人口占所属省份人口比重变动排名前、后100位分布情况　　　　　　　　　单位:个

省份	县域人口占所属省份人口比重变动排名前100位分布	县域人口占所属省份人口比重变动排名后100位分布
西藏	17	2
新疆	17	3
贵州	11	4
云南	9	7
河北	5	2
黑龙江	5	7
河南	4	3
湖南	4	7
安徽	3	2
吉林	3	6
宁夏	3	3
青海	3	3
山东	3	—
浙江	3	1
湖北	2	5

续表

省份	县域人口占所属省份人口比重变动排名前 100 位分布	县域人口占所属省份人口比重变动排名后 100 位分布
福建	1	1
甘肃	1	9
海南	1	3
江苏	1	1
江西	1	8
辽宁	1	—
内蒙古	1	9
四川	1	2
广东	—	1
山西	—	9
陕西	—	2
合计	100	100

二、县域人口结构比较分析

在中国县域总人口、县域城区人口的总量分析基础之上，本节进一步对县域人口的结构情况进行比较分析，主要选取了城镇结构和就业结构两个视角，并分别对排名前 100 位和后 100 位的县域单位进行了详细的分省分析，希望能够在一定程度上反映出县域单位人口结构的排名情况和不同省份的分布情况，从而将县域人口结构的真实情况清晰地呈现出来。

（一）县域人口城镇结构概况

与地级市相比，县域人口城镇结构具有其特殊性，这种特殊性来源于其行政级别的改变。近年来，部分发展水平较高的县域单位逐步改区或设市，由此导致剩余县域单位人口集聚水平较低。基于此种情况，本研究在探究县域人口城镇结构的过程中，选取以县城为中心的城镇化作为评判标准，具体数据来源于《2021 年中国城市建设统计年鉴》和《2021 年中国县城建设统计年鉴》中的县域人口和县域城区人口。

1. 新疆县域人口集中分布在城区,其县域城区人口比重居全国首位

根据2021年分省份县域城区人口比重的计算结果(见表3-10),新疆县域城区人口比重达到35.08%,位居全国首位。具体来看,排名前七位的分别为新疆、山西、山东、宁夏、内蒙古、青海和浙江,其县域城区人口比重均超过30%;排名后三位的省份分别为广西、海南、安徽,其县域城区人口比重均低于20%,其中广西县域城区人口比重最低,为15.99%。2021年全国县域城区人口比重平均水平为24.59%,28个省份中有13个省份县域城区人口比重超过平均水平,15个省份县域城区人口比重低于平均水平。值得注意的是,西部部分省份县域城区人口比重明显高于其他地区,东部沿海省份仅山东、浙江、江苏排名靠前,整体上,西部省份县域人口集中分布于城区的现象更为明显。

表3-10　　2021年分省份县域城区人口比重及排名　　单位:%

省份	县域城区人口比重	排名
新疆	35.08	1
山西	34.23	2
山东	33.60	3
宁夏	33.01	4
内蒙古	32.67	5
青海	32.22	6
浙江	31.16	7
江西	27.91	8
江苏	27.63	9
吉林	26.61	10
黑龙江	25.33	11
河北	25.03	12
陕西	24.88	13
辽宁	24.34	14
湖北	24.32	15
四川	23.70	16
福建	23.33	17
贵州	23.18	18
湖南	22.38	19
河南	21.37	20
甘肃	21.29	21

续表

省份	县域城区人口比重	排名
西藏	21.28	22
云南	20.68	23
广东	20.45	24
重庆	20.34	25
安徽	19.68	26
海南	16.83	27
广西	15.99	28

注：县域城区人口比重计算方法为：县域城区人口比重＝县域城区人口/县域人口。
数据来源：《2021年中国城市建设统计年鉴》和《2021年中国县城建设统计年鉴》。

2. 城区人口比重较高的县域单位主要分布于山西、新疆和内蒙古

从全国县域单位人口比重的具体排名来看（见表3-11），城区人口比重较高的县域单位主要分布于山西、新疆和内蒙古。具体而言，从县域城区人口比重排名前100位的分布来看，在山西、新疆和内蒙古的分布数量分别为18个、14个和11个，三省份占据前100位超三分之一的份额，表明该三省份诸多县域单位人口主要分布于城区，县城对县域人口的承接和支撑作用较强，而其余各省份所占份额差距并不显著。从县域城区人口比重排名后100位的分布来看，在云南、西藏、广西和甘肃分布数量最多，分别为17个、13个、13个和10个，表明这些省份部分县域单位人口分布较为分散，县城对城乡融合发展的支撑作用较弱。

表3-11　2021年分省份县域城区人口比重排名前、后100位分布　　单位：个

省份	县域城区人口比重排名前100位分布	县域城区人口比重排名后100位分布
山西	18	1
新疆	14	3
内蒙古	11	1
甘肃	6	10
黑龙江	5	2
吉林	5	1
青海	5	—

续表

省份	县域城区人口比重排名前 100 位分布	县域城区人口比重排名后 100 位分布
浙江	5	1
山东	4	—
云南	4	17
陕西	3	5
西藏	3	13
广东	2	2
广西	2	13
江苏	2	—
宁夏	2	—
福建	1	1
贵州	1	3
河北	1	4
河南	1	2
湖北	1	1
湖南	1	3
江西	1	—
辽宁	1	3
四川	1	7
安徽	—	5
海南	—	2
合计	100	100

(二) 县域人口就业结构概况

随着近年来大中城市由于人口集聚带来的负效应逐步显现,加之产业、技术升级的强烈需求,部分劳动密集型产业在大中城市的比较优势不断减弱,促使部分产业为追求较低的地租成本和劳动力成本,开始不断向县域单位转移。与此同时,县域自身传统产业和特色产业不断兴起,为县域劳动力提供了越来越多的就业岗位,使县域单位从产业配套的承载地加速向工业经济的主阵地转变,也促使县域单位在承接流动人口和促进城乡融合两方面更好地发挥其固有优势。本研究在探究县域人口就业结构的过程中,选取《2020 年中国县域统计年鉴》中的第二产业从业人员和第三产业从业人员数据,将全国县域单位的从业人员总量进行排名,通过分省份统计分析将县域单位第二、第三产业从业人员情况清晰呈现出来。

1. 东部沿海省份县域第二产业从业人员密集

由于国内经济发展趋缓、第三产业挤占、智能机械运用等诸多原因,当前中国第二产业从业人员数有较大幅度下降。在这样的大背景下,向县域单位转移成为部分追求比较优势的产业的必然选择。本研究对2019年全国县域第二产业从业人员数进行排名后发现(见表3-12),东部沿海省份的县域单位第二产业从业人员较多,这与经济发展水平的分布情况相契合。具体而言,从第二产业从业人员数排名前100位的分布来看,分布数量最多的五个省份分别为江苏、河南、浙江、山东和辽宁,每个省份均有10个及10个以上。除河南外,其余四省份均为沿海省份。从第二产业从业人员数排名后100位的分布来看,分布数量前三位的省份为西藏、青海和四川,这些省份的县域单位第二产业从业人员数规模较小,这与这些地区县域第二产业不发达密切相关。总体而言,通过对县域第二产业从业人员数的排名进行分析,发现排名靠前和排名靠后的县域单位均与当地第二产业发展水平存在极为密切的关系,东部沿海省份县域单位仍是第二产业从业人员分布密集的地区。

表3-12 2019年分省份县域第二产业从业人员数排名前、后100位分布情况 单位:个

省份	第二产业从业人员数排名前100位分布	第二产业从业人员数排名后100位分布
江苏	18	—
河南	15	—
浙江	15	—
山东	14	—
辽宁	10	1
安徽	5	—
湖北	4	—
福建	4	—
湖南	3	—
广东	3	—
广西	3	—
四川	2	18
江西	2	—
贵州	1	—

续表

省份	第二产业从业人员数排名前100位分布	第二产业从业人员数排名后100位分布
重庆	1	—
云南	—	3
陕西	—	1
黑龙江	—	7
甘肃	—	7
新疆	—	8
内蒙古	—	4
青海	—	19
西藏	—	32
合计	100	100

注：自2020年起，《中国县域统计年鉴》不再公布第二产业从业人员数据，故选用2019年数据进行分析。

2. 县域第三产业从业人员主要集中于中东部省份

近年来，中国第三产业蓬勃发展，第三产业不仅提供了大量的外卖配送人员、快递配送人员等就业岗位，还为广大创业者提供了优质的互联互通平台，大量的劳动者选择第三产业就业。对县域单位而言，县域经济第二产业的主导地位有所松动，当前约四成省份县域以第二产业为主导，六成省份县域以第三产业为主导，第三产业发展对县域经济的带动作用已不可忽视。就县域单位第三产业从业人员而言，中东部省份依托其优越的经济基础条件，部分县域单位已经实现第三产业带动地方发展，第三产业从业人员数稳居全国前列。具体而言，从第三产业从业人员数排名前100位的分布来看，分布数量前五位的省份分别为河南、湖北、江苏、山东和四川，各省份均有10个及10个以上，其中河南和湖北的最多，均有13个，第三产业从业人员数排名靠前的县域单位几乎均分布于中东部省份。第三产业从业人员数排名后100位的县域单位主要分布于西藏、青海两省份，西藏有48个，青海有20个，西部偏远省份县域单位第三产业雇用员工较少，侧面反映出西部省份县域第三产业发展较为薄弱。具体情况见表3-13。

表3-13　2019年分省份县域第三产业从业人员数排名前/后100位分布情况　单位：个

省份	第三产业从业人员数排名前100位分布	第三产业从业人员数排名后100位分布
河南	13	2
湖北	13	—
江苏	12	—
山东	11	—
四川	10	4
浙江	8	—
湖南	6	—
安徽	6	—
江西	4	1
贵州	3	—
福建	3	—
辽宁	3	—
广东	2	—
广西	2	—
重庆	2	—
云南	1	2
内蒙古	1	1
山西	—	1
陕西	—	2
黑龙江	—	7
甘肃	—	4
新疆	—	8
青海	—	20
西藏	—	48
合计	100	100

注：自2020年起，《中国县域统计年鉴》不再公布第三产业从业人员数据，故选用2019年数据进行分析。

三、县域空间基础比较分析

优化县域空间格局是推进县域城镇化建设、合理运用县域资源、充分发挥县域优势的关键举措。县域单位具有土地面积较广、城区发展不完善、开发空间较大等诸多特点,这些特点一方面反映出县域单位发展并不完善,另一方面也为县域承接部分产业转移提供了先决条件。对县域单位行政区划、城区发展和城区建设现状进行分析,有助于清晰地把握中国县域空间基础优势的拓展情况,从而更好地为县域特色经济的繁荣发展提供基本保障。

(一) 县域行政区划面积概况

县域单位行政区划面积越大,往往代表着基础发展资源越丰富,行政区划面积对县域经济发展意义重大。本研究在探究县域行政区划面积的过程中,选取《2021年中国县城建设统计年鉴》和《2021年中国城市建设统计年鉴》中的数据,将全国县域单位的行政区划面积进行排名,通过分省份统计分析将县域单位行政区划面积情况清晰呈现出来。

1. 西部省份县域行政区划面积基础优势明显

在分省份县域行政区划面积总量方面,2021年的数据显示,县域行政区划面积最大的前三位分别为新疆、西藏和内蒙古,均超过100万平方千米,远超其余各省份,这与西部省份整体行政区划面积占优密切相关。在排名前十位的省份中,中西部省份占9个,东部省份仅有黑龙江。经济发展基础较好的长三角、珠三角省份县域行政区划面积均排名靠后,表明中西部县域单位相较于东部地区拥有更广阔的发展条件和更大的发展潜力,可尝试与产业、交通、劳动力等要素密切配合,从而充分发挥这种比较优势。具体情况如表3-14所示。

表3-14　　　2021年分省份县域行政区划面积及排名　　　单位:平方千米

省份	县域行政区划面积	排名
新疆	1 569 277.2	1
西藏	1 195 535.8	2
内蒙古	1 173 787.8	3
青海	657 242.1	4
四川	446 272.1	5
甘肃	417 615.8	6
黑龙江	374 204.9	7
云南	358 553.2	8

续表

省份	县域行政区划面积	排名
湖南	191 190.7	9
广西	180 094.5	10
吉林	173 118.4	11
陕西	162 779.2	12
河北	159 044.5	13
贵州	155 233.1	14
湖北	151 394.0	15
河南	143 613.3	16
江西	142 660.8	17
山西	134 398.6	18
广东	129 095.4	19
辽宁	119 543.2	20
安徽	109 227.0	21
山东	106 142.2	22
福建	99 602.1	23
浙江	78 115.1	24
江苏	62 492.7	25
宁夏	42 094.5	26
重庆	39 137.1	27
海南	26 739.6	28

2. 河北、河南的县域单位行政区划面积偏小

根据分省份县域单位行政区划面积排名的分布情况(见表3-15),发现就排名后100位的县域单位而言,河北、河南所占份额较多,这与两省份人口大省的实际情况不相匹配,表明河北、河南县域单位的土地资源发展潜力较弱。具体而言,从县域单位行政区划面积排名前100位的分布来看,新疆、内蒙古、西藏、青海四省份稳居前列,所占比重接近90%,行政区划面积排名前100位的县域单位几乎全部分布于西部省份。从行政区划面积排名后100位的分布来看,河北所占数量最多,为33个,其次是河南,为14个,东南沿海省份所占排名后100位的,份额也接近20%。总体而言,具有发展基础优势的东部各省份,县域单位行政区划面积相对较小,这些县域单位承接产业转移、促进城乡融合将有可能受到区域面积限制,而发展水平相对较差的西部各省份,拥有东

部省份无法比拟的土地资源优势,具备一定的后发优势。

表3-15 2021年分省份县域单位行政区划面积排名前/后100位分布　　　　单位:个

省份	县域单位行政区划面积排名前100位分布	县域单位行政区划面积排名后100位分布
新疆	31	5
内蒙古	28	1
西藏	17	—
青海	13	—
甘肃	7	3
黑龙江	3	1
四川	1	5
福建	—	4
广东	—	1
广西	—	2
贵州	—	1
河北	—	33
河南	—	14
湖北	—	1
湖南	—	3
江苏	—	1
江西	—	1
辽宁	—	2
山东	—	2
山西	—	5
陕西	—	7
云南	—	1
浙江	—	7
合计	100	100

(二) 县域城区规划面积概况

县域行政区划面积代表了各县域单位的内在发展潜力,也从侧面反映了产业承接的土地要素水平,而县域城区作为县域单位发展的重中之重,以其相比于县域乡村更优的地理位置、更多的要素集聚和更全面的政策扶持,往往代表着县域单位发展的最高水平。本节针对县域单位城区规划面积情况进行分析,通过统计分省份分布的方法,将不同省份县域城区规划面积的优劣势呈现出来。

1. 东部省份县域城区规划面积远超中西部

县域城区是推进工业化、信息化、城镇化、农业现代化协同发展的重要载体,县域城区的规划建设情况事关长远发展,对县城、所属省份和国家来说都有重要意义。近年来,许多省份在县域城区规划方面都做出了多样的尝试,县域城区规划也向着更为合理的方面发展,许多地方的城乡面貌焕然一新,但全国不同省份县域单位的城区规划面积情况仍存在较大差别。具体而言,2021年分省份县域城区规划面积及排名显示(见表3-16),当前全国县域城区规划面积总和最大的是山东,达到了14 790.1平方千米,排名第二位的是四川,县域城区规划面积总和10 380.1平方千米,第三位是浙江。可以发现,总体行政区划总面积较小的东部省份,其县域城区规划面积都排名前列,而行政区划总面积排名靠前的西藏和青海,其县域城区规划面积排名末尾。这表明东部省份虽然行政区划总面积相较于中西部省份劣势明显,但县域城区规划较好,要素集聚较为便捷,同时,西部偏远省份虽然在总体行政区划面积方面优势较大,但县域城区规划相对薄弱。

表3-16　　　　2021年分省份县域城区规划面积及排名　　　　单位:平方千米

省份	县域城区规划面积	排名
山东	14 790.1	1
四川	10 380.1	2
浙江	10 283.7	3
内蒙古	7 805.7	4
河南	7 208.8	5
安徽	6 135.4	6
广东	6 124.2	7
江苏	6 099.0	8
河北	5 594.0	9
湖北	5 583.1	10
湖南	4 184.5	11

续表

省份	县域城区规划面积	排名
辽宁	4158.9	12
贵州	4035.9	13
福建	3057.0	14
新疆	2914.1	15
云南	2830.6	16
广西	2594.5	17
山西	2438.1	18
吉林	2295.9	19
江西	2233.1	20
黑龙江	1990.8	21
陕西	1686.2	22
甘肃	948.7	23
重庆	823.4	24
青海	745.0	25
海南	680.3	26
宁夏	352.8	27
西藏	315.7	28

2. 山东部分县域单位城区规划面积全国排名居前

在分析全国各省份县域城区规划总面积排名情况的基础之上，进一步对县域单位城区规划面积排名前100位和后100位的具体情况进行统计分析（见表3-17），统计结果发现，山东在县域城区规划面积排名前100位中占据的份额较多，而县域城区规划面积排名后100位中，西藏所占份额接近50%。具体而言，从县域单位城区规划面积排名前100位的分布来看，分布数量排名前三位的是山东、浙江、内蒙古，所占数量分别为21个、16个和11个，占据前100位的总份额接近50%。在县域单位城区规划面积排名后100位中，所占数量最多的是西藏，为48个。从全国县域单位城区规划面积排名来看，东部地区的部分县域单位在城区规划面积排名前100位中仍旧占据相当大的份额，而排名居末的县域单位主要集中于西部偏远省份，与各省份县域城区规划总面积排名情况一致。

表 3-17　2021 年分省份县域单位城区规划面积排名前/后 100 位分布　　　　单位：个

省份	县域城区规划面积排名前 100 位分布	县域城区规划面积排名后 100 位分布
山东	21	—
浙江	16	—
内蒙古	11	—
四川	10	11
湖北	8	1
安徽	6	—
广东	6	—
江苏	6	—
辽宁	5	—
福建	2	1
贵州	2	1
湖南	2	—
云南	2	11
海南	1	—
河南	1	—
重庆	1	—
甘肃	—	8
黑龙江	—	1
青海	—	8
山西	—	4
陕西	—	4
西藏	—	48
新疆	—	2
合计	100	100

（三）县域建成区面积概况

县域建成区面积代表着县域单位当前的建设水平，是评估当前县域城区规划实施情况的有效指标。近年来，不同省份的县城建设取得长足进步，许多地方的城乡面貌焕然一新，城区建设的扩展和完善为县域特色经济发展和县域特色产业落地提供了基础，也进一步改善了县域居民的生产生活环境。针对不同省份县域单位的城区建设情况，本文选取《2021 年中国城市建设统计年鉴》和《2021年中国县城建设统计年鉴》中的建成区面积数据,通过分省份分析和县域单位的排名分析,将全国县域单位建成区的整体特点呈现出来。

1. 中东部地区县域城区建设相对水平较高

县域城区作为推进城乡融合发展、承接产业转移的重要载体,其发展情况尤为重要,而县域建成区面积能够较好地衡量当前县域单位建设水平,同时,县域建成区面积和常住人口规模也经常作为县域规划的主要目标。通过对2021年分省份县域建成区面积和排名情况进行分析(见表3-18),可以发现山东、河南两省份县域建成区面积较大,其他省份与山东、河南两省份差距较大。具体而言,县域建成区面积排名前三位的分别为山东、河南和河北,分别为2832.8平方千米、2567.9平方千米和1930.0平方千米,排名居末的分别为西藏、重庆、海南、宁夏、青海和甘肃,主要是西部偏远省份和行政区划面积较小省份。总体来说,除去本身行政区划面积较小这一客观因素外,当前西部偏远地区县域单位城区建设水平相对较低,中东部地区县域城区建设水平相对较高。与此同时,结合各省份总体行政区划面积,中东部地区县域单位的城区建设水平远高于西部地区,中东部省份县域单位在承接产业转移和促进城乡融合两方面,相较于西部省份具有城区建设方面的比较优势。

表3-18　　　　2021年分省份县域建成区面积及排名　　　　单位:平方千米

省份	县域建成区面积	排名
山东	2832.8	1
河南	2567.9	2
河北	1930.0	3
四川	1783.8	4
江苏	1772.9	5
湖南	1640.5	6
安徽	1614.0	7
新疆	1577.4	8
浙江	1496.3	9
湖北	1434.8	10
江西	1431.0	11
广东	1298.5	12
内蒙古	1272.7	13
贵州	1253.8	14

续表

省份	县域建成区面积	排名
云南	1206.6	15
黑龙江	940.5	16
山西	933.1	17
广西	897.3	18
福建	862.3	19
辽宁	818.5	20
陕西	740.9	21
吉林	705.3	22
甘肃	587.9	23
青海	288.3	24
宁夏	228.7	25
海南	198.0	26
重庆	188.8	27
西藏	164.6	28

2. 县域建成区面积排名前100位集中分布于东部省份

全国各省份县域建成区面积情况表明,中东部省份县域单位在承接产业转移和促进城乡融合两方面,相较于西部省份具有城区建设方面的比较优势。本研究进一步对县域单位的建成区面积排名情况进行分析,主要选取县域单位建成区面积排名前100位和后100位进行分省份统计分析(见表3-19)。统计结果显示,建成区面积排名靠前的县域单位主要集中于东部省份,而西藏、四川、青海、甘肃四省份则包揽了排名后100位中的80%。具体而言,在县域建成区面积排名前100位中,所占数量排名前四位的是山东、江苏、浙江、河南,所占数量分别为21个、13个、13个和8个,总共占据前100位的超过50%。在县域建成区面积排名后100位中,所占数量最多的是西藏,为53个,其次为四川和青海。从全国县域建成区面积排名来看,东部地区的部分县域单位在建成区面积排名前100位中占据相当大的份额,与县域规划面积前100位的分省份分布情况相符,而建成区面积排名居末的县域单位主要集中于西藏和四川。

表 3-19　2021 年分省份县域建成区面积排名前/后 100 位分布　　　单位：个

省份	县域建成区面积排名前 100 位分布	县域建成区面积排名后 100 位分布
山东	21	—
江苏	13	—
浙江	13	1
河南	8	—
安徽	6	—
新疆	6	—
湖北	5	—
贵州	4	—
内蒙古	4	—
河北	3	—
江西	3	—
四川	3	16
广东	2	—
湖南	2	—
辽宁	2	—
云南	2	6
福建	1	—
黑龙江	1	—
吉林	1	—
甘肃	—	7
广西	—	3
青海	—	10
陕西	—	4
西藏	—	53
合计	100	100

四、本章小结

中国当前仍处于城镇化快速发展的关键时期，在中国城镇化发展初期，经济水平差异和劳动收入是吸引人口流动和迁移的关键因素，但随着中国城镇化发展进入下半阶段，公共服务均等化、基础设施配置区域合理化、基础设施

第三章 县域发展的人口与空间基础 / 87

一体化将成为区域发展的重点,只有这样才能更好地引导人口在部分空间内适度集聚、合理集聚,从而达到资源优化配置,促进区域协调,实现区域发展的共赢。在这一过程中,县域单位重任在肩,县域人口问题、空间问题作为县域发展基础问题意义重大。本章从县域总人口、县域人口结构、县域空间基础三方面对当前县域人口发展状况进行了比较分析,采用县域单位排名前/后 100 位分省份统计的方法,将中国县域单位人口发展特点较为清晰地呈现出来,具体得到的结论如下。

第一,从县域人口总规模来看,东部地区县域单位人口绝对规模远超西部地区,但西部地区县域相对规模居全国前列。东部省份作为人口流动的主要聚集地,在过去的 20 多年间,以其完备的产业基础条件,吸引了来自全国各地的流动人口,2021 年县域总人口排名前 100 位的县域单位中,占份额最多的三个省份为河南、安徽和广东,县域城区人口排名前 100 位的县域单位中,占份额最多的三个省份为山东、河南和江苏,均为东部省份;而对县域人口占所属省份人口比重进行分析后发现,中西部省份县域人口占所属省份人口比重较高,部分省份该比重超过 80%,在县域人口相对比重排名前 100 位的县域单位中,宁夏、海南、吉林所占份额较多。

第二,从县域人口结构来看,部分中西部省份县域单位城区人口比重较高,中东部省份县域人口就业结构较好,就业人员较为密集。与地级市相比,县域人口城镇结构具有其特殊性,这种特殊性来源于其行政级别的改变。近年来,部分发展水平较高的县域单位逐步改区或设市,由此导致县域平均人口集聚水平较低,且人口往往集中于城区。根据 2021 年分省份县域城区人口比重的计算结果,新疆县域城区人口比重达到 35.08%,位居全国首位,在县域城区人口比重排名前 100 位的县域单位中,西部省份所占份额超 40%。对 2019 年全国县域从业人员数进行排名后发现,在第二产业从业人员数排名前 100 位的县域单位中,所占份额最多的五个省份分别为江苏、河南、浙江、山东、辽宁,在第三产业从业人员数排名前 100 位的县域单位中,所占份额最多的五个省份分别为河南、湖北、江苏、山东和四川,就业人员主要集中于东部地区。

第三,从县域空间基础来看,中西部省份空间要素存量充裕,但相较于东部省份县域建设水平较弱。优化县域空间格局是推进县域城镇化建设、合理运用县域资源、充分发挥县域优势的关键举措,县域单位具有土地面积较广、城区发展不完善、开发空间较大等诸多特点,这些特点在中西部省份表现得尤为明显,在分省份县域行政区划面积总量方面,2021 年的数据显示,县域行政区划面积最大的三个省份分别为新疆、西藏和内蒙古,均超过 100 万平方千米,远超其余各省份。但在已有规划和已有建设水平方面,东部省份占据先发优势,县城城区规划面积最大的三个省份分别为山东、四川和浙江,县域建成区面积方面,排名前三位的分别为山东、河南和河北,东部省份所占份额较中西部更多。

第四章　县域发展的经济基础

中国县域经济发展一直是国家发展战略中的重要组成部分。县域经济作为中国经济的基础单元，在国家现代化建设和城乡发展格局中扮演着至关重要的角色。县域经济的繁荣与否关系着地方经济的可持续发展、居民生活水平的提高，以及国家整体经济的稳定与增长。因此，深入探讨中国县域经济的总量特征、发展水平和产业基础，对于制定科学合理的县域发展策略，推动县域经济高质量发展具有重要意义。

一、县域经济总量分析

2020年是全面建成小康社会和"十三五"规划的收官之年，而2021年则是"十四五"规划的开局之年，象征着全面建设社会主义现代化国家新征程的开启。全面建成小康社会，是迈向中华民族伟大复兴的关键一步，而县域经济的发展程度直接影响了中国小康社会未来的高质量发展。

（一）县域生产总值概况特征

1. 东部地区县域经济体量最大，省份间县域生产总值总量差异显著

如表4-1所示，2021年全国县域生产总值总量为440 511.1亿元，其中，东部地区县域生产总值总量为179 776.2亿元，中部地区县域生产总值总量为130 282.5亿元，西部地区县域生产总值总量为111 771.3亿元，东北地区县域生产总值总量为18 681.1亿元。东部地区[1]、中部地区、西部地区及东北地区

---

[1] 东部、中部、西部和东北地区划分标准：东部地区包括北京、天津、河北、上海、江苏、浙江、福建、山东、广东、海南10个省份；中部地区包括山西、安徽、江西、河南、湖北、湖南6个省份；西部地区包括内蒙古、广西、重庆、四川、贵州、云南、西藏、陕西、甘肃、青海、宁夏、新疆12个省份；东北地区包括辽宁、吉林、黑龙江3个省份；后文用到该划分标准不再赘述。

县域生产总值占中国全县域生产总值的比重分别为40.8%、29.6%、25.4%和4.2%。结合2020年数据可以看出,东部地区县域经济体量稳居第一,中部地区次之,西部地区和东北地区分别位列第三、第四。

表4-1　　2020年与2021年中国县域生产总值区域分布

2021年县域生产总值区域分布(%)	2021年县域生产总值(亿元)	地区	2020年县域生产总值(亿元)	2020年县域生产总值区域分布(%)
40.8	179 776.2	东部	158 215.5	40.6
29.6	130 282.5	中部	115 989.9	29.8
25.4	111 771.3	西部	98 105.0	25.2
4.2	18 681.1	东北	17 537.4	4.5
100	440 511.1	中国全县域	389 847.7	100

数据来源:2021—2022年《中国县域统计年鉴(县市篇)》。

从各省份县域生产总值总量(见表4-2)来看,2021年各省份县域生产总值平均值为15 732.5亿元,各省份县域单位平均个数为66.5个。县域生产总值总量高于省域平均值的省份有12个,低于省域平均值的省份有16个。其中,江苏、河南、山东、浙江县域经济体量排名前四,地区生产总值总量均超过30 000亿元。全国排名前三的省份县域生产总值总量占中国县域生产总值总量的26.9%;排名前五的省份县域生产总值总量占中国县域生产总值总量的39.7%;仅排名前七的省份县域生产总值总量就占据全国县域生产总值总量的50%以上。西藏、青海、宁夏、海南和重庆县域经济体量为排名后五位,五个省份县域生产总值总量仅略超11万亿,五个省份各自县域生产总值规模在全国县域生产总值总量的占比均不超1%。

表4-2　　2021年中国各省份县域生产总值总量排名

排名	省份	县域生产总值(亿元)	县个数	各省份县域生产总值累积占总县域生产总值的比重(%)	各省份县域生产总值占全国县域生产总值比重(%)
1	江苏	49 033.8	41	11.1	11.1
2	河南	35 351.8	105	19.2	8.0
3	山东	34 249.9	79	26.9	7.8
4	浙江	31 099.7	52	34.0	7.1
5	湖南	25 066.4	86	39.7	5.7

续表

排名	省份	县域生产总值(亿元)	县个数	各省份县域生产总值累积占总县域生产总值的比重(%)	各省份县域生产总值占全国县域生产总值比重(%)
6	福建	24 977.7	55	45.4	5.7
7	四川	24 045.1	129	50.8	5.5
8	河北	22 440.1	120	55.9	5.1
9	安徽	20 736.9	60	60.6	4.7
10	湖北	20 547.0	63	65.3	4.7
11	云南	17 311.7	112	69.2	3.9
12	江西	16 586.0	73	73.0	3.8
13	广东	15 229.1	57	76.4	3.5
14	陕西	12 821.7	77	79.3	2.9
15	贵州	12 535.4	72	82.2	2.8
16	山西	11 994.4	90	84.9	2.7
17	内蒙古	11 431.2	80	87.5	2.6
18	新疆	10 728.9	87	89.9	2.4
19	广西	10 113.6	70	92.2	2.3
20	辽宁	7 357.2	41	93.9	1.7
21	黑龙江	6 319.4	63	95.3	1.4
22	吉林	5 004.4	39	96.5	1.1
23	甘肃	4 386.6	68	97.5	1.0
24	重庆	3 667.6	12	98.3	0.8
25	海南	2 746.0	15	98.9	0.6
26	宁夏	2 055.0	13	99.4	0.5
27	青海	1 690.1	37	99.8	0.4
28	西藏	984.6	66	100.0	0.2
	平均值	15 732.5	66.5	—	—

数据来源:2021—2022年《中国县域统计年鉴(县市篇)》。

县域生产总值总量高于省域均值的省份中,有五个省份的县域单位个数低于平均值,它们分别是江苏、浙江、福建、安徽和湖北。县域生产总值总量低于省域均值的省份中,有七个省份的县域单位个数高于平均值,它们分别是陕西、贵州、山西、内蒙古、新疆、广西和甘肃。这十二个省份县域单位个数与县域生产总值总量之间呈现非正向关系,"县域生产总值总量高,县域单位个数少"的省份县域发展比较优势明显,而"县域生产总值总量低,县域单位个数多"的省份县域发展相对滞后。更具体来看,县域生产总值总量排名第一的江苏,2021年县域生产总值49 033.8亿元,是县域生产总值总量排名最后一名的西藏县域生产总值984.6亿元的49.8倍之多,表明各省份间县域经济发展存在较为明显的差异。

纵向对比2020年与2021年各省份县域生产总值总量排名(见表4-3)发现,2020—2021年排名前十五位的省份中仅有两个省份的排名发生了变化,且排名变化的省份在名次的升降幅度上变动很小。贵州由2020年的第十四位下降至2021年的第十五位,陕西由2020年的第十五位上升至2021年的第十四位。从各省份县域生产总值占全国县域生产总值的比重来看,2021年排名前三的省份县域生产总值总量占中国县域生产总值总量比重较2020年低0.2个百分点;2021年排名前五的省份县域生产总值总量占中国县域生产总值总量比2020年低0.4%。位序高的省份县域生产总值占比的减少意味着,相比于2020年,2021年全国县域经济发展的省级差距有所改善。

表4-3　2020年与2021年全国各省份县域生产总值总量排名对比

	2020年				2021年		
省份	县域生产总值(亿元)	各省份县域生产总值占总县域生产总值的比重(%)	排名	地区名称	县域生产总值(亿元)	各省份县域生产总值占总县域生产总值的比重(%)	排名
江苏	423039.2	10.9	1	江苏	49033.8	11.1	1
河南	336103.7	8.6	2	河南	35351.8	8.0	2
山东	296345	7.6	3	山东	34249.9	7.8	3
浙江	275416.8	7.1	4	浙江	31099.7	7.1	4
湖南	230748.8	5.9	5	湖南	25066.4	5.7	5
福建	224297.7	5.8	6	福建	24977.7	5.7	6
四川	208998.1	5.4	7	四川	24045.1	5.5	7
河北	200430.5	5.1	8	河北	22440.1	5.1	8
安徽	180780.6	4.6	9	安徽	20736.9	4.7	9
湖北	177411.4	4.6	10	湖北	20547.0	4.7	10
云南	155322.6	4.0	11	云南	17311.7	3.9	11
江西	143806.2	3.7	12	江西	16586.0	3.8	12
广东	138587.2	3.6	13	广东	15229.1	3.5	13
贵州	110780.6	2.8	14	陕西	12821.7	2.9	14
陕西	106865.8	2.7	15	贵州	12535.4	2.8	15

数据来源:2021—2022年《中国县域统计年鉴(县市篇)》。

2. 地区生产总值排名前100位的县域单位中,东部地区占比较多

本小节对2021年所有县域单位按照地区生产总值总量数值由大到小进

行排序，选出其中排名前100位的县域单位进行统计分析。如表4-4所示，结果显示，2021年县域生产总值排名前100位的县域单位地区生产总值均值为1184.5亿元，中位数为932.0亿元，前100位县域生产总值总量占全国县域生产总值的比重为26.9%。

表4-4 2021年县域生产总值排名前100位占全国县域生产总值的比重

全国县域生产总值	440511.1亿元
县域生产总值前100占全国县域生产总值比重	26.9%
县域生产总值前100均值	1184.5亿元
县域生产总值前100中位数	932.0亿元

数据来源：《2022年中国县域统计年鉴（县市篇）》。

如表4-5所示，以省份为分析对象，县域生产总值排名前100位所属省份共有16个，其中，江苏排名第一，所占数量为25个，贵州、江西、辽宁、新疆所占数量最少，均为1个。县域生产总值排名前100位分布最多的省份与分布最少的省份县域单位数量差距为24个。东部地区县域生产总值排名全国前100位的县域单位有69个，中部地区县域生产总值排名全国前100位的有24个，西部地区县域生产总值排名全国前100位的有6个，东北地区县域生产总值排名全国前100位的有1个。总体来看，东部地区县域生产总值排名前100位的县域单位数量遥遥领先，中部地区县域生产总值排名前100位的县域单位数量中等，西部和东北地区县域生产总值排名前100位的县域单位数量最少。与之相对应，不包含县域生产总值排名前100位的省份共计15个，分别为北京、天津、上海、海南、山西、广西、重庆、四川、云南、西藏、甘肃、青海、宁夏、吉林和黑龙江。从没有县域生产总值排名前100位的区域分布来看，除部分省份缺少县域单位外，其余省份均分布于中西部地区和东北地区，表明这些地区县域经济整体发展较慢。

表4-5 2021年县域生产总值排名前100位的县域单位分布（按省份分列）

排名	省份	计数	占各省份总县域单位个数比重（%）
1	江苏	25	61.0
2	浙江	17	32.7
3	山东	13	16.5
4	福建	9	16.4

续表

排名	省份	计数	占各省份总县域单位个数比重(%)
5	湖北	8	12.7
6	河南	7	6.7
7	湖南	5	5.8
8	安徽	3	4.8
9	广东	3	5.3
10	河北	2	1.7
11	内蒙古	2	2.5
12	陕西	2	2.6
13	贵州	1	1.4
14	江西	1	1.4
15	辽宁	1	2.4
16	新疆	1	1.1
	合计	100	

数据来源:《2022年中国县域统计年鉴(县市篇)》。

以地级市为分析对象,2021年县域生产总值排名前100位的县域单位分布如表4-6所示。2021年共有52个地级市所辖县域生产总值总量排名全国前100位,平均每个地级市有1.9个县域单位地区生产总值总量排名全国前100位,县域生产总值总量排名全国前100位分布最多的地级市与分布最少的地级市数量相差4个。具体来看,包含县域生产总值排名前100位县域单位最多的地级市为福建泉州市和江苏南通市,均为5个;其次为江苏苏州市和浙江嘉兴市,所占数量均为4个,四市均属东部地区省份,东部地区部分县域单位经济发展比较优势明显。

表4-6 2021年县域生产总值排名前100位的县域单位分布(按地级市分列)

排名	地级市/州	省份	计数	排名	地级市/州	省份	计数
1	泉州市	福建	5	5	合肥市	安徽	3
2	南通市	江苏	5	6	郑州市	河南	3
3	苏州市	江苏	4	7	恩施土家族苗族自治州	湖北	3
4	嘉兴市	浙江	4	8	长沙市	湖南	3

续表

排名	地级市/州	省份	计数	排名	地级市/州	省份	计数
9	泰州市	江苏	3	31	邯郸市	河北	1
10	徐州市	江苏	3	32	唐山市	河北	1
11	扬州市	江苏	3	33	河南省直辖	河南	1
12	潍坊市	山东	3	34	商丘市	河南	1
13	烟台市	山东	3	35	黄石市	湖北	1
14	金华市	浙江	3	36	襄阳市	湖北	1
15	宁波市	浙江	3	37	孝感市	湖北	1
16	台州市	浙江	3	38	湖南省直辖	湖南	1
17	福州市	福建	2	39	株洲市	湖南	1
18	惠州市	广东	2	40	常州市	江苏	1
19	许昌市	河南	2	41	宿迁市	江苏	1
20	宜昌市	湖北	2	42	盐城市	江苏	1
21	无锡市	江苏	2	43	南昌市	江西	1
22	镇江市	江苏	2	44	大连市	辽宁	1
23	鄂尔多斯市	内蒙古	2	45	东营市	山东	1
24	青岛市	山东	2	46	济宁市	山东	1
25	榆林市	陕西	2	47	泰安市	山东	1
26	温州市	浙江	2	48	威海市	山东	1
27	宁德市	福建	1	49	枣庄市	山东	1
28	漳州市	福建	1	50	巴音郭楞蒙古自治州	新疆	1
29	茂名市	广东	1	51	湖州市	浙江	1
30	遵义市	贵州	1	52	绍兴市	浙江	1

数据来源:《2022年中国县域统计年鉴(县市篇)》。

以具体的县域单位为分析对象,2021年县域生产总值排名前100位的县域单位分布如表4-7所示:昆山市位列第一,江阴市紧随其后排名第二,两市的地区生产总值总量分别为4748.1亿元和4580.3亿元,远超位列第三的张家港的3030.2亿元。在县域生产总值排名前100位的县域单位中,昆山市、江阴市地区生产总值均超4000亿元,除此之外,还有7个县(市)地区生产总值超2000亿元,由高到低分别为张家港市、晋江市、常熟市、慈溪市、南昌县、宜兴市和长沙县。有45个县(市)地区生产总值超1000亿元,余下55个县

(市)地区生产总值均超过 600 亿元。

表 4-7 2021 年县域生产总值排名前 100 位的县域单位分布(按县分列)

排名	省份	地级市/州	县域	县域生产总值(亿元)
1	江苏	苏州市	昆山市	4 748.1
2	江苏	无锡市	江阴市	4 580.3
3	江苏	苏州市	张家港市	3 030.2
4	福建	泉州市	晋江市	2 986.4
5	江苏	苏州市	常熟市	2 672.0
6	浙江	宁波市	慈溪市	2 379.2
……	……	……	……	……
35	江苏	宿迁市	沭阳县	1 162.1
36	河北	唐山市	迁安市	1 160.3
37	浙江	温州市	瑞安市	1 149.0
38	江苏	泰州市	靖江市	1 142.4
39	浙江	嘉兴市	桐乡市	1 141.7
40	江苏	徐州市	邳州市	1 108.2
41	福建	泉州市	石狮市	1 072.5
42	内蒙古	鄂尔多斯市	准格尔旗	1 070.9
43	山东	威海市	荣成市	1 021.4
44	江苏	泰州市	兴化市	1 020.9
45	安徽	合肥市	肥西县	1 018.7
46	内蒙古	鄂尔多斯市	伊金霍洛旗	990.8
……	……	……	……	……
95	广东	惠州市	惠东县	710.9
96	山东	烟台市	莱州市	701.3
97	广东	茂名市	高州市	687.2
98	湖南	邵阳市	邵东市	685.2
99	福建	宁德市	福安市	680.4
100	山东	潍坊市	青州市	676.8

数据来源:《2022 年中国县域统计年鉴(县市篇)》。

3. 县域生产总值排名后 100 位的县域单位中,西部地区占比较多

本研究对 2021 年所有县域单位按照地区生产总值总量数值由大到小进行了排序,选出其中排名后 100 位的县域单位进行统计分析。如表 4-8 所示,统计结果显示,2021 年县域生产总值排名后 100 位的县域单位地区生产总值均值为 13.5 亿元,中位数为 13.7 亿元,均值与中位数差距较小,极差为

17.2亿元。这表明2021年县域生产总值排名后100位的县域单位地区生产总值虽差距绝对值较小，但其内部地区生产总值总量相对值仍存在较大差异。此外，2021年县域生产总值排名后100位的县域单位地区生产总值总量仅占全国县域生产总值比重的0.3%。

表4-8 2021年县域生产总值排名后100位占全国县域生产总值的比重

全国县域生产总值	440511.1
县域生产总值排名后100位占全国县域生产总值比重	0.3%
县域生产总值排名后100位均值	13.5
县域生产总值排名后100位中位数	13.7
县域生产总值排名后100位极差	17.2

数据来源：《2022年中国县域统计年鉴（县市篇）》。

如表4-9所示，以省份为分析对象，县域生产总值排名后100位所属省份共有9个，分别为西藏、四川、青海、甘肃、新疆、黑龙江、内蒙古、山西、陕西。县域生产总值排名后100位县域单位的分省份分布较排名前100位县域单位的分省份分布更为集中。其中，县域生产总值排名后100位县域单位分布数量最多的是西藏，共计55个县域单位，占西藏所辖县域单位总数的83.3%。分区域来看，西部地区有县域生产总值排名全国后100位的县域单位98个，占县域生产总值排名后100位的98%，东北地区有县域生产总值排名后100位的县域单位1个，中部地区有1个。总体来看，西部地区县域生产总值排名后100位的县域单位数量多，分布省份广，表明西部地区县域经济体量整体较小、县域经济发展相对滞后。值得注意的是，山西有1个县域生产总值排名后100位的县域单位且无排名前100位的县域单位，表明山西县域经济发展较为薄弱，县域经济体量小；东北地区虽有黑龙江包含县域生产总值排名后100位的县域单位，但数量及所占省内县域单位的比重较小，为1个和1.6%。

表4-9 2021年县域生产总值排名后100位的县域单位分布（按省份分列）

排名	省份	计数	占各省份总县域单位个数比重(%)
1	西藏	55	83.3
2	青海	17	45.9
3	四川	14	10.8

续表

排名	省份	计数	占各省份总县域单位个数比重(%)
4	甘肃	5	7.4
5	新疆	5	5.7
6	黑龙江	1	1.6
7	内蒙古	1	1.3
8	山西	1	1.1
9	陕西	1	1.3
	总和	100	

数据来源:《2022年中国县域统计年鉴(县市篇)》。

以地级市为分析对象,2021年县域生产总值排名后100位的县域单位分布如表4-10所示。2021年共有28个地级市所辖县域的地区生产总值总量排名居全国后100位,日喀则市排名后100位的县域单位数量最多,为16个,其次为四川甘孜州,为11个,第三位是西藏那曲市,第四名是西藏昌都市,第五位是西藏山南市,所辖县域的地区生产总值总量排名全国后100位的县域单位个数分别为10个、8个、8个。值得注意的是,位序前五的地级市包含县域生产总值排名后100位的县域单位数超50%,表明经济发展相对滞后的县域单位主要分布于部分地级市,全国县域经济发展的相对差异仍旧明显。

表4-10 2021年县域生产总值排名后100位的县域单位分布(按地级市分列)

排名	地级市/州/盟/地区	省份	计数
1	日喀则市	西藏	16
2	甘孜州	四川	11
3	那曲市	西藏	10
4	昌都市	西藏	8
5	山南市	西藏	8
6	果洛州	青海	6
7	玉树州	青海	6
8	阿里地区	西藏	6
9	林芝市	西藏	5
10	阿坝州	四川	3

续表

排名	地级市/州/盟/地区	省份	计数
11	甘南州	甘肃	2
12	酒泉市	甘肃	2
13	海北州	青海	2
14	黄南州	青海	2
15	拉萨市	西藏	2
16	陇南市	甘肃	1
17	大兴安岭地区	黑龙江	1
18	兴安盟	黑龙江	1
19	海南州	青海	1
20	临汾市	山西	1
21	汉中市	陕西	1
22	阿克苏地区	新疆	1
23	阿勒泰地区	新疆	1
24	和田地区	新疆	1
25	喀什地区	新疆	1
26	克孜勒州	新疆	1

数据来源:《2022年中国县域统计年鉴(县市篇)》。

以具体的县域单位为分析对象,对2021年县域生产总值排名后100位的县域单位分布情况进行分析(见表4-11)。结果显示,县域生产总值排名后100位的县域单位地区生产总值均不超过21亿元,县域生产总值超过5亿元、不超过10亿元的有24个县,县域生产总值不超过5亿元的有3个县。其余73个县的县域生产总值均在10亿—20亿元。具体来看,在县域生产总值排名后100位的县域单位中,西藏米林县地区生产总值较高,为20.8亿元,青海的玛沁县、泽库县和四川的阿坝县地区生产总值在县域生产总值排名后100位中相对较高。青海的玛多县、甘德县、达日县、班玛县、久治县位列倒数后五位,地区生产总值分别为3.6亿元、4.3亿元、4.5亿元、5.0亿元、5.6亿元。可以发现,从分县情况来看,县域生产总值排名后100位的县域单位仍主要分布于西部地区,尤以西藏、青海、四川三省份最为集聚。

表4-11　2021年县域生产总值排名后100位的县域单位分布(按县分列)

排名	省份	地级市/州/地区	县域	县域生产总值(亿元)
1	西藏	林芝市	米林	20.8
2	青海	果洛州	玛沁	20.7
3	青海	黄南州	泽库	20.7
4	四川	阿坝州	阿坝	20.7
5	内蒙古	兴安盟	阿尔山	20.6
6	青海	黄南州	河南蒙古族自治县	20.5
……	……	……	……	……
63	西藏	阿里地区	改则	11.7
64	西藏	那曲市	聂荣	11.2
65	四川	甘孜州	得荣	11.2
66	西藏	日喀则市	聂拉木	11.0
67	西藏	山南市	浪卡子	10.8
68	西藏	日喀则市	仲巴	10.8
……	……	……	……	……
95	西藏	阿里地区	札达	5.9
96	青海	果洛州	久治	5.6
97	青海	果洛州	班玛	5.0
98	青海	果洛州	达日	4.5
99	青海	果洛州	甘德	4.3
100	青海	果洛州	玛多	3.6

注:此处排名为县域生产总值排名后100位的县域单位排名,县域生产总值较高的居前,县域生产总值较低的居后。

数据来源:2022年《中国县域统计年鉴(县市篇)》。

(二)县域生产总值占所属省份地区生产总值比重概况

1.中部县域生产总值占比最大,新疆、贵州、云南县域生产总值占所属省份地区生产总值比重排全国前三

2021年,东部地区、中部地区、西部地区及东北地区县域生产总值占全域地区生产总值比重分别为30.4%、52.1%、46.6%和33.5%,如表4-12所示。其中,中部地区县域生产总值在全域地区生产总值中所占比重最大,县域经济对中部地区经济发展的影响力最大,西部次之,东北和东部地区位列第三和第四。

表4-12 2021年县域生产总值占所属省份地区生产总值的比重（按区域分列）

地区	县域生产总值（亿元）	省域地区生产总值（亿元）	县域生产总值占所属省份地区生产总值的比重(%)
东北	18 681.1	55 698.8	33.5
东部	179 776.2	592 202.0	30.4
西部	111 771.3	239 710.1	46.6
中部	130 282.5	250 132.5	52.1

数据来源：《2022年中国县域统计年鉴（县市篇）》《2022年中国统计年鉴》。

从各省份县域生产总值占所属省份地区生产总值的比重来看（见表4-13），新疆县域生产总值在所属省份地区生产总值中的比重最大，达到67.1%；贵州位列第二，县域生产总值在所属省份地区生产总值中的占比为64.0%；云南紧随其后，县域生产总值占所属省份地区生产总值的比重为63.8%；广东县域生产总值占所属省份地区生产总值比重最小，为12.2%。整体来看（见表4-14），县域生产总值占所属省份地区生产总值比重超过50%的省份有11个，其中，县域生产总值占所属省份地区生产总值比重超60%的省份有4个；县域生产总值占所属省份地区生产总值比重小于50%的省份有17个，其中，有4个省份的县域生产总值比重小于40%。

表4-13 2021年县域生产总值占所属省份地区生产总值的比重（按省份分列）

排名	省份	县域生产总值（亿元）	所属省份地区生产总值（亿元）	各省份县域生产总值占所属省份地区生产总值比重(%)
1	新疆	10 728.9	15 983.6	67.1
2	贵州	12 535.4	19 586.4	64.0
3	云南	17 311.7	27 146.8	63.8
4	河南	35 351.8	58 887.4	60.0
5	江西	16 586.0	29 619.7	56.0
6	内蒙古	11 431.2	20 514.2	55.7
7	河北	22 440.1	40 391.3	55.6
8	湖南	25 066.4	46 063.1	54.4
9	山西	11 994.4	22 590.2	53.1
10	福建	24 977.7	48 810.4	51.2
11	青海	1 690.1	3 346.6	50.5
12	安徽	20 736.9	42 959.2	48.3

续表

排名	省份	县域生产总值（亿元）	所属省份地区生产总值（亿元）	各省份县域生产总值占所属省份地区生产总值比重（%）
13	西藏	984.6	2 080.2	47.3
14	宁夏	2 055.0	4 522.3	45.4
15	四川	24 045.1	53 850.8	44.7
16	陕西	12 821.7	29 801.0	43.0
17	甘肃	4 386.6	10 243.3	42.8
18	黑龙江	6 319.4	14 879.2	42.5
19	海南	2 746.0	6 475.2	42.4
20	浙江	31 099.7	73 515.8	42.3
21	江苏	49 033.8	116 364.2	42.1
22	山东	34 249.9	83 095.9	41.2
23	湖北	20 547.0	50 012.9	41.1
24	广西	10 113.6	24 740.9	40.9
25	吉林	5 004.4	13 235.5	37.8
26	辽宁	7 357.2	27 584.1	26.7
27	重庆	3 667.575	27 894.0	13.1
28	广东	15 229.1	124 369.7	12.2

数据来源：《2022年中国县域统计年鉴（县市篇）》《2022年中国统计年鉴》。

表4-14　2021年各省份县域生产总值占所属省份地区生产总值比重的分布情况

县域生产总值	省份	个数
县域生产总值占所属省份地区生产总值比重<10%	无	0
10%≤县域生产总值占所属省份地区生产总值比重<20%	重庆、广东	2
20%≤县域生产总值占所属省份地区生产总值比重<30%	辽宁	1
30%≤县域生产总值占所属省份地区生产总值比重<40%	吉林	1
40%≤县域生产总值占所属省份地区生产总值比重<50%	广西、西藏、安徽、宁夏、黑龙江、海南、甘肃、四川、浙江、江苏、湖北、陕西、山东	13
50%≤县域生产总值占所属省份地区生产总值比重<60%	内蒙古、江西、河北、湖南、山西、福建、青海	7

续表

县域生产总值	省份	个数
60%≤县域生产总值占所属省份地区生产总值比重<70%	新疆、云南、贵州、河南	4
70%≤县域生产总值占所属省份地区生产总值比重	无	0

数据来源：《2022年中国县域统计年鉴（县市篇）》《2022年中国统计年鉴》。

2. 县域间经济体量呈金字塔分布，2021年超九成县域单位地区生产总值低于500亿元

如表4-15所示，从县域生产总值体量等级来看，2021年地区生产总值达到千亿元及以上的县（市）共有45个，在全国县域单位总数所占的比重最小，仅2.4%；地区生产总值在500亿元到1000亿元的县（市）有135个，占全国县域单位总数的7.2%；地区生产总值在200亿元到500亿元的县域单位有524个，占全国县域单位总数的28.1%；地区生产总值在100亿元到200亿元的县域单位有535个，占全国县域单位总数的28.7%；地区生产总值在100亿元以下的县域单位有626个，在全国县域单位总数中占比最大，为33.6%。

表4-15　　　　　　2021年中国县域生产总值等级分布

县域生产总值	数量（个）	百分比（%）	累计百分比（%）
县域生产总值<100亿元	626	33.6	33.6
100亿元≤县域生产总值<200亿元	535	28.7	62.3
200亿元≤县域生产总值<500亿元	524	28.1	90.3
500亿元≤县域生产总值<1000亿元	135	7.2	97.6
1000亿元≤县域生产总值	45	2.4	100.0

数据来源：《2022年中国县域统计年鉴（县市篇）》《2022年中国统计年鉴》。

（三）县域生产总值年度增长概况

1. 2020—2021年西部地区县域生产总值增长率最高，东北地区县域生产总值增长率最低

通过整理2020—2021年各区域县域生产总值年度增长情况（见表4-

16),可以发现,2020—2021年西部地区县域生产总值增长率位列各区域首位,中部地区和东部地区县域生产总值年度增长率相差不大,东北地区县域生产总值年度增长率居末。但值得注意的是,从2020—2021年各区域县域生产总值年度增长绝对值来看,增长最多的为东部地区,中部和西部地区增长绝对值差别不大,东北地区增长绝对值最小。具体而言,2020—2021年西部地区县域生产总值增加13 326.9亿元,增长率为13.5%;2020—2021年东北地区县域生产总值增加1 160.1亿元,增长率仅为6.6%;2020—2021年国内生产总值增速为8.1%,西部、中部、东部地区县域生产总值增速高于国内生产总值增速,东北地区县域生产总值增速则低于国内生产总值增速。

表4-16　2020—2021年全国分区域县域生产总值年度增长率

地区	2020年县域生产总值(亿元)	2021年县域生产总值(亿元)	2020—2021年县域生产总值增长绝对值(亿元)	2020—2021年县域生产总值增长率(%)
西部	98 444.4	111 771.3	13 326.9	13.5
中部	116 188.7	130 282.5	14 093.8	12.1
东部	160 577.7	179 776.2	19 198.5	12.0
东北	17 521.0	18 681.1	1 160.1	6.6

数据来源:2021—2022年《中国县域统计年鉴(县市篇)》。

2. 2020—2021年中西部省份县域生产总值增长率排名居前

通过整理2020—2021年全国各省份县域生产总值年度增长情况(见表4-17),可以发现,2020—2021年全国有27个省份县域生产总值年度增长率为正,仅有海南县域生产总值增长率为负。其中,县域生产总值年度增速快于国内生产总值增速的省份有23个,县域生产总值年度增速高于等于10%的省份有18个。但值得注意的是,县域生产总值年度增速排名居前的省份主要分布于中西部地区,东部地区较少。具体而言,2020—2021年各省份县域生产总值年度增长率排名首位的是山西,县域生产总值增长绝对值2 953.6亿元,年度增长率为32.7%;其次为江西,县域生产总值增长绝对值2 950.5亿元,年度增长率为21.6%;排名居末的为海南,县域生产总值增长绝对值-296.9亿元,年度增长率为-9.8%。

表4-17 2020—2021年全国县域生产总值年度增长率(按省份分列)

排名	省份	2020年县域生产总值(亿元)	2021年县域生产总值(亿元)	2020—2021年县域生产总值增长绝对值(亿元)	2020—2021年县域生产总值增长率(%)
1	山西	9 040.9	11 994.4	2 953.6	32.7
2	江西	13 635.5	16 586.0	2 950.5	21.6
3	内蒙古	9 432.4	11 431.2	1 998.8	21.2
4	陕西	10 686.6	12 821.7	2 135.1	20.0
5	新疆	9 118.2	10 728.9	1 610.7	17.7
6	宁夏	1 765.4	2 055.0	289.6	16.4
7	湖北	17 755.4	20 547.0	2 791.6	15.7
8	广西	8 826.6	10 113.6	1 287.0	14.6
9	浙江	27 224.7	31 099.7	3 875.0	14.2
10	山东	30 079.4	34 249.9	4 170.6	13.9
11	重庆	3 266.3	3 667.6	401.2	12.3
12	江苏	43 746.5	49 033.8	5 287.3	12.1
13	云南	15 532.4	17 311.7	1 779.2	11.5
14	福建	22 429.8	24 977.7	2 547.9	11.4
15	河北	20 191.2	22 440.1	2 248.8	11.1
16	西藏	889.7	984.6	94.9	10.7
17	青海	1 527.4	1 690.1	162.6	10.6
18	四川	21 852.3	24 045.0	2 192.7	10.0
19	贵州	11 403.1	12 535.4	1 132.2	9.9
20	广东	13 863.3	15 229.1	1 365.8	9.9
21	湖南	23 034.9	25 066.4	2 031.5	8.8
22	安徽	19 111.7	20 736.9	1 625.2	8.5
23	辽宁	6 798.7	7 357.2	558.5	8.2
24	吉林	4 640.0	5 004.4	364.4	7.9
25	甘肃	4 143.9	4 386.6	242.7	5.9
26	河南	33 610.4	35 351.8	1 741.4	5.2
27	黑龙江	6 082.3	6 319.4	237.2	3.9
28	海南	3 042.9	2 746.0	−296.9	−9.8

数据来源:2021—2022年《中国县域统计年鉴(县市篇)》。

二、县域经济发展水平分析

(一) 县域人均地区生产总值概况

1. 东部地区县域人均地区生产总值位列第一，东北地区县域人均地区生产总值水平居末

在前文县域经济体量的分析基础上，进一步将研究视角转换到县域经济的发展水平上。将全国各县域人均地区生产总值由大到小排列，具体见附表4-2。从区域分布来看，2021年全国分区域县域人均地区生产总值如表4-18所示，全国县域人均地区生产总值为49 177.4元，东部地区县域人均地区生产总值远超全国平均水平，居全国各区域首位，县域经济发展具有较大比较优势；中部地区次之，西部地区排名第三，中部、西部地区县域人均地区生产总值与东部地区仍存在较大差距，但中部和西部地区间差距不大；东北地区县域人均地区生产总值水平最低，且与前三名有较大差距。从具体数据来看，2021年东部地区县域户籍人口26 763.0万人，人均地区生产总值为67 173.4元；中部、西部地区县域人均地区生产总值低于全国县域平均水平，中部地区县域人均地区生产总值为43 825.7元，西部地区县域人均地区生产总值为40 938.6元，与排名第二的中部地区相差2 887.1元；县域人均地区生产总值最低的东北地区在2021年的数值为32 301.8元，这一数值与排名前三的地区分别相差34 871.6元、11 523.9元、8 636.8元。

表4-18　2021年全国分区域县域人均地区生产总值情况

地区	县域户籍人口(万人)	县域生产总值(亿元)	县域人均地区生产总值(元)
东部	26 763.0	179 776.2	67 173.4
中部	29 727.4	130 282.5	43 825.7
西部	27 302.2	111 771.3	40 938.6
东北	5 783.3	18 681.1	32 301.8
全国县域	89 575.9	440 511.1	49 177.4

注：受限于缺乏2021年全国各县域单位常住人口数据，本章县域人均地区生产总值的计算方式为"县域人均地区生产总值＝县域生产总值/县域户籍人口"。

数据来源：《2022年中国县域统计年鉴(县市篇)》。

2. 苏浙闽县域人均地区生产总值排名全国前三,陇桂黑县域人均地区生产总值最少

横向比较2021年各省份县域人均地区生产总值(见表4-19),中国各省份人均地区生产总值在23 070.2元到118 907.2元之间,两者相差95 837.0元。县域人均地区生产总值排名前三的省份是江苏、浙江和福建,其所辖县域单位的人均地区生产总值分别为118 907.2元、104 575.4元和94 501.5元;县域人均地区生产总值最低是甘肃、广西和黑龙江,其县域人均地区生产总值分别为23 070.2元、26 312.2元和30 119.9元。值得注意的是,各省份县域人均地区生产总值水平高于全国县域平均水平的有10个省份,分别为江苏、浙江、福建、内蒙古、新疆、宁夏、陕西、山东、山西和湖北,其中,前9个省份县域人均地区生产总值超5万元,前2个省份县域人均地区生产总值超10万元。其余18个省份县域人均地区生产总值低于全国均值且不足5万元,不同省份间县域人均地区生产总值水平相差较大,县域经济发展差距较为明显。

表4-19　2021年全国县域人均地区生产总值排名(按省份分列)

排名	省份	县(市)数	县域常住人口(万人)	县域生产总值(亿元)	县域人均地区生产总值(元)
1	江苏	41	4 123.7	49 033.8	118 907.2
2	浙江	52	2 973.9	31 099.7	104 575.4
3	福建	55	2 643.1	24 977.7	94 501.5
4	内蒙古	80	1 720.1	11 431.2	66 456.4
5	新疆	87	1 899.1	10 728.9	56 494.4
6	宁夏	13	369.7	2 055.0	55 586.1
7	陕西	77	2 316.3	12 821.7	55 354.3
8	山东	79	6 270.5	34 249.9	54 620.7
9	山西	90	2 349.3	11 994.4	51 055.4
10	湖北	63	4 142.0	20 547.3	49 606.4
11	海南	15	581.5	2 746.0	47 223.0
12	江西	73	3 535.9	16 586.0	46 907.4
13	湖南	86	5 739.4	25 066.4	43 674.3
14	云南	112	4 001.1	17 311.7	43 267.3
15	青海	37	402.1	1 690.1	42 031.3
16	河北	120	5 530.8	22 440.1	40 572.9
17	安徽	60	5 121.3	20 736.9	40 491.4
18	河南	105	8 839.5	35 351.8	39 993.0
19	四川	129	6 043.1	24 045.1	39 789.3

续表

排名	省份	县(市)数	县域常住人口(万人)	县域生产总值(亿元)	县域人均地区生产总值(元)
20	重庆	12	928.3	3 667.6	39 508.5
21	西藏	66	260.7	984.6	37 766.0
22	辽宁	41	2 032.8	7 357.2	36 192.4
23	贵州	72	3 616.6	12 535.4	34 660.6
24	广东	57	4 639.5	15 229.1	32 824.8
25	吉林	39	1 652.4	5 004.4	30 285.9
26	黑龙江	63	2 098.1	6 319.4	30 119.9
27	广西	70	3 843.7	10 113.6	26 312.2
28	甘肃	68	1 901.4	4 386.6	23 070.2
	全国县域	1 862	89 575.9	440 511.1	49 177.4

数据来源:《2022年中国县域统计年鉴(县市篇)》。

(二) 县域住户储蓄存款余额概况

1. 东部地区县域人均储蓄存款及存款总量均居各区域首位

对全国县域住户储蓄存款余额情况进行分析,按照各县域住户储蓄存款余额由大到小排列。2021年全国县域住户储蓄存款余额区域分布如表4-20所示。可见,2021年,全国县域住户储蓄存款余额共计386 194.5亿元。其中,东部地区县域住户储蓄存款余额最高,为153 615.3亿元,占全国县域储蓄存款总额的39.8%;中部地区次之,为112 690.7亿元,占全国县域储蓄存款总额的29.2%。东部和中部地区县域住户储蓄存款总额均超10万亿元,合计占全国县域储蓄存款总额比重近70%。东北地区县域住户储蓄存款余额体量最小,仅占全国县域储蓄存款总额的7.7%。

表4-20　　2021年全国县域住户储蓄存款余额区域分布

地区	县域住户储蓄存款余额(亿元)	各区域县域住户储蓄存款余额占全国县域储蓄存款总额比重
东部	153 615.3	39.8%
中部	112 690.7	29.2%
西部	90 196.3	23.4%
东北	29 692.2	7.7%
全国县域	386 194.5	100.0%

数据来源:《2022年中国县域统计年鉴(县市篇)》。

从中国县域住户人均储蓄存款余额(见表4-21)来看,2021年全国县域住户人均储蓄存款余额为43113.7元。东部地区县域住户人均储蓄存款余额最多,为57398.4元;东北和中部地区次之,住户人均储蓄存款余额分别为51341.3元和37908.0元;西部地区最低,人均储蓄存款余额为33036.3元。值得注意的是,东部和东北地区住户人均储蓄存款余额高于全国县域平均水平,中部和西部则低于全国县域平均水平。

表4-21　　　　2021年全国县域住户人均储蓄存款余额

地区	户籍人口(万人)	住户储蓄存款余额(亿元)	人均住户储蓄存款余额(元)
东部	26763.0	153615.3	57398.4
东北	5783.3	29692.2	51341.3
中部	29727.4	112690.7	37908.0
西部	27302.2	90196.3	33036.3
全国县域	89575.9	386194.5	43113.7

注:受限于缺乏2021年全国各县域单位常住人口数据,本章县域住户人均储蓄存款余额的计算方式为"县域住户人均储蓄存款余额=县域住户储蓄存款余额/县域户籍人口"。

数据来源:《2022年中国县域统计年鉴(县市篇)》。

2. 山东、河北、江苏县域住户储蓄存款余额居全国前三,西藏、青海、宁夏县域住户储蓄存款余额较少

通过对各省份2021年县域住户存款余额进行分析(见表4-22),结果发现,2021年各省份县域住户储蓄存款余额分布在320.4亿元至32770.2亿元之间。山东、河北、江苏、浙江和河南县域住户储蓄存款余额排名前五,其所辖县域住户储蓄存款余额分别为32770.2亿元、32755.4亿元、30466.7亿元、29839.9亿元和29562.9亿元,五省份贡献了全国超过40%的县域住户储蓄存款余额。县域住户储蓄存款余额最低是西藏、青海和宁夏,其县域住户储蓄存款余额分别为320.4亿元、1048.2亿元和1324.1亿元。值得注意的是,县域住户储蓄存款余额高于2万亿元的省份有6个,其中东部地区4个,中部、西部地区各1个;储蓄存款余额低于2万亿元且高于1万亿元的省份有10个,余下的12个省份县域住户储蓄存款余额相对较少。

表 4-22　2021 年全国县域住户储蓄存款余额分布（按省份分列）

排名	省份	县域住户储蓄存款余额（亿元）	各省份县域住户储蓄存款余额占全国比重（%）	各省份县域住户储蓄存款余额占全国累计百分比（%）
1	山东	32 770.2	8.5	8.5
2	河北	32 755.4	8.5	17.0
3	江苏	30 466.7	7.9	24.9
4	浙江	29 839.9	7.7	32.6
5	河南	29 562.9	7.7	40.2
6	四川	24 415.3	6.3	46.6
7	湖南	19 958.3	5.2	51.7
8	安徽	18 840.8	4.9	56.6
9	湖北	17 867.3	4.6	61.2
10	江西	13 906.8	3.6	64.8
11	广东	13 318.2	3.4	68.3
12	山西	12 554.7	3.3	71.5
13	辽宁	12 441.4	3.2	74.8
14	福建	12 321.7	3.2	77.9
15	云南	11 327.0	2.9	80.9
16	陕西	10 193.6	2.6	83.5
17	广西	9 381.3	2.4	85.9
18	黑龙江	8 983.0	2.3	88.3
19	吉林	8 267.8	2.1	90.4
20	贵州	7 906.9	2.0	92.5
21	内蒙古	7 705.1	2.0	94.5
22	新疆	7 588.8	2.0	96.4
23	甘肃	5 713.6	1.5	97.9
24	重庆	3 271.9	0.8	98.7
25	海南	2 143.2	0.6	99.3
26	宁夏	1 324.1	0.3	99.6
27	青海	1 048.2	0.3	99.9
28	西藏	320.4	0.1	100.0

数据来源：《2022 年中国县域统计年鉴（县市篇）》。

3. 浙江、江苏、辽宁县域住户人均储蓄存款余额居全国前三，西藏、贵州、广西县域人均储蓄存款余额偏少

通过对全国各省份县域住户人均存款余额进行统计（见表4-23），发现2021年全国各省份县域住户人均储蓄存款余额分布于12 291.2元与100 339.3元之间。全国县域住户人均储蓄存款余额为43 113.7元，高于全国平均水平的省份有11个，低于全国平均水平的省份有17个。2021年有7个省份县域住户人均储蓄存款余额超过5万元，近50%的省份县域住户人均储蓄存款余额超过4万元。具体来看，浙江、江苏、辽宁县域住户人均储蓄存款余额排名全国前三，其县域住户人均余额分别为100 339.3元、73 881.8元和61 203.2元；广东、云南、青海、广西、贵州和西藏为后六位，县域住户人均存款余额均不足3万元。

表4-23 2021年全国县域住户人均存款余额分布（按省份分列）

排名	省份	县域户籍人口（万人）	县域住户存款余额（亿元）	县域住户人均存款余额（元）
1	浙江	2 973.9	29 839.9	100 339.3
2	江苏	4 123.7	30 466.7	73 881.8
3	辽宁	2 032.8	12 441.4	61 203.2
4	河北	5 530.8	32 755.4	59 223.6
5	山西	2 349.3	12 554.7	53 440.3
6	山东	6 270.5	32 770.2	52 261.0
7	吉林	1 652.4	8 267.8	50 035.2
8	福建	2 643.1	12 321.7	46 618.4
9	内蒙古	1 720.1	7 705.1	44 794.4
10	陕西	2 316.3	10 193.6	44 008.2
11	湖北	4 142.0	17 867.3	43 136.8
12	黑龙江	2 098.1	8 983.0	42 815.1
13	四川	6 043.1	24 415.3	40 402.0
14	新疆	1 899.1	7 588.8	39 960.1
15	江西	3 535.9	13 906.8	39 330.3
16	海南	581.5	2 143.2	36 856.8
17	安徽	5 121.3	18 840.8	36 789.0
18	宁夏	369.7	1 324.1	35 816.3
19	重庆	928.3	3 271.9	35 245.9
20	湖南	5 739.4	19 958.3	34 774.2
21	河南	8 839.5	29 562.9	33 444.0

续表

排名	省份	县域户籍人口（万人）	县域住户存款余额（亿元）	县域住户人均存款余额（元）
22	甘肃	1 901.4	5 713.6	30 049.2
23	广东	4 639.5	13 318.2	28 706.0
24	云南	4 001.1	11 327.0	28 309.8
25	青海	402.1	1 048.2	26 069.2
26	广西	3 843.7	9 381.3	24 406.8
27	贵州	3 616.6	7 906.9	21 862.8
28	西藏	260.7	320.4	12 291.2
	全国县域	89 575.9	386 194.5	43 113.7

数据来源：《2022年中国县域统计年鉴（县市篇）》。

三、县域产业发展基础分析

（一）县域产业结构概况

1. 全国县域第一产业增加值占地区生产总值比重不足15%，黑龙江县域第一产业增加值占比稳居首位

如表4-24所示，2021年全国县域第一产业增加值为63 201.7亿元，在全国县域生产总值中的比重为14.3%。全国所有省份县域第一产业增加值占地区生产总值的比重均低于50%。其中，黑龙江县域第一产业增加值占地区生产总值的比重最高，为44.3%，远超排名第二位的海南的33.9%；福建、山西、江苏和浙江县域第一产业增加值占地区生产总值比重相对较小，均低于10%。值得注意的是，县域第一产业增加值占地区生产总值比重较高的省份主要分布于东北地区和中西部地区，这与当地第一产业发展的自然条件密切相关。

表4-24　2021年全国各省份县域第一产业增加值及其占比

排名	省份	县域生产总值（亿元）	县域第一产业增加值（亿元）	县域第一产业增加值占地区生产总值比重（%）
1	黑龙江	6 319.4	2 797.6	44.3
2	海南	2 746.0	932.0	33.9
3	吉林	5 004.4	1 364.2	27.3

续表

排名	省份	县域生产总值（亿元）	县域第一产业增加值（亿元）	县域第一产业增加值占地区生产总值比重（%）
4	广西	10 113.6	2 683.7	26.5
5	辽宁	7 357.2	1 878.5	25.5
6	甘肃	4 386.6	996.1	22.7
7	新疆	10 728.9	2 252.7	21.0
8	广东	15 229.1	3 175.3	20.9
9	云南	17 311.7	3 439.3	19.9
10	贵州	12 535.4	2 269.9	18.1
11	四川	24 045.1	4 259.9	17.7
12	青海	1 690.1	293.8	17.4
13	湖北	20 547.0	3 526.0	17.2
14	内蒙古	11 431.2	1 919.3	16.8
15	河北	22 440.1	3 339.1	14.9
16	湖南	25 066.4	3 713.0	14.8
17	重庆	3 667.6	530.6	14.5
18	陕西	12 821.7	1 766.7	13.8
19	西藏	984.6	135.7	13.8
20	河南	35 351.8	4 843.1	13.7
21	安徽	20 736.9	2 706.7	13.1
22	山东	34 249.9	4 336.9	12.7
23	宁夏	2 055.0	236.4	11.5
24	江西	16 586.0	1 857.8	11.2
25	福建	24 977.7	2 385.4	9.6
26	山西	11 994.4	1 068.7	8.9
27	江苏	49 033.8	3 098.5	6.3
28	浙江	31 099.7	1 395.0	4.5
	全国县域	440 511.1	63 201.7	14.3

数据来源：《2022年中国县域统计年鉴（县市篇）》。

2. 2021年全国县域第二产业增加值占地区生产总值比重超40%，山西、陕西、宁夏县域第二产业增加值占地区生产总值比较高

如表4-25所示，2021年全国县域第二产业增加值为183 913.7亿元，在全国县域生产总值中的比重为41.8%。县域第二产业增加值占地区生产总值

比大于全国均值的有 10 个省份,小于全国均值的有 18 个省份。具体来看,山西、陕西、宁夏、福建四个省份县域第二产业增加值占地区生产总值比重最高,且比重均大于 50%;超 70% 的省份县域第二产业增加值地区生产总值的比重在 30%—50%;县域第二产业增加值占地区生产总值比重在 30% 以下的共有 4 个省份,分别为广西、吉林、海南和黑龙江。

表 4-25　　2021 年全国各省份县域第二产业增加值及其占比

排名	省份	县域生产总值（亿元）	县域第二产业增加值（亿元）	第二产业增加值占地区生产总值比重(%)
1	山西	11 994.4	6 907.2	57.6
2	陕西	12 821.7	6 931.4	54.1
3	宁夏	2 055.0	1 109.1	54.0
4	福建	24 977.7	12 776.7	51.2
5	内蒙古	11 431.2	5 673.1	49.6
6	浙江	31 099.7	15 298.9	49.2
7	江苏	49 033.8	23 444.5	47.8
8	青海	1 690.1	788.2	46.6
9	江西	16 586.0	7 570.3	45.6
10	河南	35 351.8	14 988.3	42.4
11	山东	34 249.9	13 959.5	40.8
12	安徽	20 736.9	8 441.4	40.7
13	河北	22 440.1	8 964.8	40.0
14	湖南	25 066.4	9 826.9	39.2
15	西藏	984.6	376.7	38.3
16	新疆	10 728.9	4 063.5	37.9
17	湖北	20 547.0	7 770.0	37.8
18	四川	24 045.1	9 042.7	37.6
19	重庆	3 667.6	1 347.9	36.8
20	贵州	12 535.4	4 605.7	36.7
21	云南	17 311.7	6 001.4	34.7
22	广东	15 229.1	4 977.4	32.7
23	辽宁	7 357.2	2 234.0	30.4
24	甘肃	4 386.6	1 327.8	30.3
25	广西	10 113.6	2 903.4	28.7
26	吉林	5 004.4	1 144.6	22.9

续表

排名	省份	县域生产总值（亿元）	县域第二产业增加值（亿元）	第二产业增加值占地区生产总值比重（%）
27	海南	2 746.0	524.4	19.1
28	黑龙江	6 319.4	913.6	14.5
	全国县域	440 511.1	183 913.7	41.8

数据来源：《2022年中国县域统计年鉴（县市篇）》。

3. 2021年全国县域第三产业增加值占地区生产总值比重最高，吉林、重庆、西藏县域第三产业增加值占比优势明显

如表4-26所示，2021年全国县域第三产业增加值为193 395.6亿元，占全国县域生产总值的比重为43.9%。县域第三产业增加值占地区生产总值的比重大于等于全国均值的有19个省份，小于全国均值的有9个省份。具体来说，吉林、重庆、西藏三个省份县域第三产业增加值占地区生产总值的比重最高，分别为49.9%、48.8%和48.0%；近80%的省份县域第三产业增加值在县域生产总值中的占比位于40%—50%；县域第三产业增加值占地区生产总值比重在30%—40%的共有6个省份，分别为福建、青海、内蒙古、宁夏、陕西和山西。值得注意的是，全国各省份县域第三产业增加值占地区生产总值的比重均低于50%，比重最高值与最低值相差17.7%，与县域第二产业增加值占地区生产总值比重相比，全国各省份县域第三产业增加值占地区生产总值比重差距相对较小，表明县域第三产业不同省份间的差距较第二产业小。

表4-26　2021年全国各省份县域第三产业增加值及其占比

排名	省份	县域生产总值（亿元）	县域第三产业增加值（亿元）	县域第三产业增加值占地区生产总值比重（%）
1	吉林	5 004.4	2 495.6	49.9
2	重庆	3 667.6	1 789.1	48.8
3	西藏	984.6	472.2	48.0
4	甘肃	4 386.6	2 062.8	47.0
5	海南	2 746.0	1 289.6	47.0
6	山东	34 249.9	15 953.5	46.6
7	广东	15 229.1	7 076.4	46.5
8	浙江	31 099.7	14 405.8	46.3

续表

排名	省份	县域生产总值（亿元）	县域第三产业增加值（亿元）	县域第三产业增加值占地区生产总值比重(%)
9	安徽	20 736.9	9 588.8	46.2
10	湖南	25 066.4	11 526.5	46.0
11	江苏	49 033.8	22 490.8	45.9
12	云南	17 311.7	7 871.0	45.5
13	河北	22 440.1	10 136.2	45.2
14	贵州	12 535.4	5 659.8	45.2
15	湖北	20 547.0	9 250.9	45.0
16	广西	10 113.6	4 526.6	44.8
17	四川	24 045.1	10 742.5	44.7
18	辽宁	7 357.2	3 244.7	44.1
19	河南	35 351.8	15 520.4	43.9
20	江西	16 586.0	7 157.9	43.2
21	黑龙江	6 319.4	2 608.3	41.3
22	新疆	10 728.9	4 412.6	41.1
23	福建	24 977.7	9 815.6	39.3
24	青海	1 690.1	608.0	36.0
25	宁夏	2 055.0	709.5	34.5
26	内蒙古	11 431.2	3 838.8	33.6
27	山西	11 994.4	4 018.5	33.5
28	陕西	12 821.7	4 123.5	32.2
	全国县域	440 511.1	193 395.6	43.9%

数据来源：《2022年中国县域统计年鉴（县市篇）》。

4. 近七成省份县域以第三产业为主导，仅有黑龙江县域以第一产业为主导

如表4-27所示，从全国县域整体情况来看，2021年全国县域三次产业结构为14.3∶41.8∶43.9，全国县域经济第三产业的主导地位明显。具体来看，宁夏、山西、福建、陕西等9个省份县域经济以第二产业为主导，其中，山西县域第二产业增加值占地区生产总值的比重最高，为57.6%；西藏、吉林、甘肃、浙江、重庆和山东等18个省份县域以第三产业为主导，其中，吉林县域第三产业增加值占地区生产总值的比重最高，为49.9%；此外，全国仅有黑龙江县域经济以第一产业为主导，其县域第一产业增加值与第三产业增加值占地区生产总值比重差距不大,第二产业增加值占地区生产总值比重最小,仅有14.5%。

表4-27　　2021年全国各省份县域主导产业情况

省份	第一产业增加值占地区生产总值比重(%)	第二产业增加值占地区生产总值比重(%)	第三产业增加值占地区生产总值比重(%)	占全省份县域生产总值比重最大的产业
安徽	13.1	40.7	46.2	第三产业
福建	9.6	51.2	39.3	第二产业
甘肃	22.7	30.3	47.0	第三产业
广东	20.9	32.7	46.5	第三产业
广西	26.5	28.7	44.8	第三产业
贵州	18.1	36.7	45.2	第三产业
海南	33.9	19.1	47.0	第三产业
河北	14.9	40.0	45.2	第三产业
河南	13.7	42.4	43.9	第三产业
黑龙江	44.3	14.5	41.3	第一产业
湖北	17.2	37.8	45.0	第三产业
湖南	14.8	39.2	46.0	第三产业
吉林	27.3	22.9	49.9	第三产业
江苏	6.3	47.8	45.9	第二产业
江西	11.2	45.6	43.2	第二产业
辽宁	25.5	30.4	44.1	第三产业
内蒙古	16.8	49.6	33.6	第二产业
宁夏	11.5	54.0	34.5	第二产业
青海	17.4	46.6	36.0	第二产业
山东	12.7	40.8	46.6	第三产业
山西	8.9	57.6	33.5	第二产业
陕西	13.8	54.1	32.2	第二产业
四川	17.7	37.6	44.7	第三产业
西藏	13.8	38.3	48.0	第三产业
新疆	21.0	37.9	41.1	第三产业
云南	19.9	34.7	45.5	第三产业
浙江	4.5	49.2	46.3	第二产业
重庆	14.5	36.8	48.8	第三产业
全国县域	14.3	41.8	43.9	第三产业

数据来源:《2022年中国县域统计年鉴(县市篇)》。

(二) 县域第二产业区位熵概况

1. 2021年全国背景下县域第二产业集聚水平较高

运用区位熵[①]分别测算中国县域三次产业集聚程度，区位熵指数大于1表明在研究区域内呈现特定产业的集聚现象，拥有比较优势；区位熵指数小于1，则表明研究区域内没有特定产业的集聚现象。本研究整理了全国县域2021年第二产业在全国背景下的区位熵大小，计算结果如表4-28所示。可以发现，2021年全国背景下县域第二产业区位熵指数大于1，表明县域第二产业在全国背景下集聚程度较高，具有产业发展的比较优势。

表4-28　　2021年全国背景下全国县域第二产业区位熵

区域	第二产业增加值占地区生产总值比重（%）	第三产业增加值占地区生产总值比重（%）	全国背景下县域第二产业区位熵
中国县域	41.8	43.9	1.0589
中国	39.4	53.3	

数据来源：《2022年中国统计年鉴》《2022年中国县域统计年鉴（县市篇）》。

2. 各省份县域第二产业在省域内和全国地位基本保持一致，均具有集聚优势

整理2021年全国各省份县域第二产业在全国背景下和省域背景下区位熵的高低（见表4-29），结果发现，宁夏、青海、陕西、山西、浙江等15个省份县域第二产业区位熵在省域背景下大于1，即该15省份第二产业发展在省域内具有集聚优势；海南、湖南、安徽、湖北等13个省份县域第二产业区位熵在省域背景下小于1，即该13省份第二产业发展在省域内比较优势较弱。山西、陕西、宁夏等13个省份县域第二产业区位熵在全国背景下大于1，即该13省份第二产业发展在全国范围内具有集聚优势；黑龙江、海南、吉林、甘肃等15个省份县域第二产业区位熵在全国背景下小于1，即该15省份第二产业发展在全国范围内比较优势较弱。

---

① 区位熵计算公式为"$LQ_{ij} = \frac{q_{ij}}{q_j} \Big/ \frac{q_i}{q}$"，其中，$LQ_{ij}$为$j$地区的$i$产业在限定范围内的区位熵，$q_{ij}$为$j$地区$i$产业的相关指标；$q_j$为$j$地区所有产业的相关指标；$q_i$为限定范围内$i$产业的相关指标；$q$为限定范围内所有产业的相关指标。

表 4-29 2021 年全国背景下和省域背景下各省份县域第二产业区位熵

排名	省份	县域第二产业增加值占地区生产总值比重（%）	省域第二产业增加值占地区生产总值比重（%）	省域背景下各省份县域第二产业区位熵	全国背景下各省份县域第二产业区位熵
1	宁夏	54.0	44.7	1.2073	1.3698
2	青海	46.6	39.8	1.1713	1.1837
3	陕西	54.1	46.3	1.1672	1.3721
4	山西	57.6	49.6	1.1602	1.4616
5	浙江	49.2	42.4	1.1595	1.2486
6	福建	51.2	46.8	1.0919	1.2983
7	内蒙古	49.6	45.7	1.0860	1.2596
8	江苏	47.8	44.5	1.0746	1.2135
9	西藏	38.3	36.4	1.0511	0.9712
10	贵州	36.7	35.7	1.0303	0.9325
11	河南	42.4	41.3	1.0261	1.0761
12	江西	45.6	44.5	1.0255	1.1584
13	山东	40.8	39.9	1.0205	1.0345
14	四川	37.6	37.0	1.0176	0.9545
15	新疆	37.9	37.3	1.0145	0.9613
16	海南	19.1	19.1	0.9982	0.4847
17	湖北	37.8	37.9	0.9979	0.9598
18	湖南	39.2	39.4	0.9963	0.9950
19	安徽	40.7	41.0	0.9929	1.0332
20	河北	40.0	40.5	0.9861	1.0140
21	云南	34.7	35.3	0.9814	0.8799
22	重庆	36.8	40.1	0.9166	0.9328
23	甘肃	30.3	33.8	0.8944	0.7682
24	广西	28.7	33.1	0.8674	0.7286
25	广东	32.7	40.4	0.8094	0.8295
26	辽宁	30.4	39.4	0.7702	0.7707
27	吉林	22.9	36.0	0.6349	0.5805
28	黑龙江	14.5	26.7	0.5411	0.3669

数据来源：《2022 年中国统计年鉴》《2022 年中国县域统计年鉴（县市篇）》。

进一步对比全国背景下和省域背景下各省份县域第二产业区位熵情况，结果发现，宁夏、山西、青海、浙江、江苏、河南、江西、山东等 16 个省份县域第二产业在全国背景下的区位熵大于在省域背景下的区位熵,表明这些省份县域第二产业的发展在全国的集聚优势大于在省域内的集聚优势。湖南、湖北、四川、贵州等12个省份县域第二产业在省域背景下的区位熵大于在全国背景下的区位熵,表明这些省份县域第二产业的发展在省域内的集聚优势大于在全国的集聚优势。值得注意的是,西藏、贵州、四川、新疆、安徽、河北6个省份县域第二产业省域背景下的区位熵和全国背景下的区位熵呈现明显差异,表明这些省份县域单位第二产业的发展在省域内和全国呈现不同的比较优势。

(三)县域第三产业区位熵概况

1. 2021年全国背景下县域第三产业比较优势较弱

在分析全国背景下县域第二产业发展情况的基础上,进一步对县域第三产业的区位熵进行计算。整理全国县域第三产业在全国背景下的区位熵情况(见表4-30),结果显示,2021年,全国背景下县域第三产业区位熵为0.8235,低于1,表明县域第三产业在全国背景下集聚程度较低,发展比较优势较弱。

表4-30　　2021年全国背景下中国县域第三产业区位熵

区域	第二产业增加值占地区生产总值比重(%)	第三产业增加值占地区生产总值比重(%)	全国背景下县域第三产业区位熵
中国县域	41.8	43.9	0.8235
中国	39.4	53.3	

数据来源:《2022年中国统计年鉴》《2022年中国县域统计年鉴(县市篇)》。

2. 各省份县域第三产业集聚程度较低,在省域内和全国背景下比较优势均较弱

整理2021年全国各省份县域第三产业在全国背景下和省域背景下区位熵的大小(见表4-31),结果显示,无论是在全国背景下,还是在省域背景下,各省份县域第三产业区位熵均小于1,表明各省份县域第三产业集聚程度较低,比较优势较弱。其中,仅吉林、重庆、河北、江西、安徽、云南6个省份县域第三产业省域背景下的区位熵大于0.9,仅吉林、重庆2个省份县域第三产业全国背景下的区位熵大于0.9,这些省份县域第三产业集聚情况相对较好。进一步对比全国背景下和省域背景下各省份县域第三产业区位熵情况,结果发现,28个省份中有24个省域背景下县域第三产业区位熵大于全国背景下县域第三产业区位熵,表明全国大部分省份县域第三产业省域内集聚情况强于全国范围内集聚情况,县域第三产业具有部分省域内发展优势。此外,仅有西藏、浙江、广东和海南 4 个省份全国背景下县域第三产业区位熵大于省域背景下县域第三产业区位熵,表明该 4 省份县域第三产业全国范围内的集聚情况优于省域内集聚情况,这些省份县域第三产业具有部分国内发展优势。

表 4-31 2021 年全国背景下和省域背景下各省份县域第三产业区位熵

排名	省份	县域第三产业增加值占地区生产总值比重(%)	省域第三产业增加值占地区生产总值比重(%)	省域背景下各省份县域第三产业区位熵	全国背景下各省份县域第三产业区位熵
1	吉林	49.9	52.2	0.9547	0.9356
2	重庆	48.8	53.0	0.9202	0.9152
3	河北	45.2	49.5	0.9124	0.8475
4	江西	43.2	47.6	0.9064	0.8097
5	安徽	46.2	51.2	0.9035	0.8675
6	云南	45.5	50.4	0.9018	0.8530
7	湖南	46.0	51.3	0.8970	0.8627
8	贵州	45.2	50.4	0.8959	0.8471
9	河南	43.9	49.1	0.8935	0.8237
10	江苏	45.9	51.4	0.8915	0.8606
11	甘肃	47.0	52.8	0.8900	0.8823
12	广西	44.8	50.7	0.8832	0.8397
13	山东	46.6	52.8	0.8821	0.8739
14	西藏	48.0	55.7	0.8609	0.8997
15	新疆	41.1	47.9	0.8582	0.7716
16	辽宁	44.1	51.6	0.8539	0.8274
17	湖北	45.0	52.8	0.8530	0.8447
18	四川	44.7	52.5	0.8505	0.8382
19	浙江	46.3	54.6	0.8488	0.8691
20	广东	46.5	55.6	0.8358	0.8718
21	福建	39.3	47.2	0.8323	0.7373
22	黑龙江	41.3	50.0	0.8253	0.7744
23	内蒙古	33.6	43.5	0.7728	0.6300
24	海南	47.0	61.5	0.7637	0.8811
25	山西	33.5	44.7	0.7501	0.6286

续表

排名	省份	县域第三产业增加值占地区生产总值比重(%)	省域第三产业增加值占地区生产总值比重(%)	省域背景下各省份县域第三产业区位熵	全国背景下各省份县域第三产业区位熵
26	宁夏	34.5	47.2	0.7309	0.6478
27	青海	36.0	49.6	0.7247	0.6750
28	陕西	32.2	45.6	0.7053	0.6034

数据来源:《2022年中国统计年鉴》《2022年中国县域统计年鉴(县市篇)》。

四、本章小结

中国县域经济的发展一直以来都是国家经济发展战略中的重要组成部分,县域作为中国经济的基础单元,其发展状况直接关系到国家经济发展的全局。本章从县域经济总量、县域经济发展水平、县域产业发展基础三方面出发,对当前中国县域经济的发展状况进行了比较分析,具体得到的结论如下。

第一,从县域经济总量来看,东部地区县域经济体量最大,省份间县域生产总值总量差异显著。2021年全国县域生产总值总量为440511.1亿元,其中,东部地区县域生产总值总量为179776.2亿元,东部地区县域经济体量稳居第一。从各省份县域生产总值总量来看,县域生产总值总量排名第一的江苏是县域生产总值总量排名最后一名的西藏的49.8倍之多,各省份间县域经济发展存在较为明显的差异。此外,县域生产总值排名前100位的县域单位中,江苏、浙江、山东、福建四省占比较大,县域生产总值排名前100位的县域单位主要分布于东部地区,县域生产总值排名后100位的县域单位中,西藏、青海、四川三省份占比较大,排名后100位的县域单位主要分布于西部地区。

第二,从县域经济发展水平来看,东部地区县域人均地区生产总值、县域人均存款、县域存款总量均居各区域首位,东北地区县域人均地区生产总值水平居末。2021年全国县域人均地区生产总值为49177.4元,东部地区县域人均地区生产总值为67173.4元,远超全国平均水平,县域经济发展具有较大比较优势;而东北地区县域人均地区生产总值仅为32301.8元,处全国各区域末位。此外,全国县域住户存款余额情况显示,2021年东部地区县域住户存款余额153615.3亿元,住户人均存款余额57398.4元,均居全国首位,而东北地区的县域住户存款余额和西部地区的住户人均存款余额均居全国末位。

第三,从县域产业发展基础来看,全国县域第三产业增加值占地区生产总值比重最高,县域第一产业增加值占地区生产总值比重最低,但在全国背景下,县域第三产业集聚水平较低,而县域第二产业集聚水平较高。2021年全国县域经济发展情况显示,县域第一产业占地区生产总值比重不足15%,黑龙江第一产业增加值占地区生产总值比重稳居首位,县域第二产业增加值占地区生产总值比重超40%,县域第三产业增加值占地区生产总值比重近45%。进一步从县域第二、第三产业区位熵来看,各省份县域单位第二产业在省域内和全国均具有集聚优势,而各省份县域第三产业集聚程度较低,在省域内和全国背景下比较优势均较弱。

第五章　县域发展的财政基础

作为国家治理的基础,县域治理的重要性不言而喻。作为政府运转的重要保障,财政在一定程度上直接关乎国家的生存和发展。县级财政作为一种基层财政,更贴近基层的劳动群体,在一定程度上反映了当地劳动群体的生活状况和劳动经济水平,县域财政的状况不仅是县域能否良好治理的关键,对经济社会的发展全局也具有重要影响。本章分别从地方一般公共预算收入、地方一般公共预算支出、地方一般公共预算盈余三方面对 2021 年中国县域发展的财政基础进行剖析。

一、县域地方一般公共预算收入分析

在各种经济指标中,一般公共预算收入是各地经济运行情况里必不可少的内容,是各地可支配财力的重要组成部分,主要包括税收收入、行政事业性收费收入、国有资源(资产)有偿使用收入、转移性收入和其他收入。一般公共预算收入与每个人息息相关,民生工程、招商引资、基础设施建设等均需要一般公共预算做支撑。本节着重分析当前中国县域一般公共预算总量情况及其占地区生产总值比重的变动情况,针对排名前 100 位和后 100 位的县域单位进行了详细的分省份分析,希望能够将县域财政收入的总量情况、不同省份的分布情况、相对规模的占比情况等清晰地呈现出来,以便于为县域经济发展提供借鉴和参考。

(一) 县域地方一般公共预算收入概况

1. 地方财政收入大县集中于"千亿县"范畴

2021 年,全国县域地方财力较 2020 年进一步加强。2021 年全国县域单位共实现一般公共预算收入 25 824.1 亿元,占全国总体公共预算收入的

12.8%。全国地方财力"百强县"入围门槛提升至近45亿元,超60亿元的县(市)高达63个。

地方财政收入超100亿元的县(市)有21个,江苏包揽前四名。2021年全国地方财政收入超100亿元的县(市)共有21个,按财力大小可分三个层级:第一层级仅有1个昆山市,是全国唯一地方财政收入超400亿元的县(市),是第二名江阴市的1.7倍。第二层级有4个,依次分别为江阴、张家港、常熟、慈溪,其地方财政收入均超200亿元。第三层级有16个,依次分别为太仓、晋江、宜兴、长沙县、余姚、义乌等,其地方财政收入均超100亿元。值得注意的是,以上21个县(市),除寿光外,均为2021年县域生产总值总额1000亿元以上的"千亿县",尤其是昆山、江阴、张家港、常熟、慈溪5个县级市,不仅地区生产总值均超2000亿元且地方财政收入均超200亿元,是中国县域经济中的领跑者。

2021年地方财政收入未达100亿元的"千亿县"有25个,石狮地方财力最低。2021年,45个"千亿县"中,除上述20个地方财政收入超100亿元的县(市)外[1],还有25个地方财政收入处于40亿—100亿元,主要分布在江苏(12个)、浙江(3个)、福建(4个)三地,其中,福建省的石狮地方财政收入仅有40.1亿元,是全国地方财政收入最少的"千亿县"。

地方财政收入超60亿元的非"千亿县"有25个。从2021年统计数据来看,"千亿县"中虽然大部分地方财政收入都很高,但也有收入相对较低的石狮市。与之形成鲜明对比的是,有些县虽然不是"千亿县",但地方财政收入比一般的"千亿县"都高,均在60亿元以上。此类县(市)共有25个,集中分布在浙江(9个)及山东(7个)两地,山东寿光、浙江平湖、福建闽侯地方财政收入均超90亿元,其中,山东寿光2021年虽地区生产总值不足千亿元,但地方财政收入超百亿元,有望成为步入"千亿县"行列的"种子选手"。

2. 江苏、浙江、山东三省县域财政实力位居全国前列

表5-1从不同省份的角度,对2021年全国县域财政总收入和县域平均财政收入的情况进行了分析,结果显示,中国各省份县域财政实力存在较大差距,江苏省在县域财政收入总额和县域平均财政收入两方面均位居全国首位,相较于其他省份而言县域财政实力优势明显。具体而言,2021年财政收入总

---

[1] 寿光市属于地方一般公共预算收入超100亿元的县域单位,但其2021年地区生产总值不足1000亿元,不属于"千亿县"范畴。

额排名前三位的省份分别是江苏、浙江、山东,县域财政总收入分别为3 223.1亿元、2 663.9亿元、2 465.9亿元,均达到2 000亿元以上;排名后三位的分别为西藏、青海、宁夏,县域财政总收入分别为52.2亿元、75.5亿元、105.4亿元。在县域平均财政收入方面,排名前三位的省份仍然是江苏、浙江、山东,显示了三省份县域财政实力的显著优势,其中江苏县域平均财政收入为78.6亿元,是第二位浙江的1.5倍,是最后一名西藏的近100倍;排名后三位的省份分别是西藏、青海、甘肃,县域平均财政收入分别为0.8亿元、2.0亿元、3.1亿元,排在末位的西藏更是在1亿元以下。

表5-1　2021年各省份县域财政收入总额与平均财政收入情况

省份	县(市)数量(个)	县域财政收入总额(亿元)	排名	县(市)平均财政收入(亿元)	排名
江苏	41	3 223.1	1	78.6	1
浙江	52	2 663.9	2	51.2	2
山东	79	2 465.9	3	31.2	3
河南	105	1 925.1	4	18.3	6
河北	120	1 532.5	5	12.8	12
四川	129	1 307.0	6	10.1	15
安徽	60	1 281.6	7	20.7	5
福建	55	1 178.7	8	21.4	4
江西	73	1 129.6	9	15.5	7
湖南	86	1 120.9	10	13.0	10
山西	90	845.1	11	9.4	16
云南	112	808.3	12	7.2	22
湖北	63	776.6	13	12.3	14
新疆	87	753.2	14	8.7	17
广东	57	726.1	15	12.7	13
内蒙古	80	687.2	16	8.6	18
贵州	72	604.1	17	8.4	19
辽宁	41	526.5	18	12.8	11
陕西	77	476.6	19	6.2	23
广西	70	402.7	20	5.8	24
吉林	39	305.3	21	7.8	21
黑龙江	63	261.9	22	4.2	25
甘肃	68	210.9	23	3.1	26

续表

省份	县(市)数量	县域财政收入总额(亿元)	排名	县(市)平均财政收入(亿元)	排名
海南	15	203.2	24	13.5	9
重庆	12	174.9	25	14.6	8
宁夏	13	105.4	26	8.1	20
青海	37	75.5	27	2.0	27
西藏	66	52.2	28	0.8	28
全国	1862	25 824.1	/	13.8	/

数据来源：《2022年中国县域统计年鉴》。

(二) 县域地方一般公共预算收入排名前、后100位分布概况

1. 财政收入排名前100位县(市)集中于浙江、江苏、山东三省份，财政收入排名后100位县域集中于西藏、青海、四川三省份

财政收入排名前100位与后100位县域的分布都相对集中，表5-2显示了2021年中国地方财政收入排名前100位与后100位县域在各省份的分布。可以看出，财政收入排名前100位县域主要分布在经济发达的东部沿海地区，浙江分布最多，占比23.0%，江苏次之，占比22.0%，浙江、江苏、山东三省囊括了财政收入百强县的60.0%，广东、海南、新疆、云南财政收入"百强县"较少，仅各有1个。财政收入排名后100位县域则主要分布于西部地区，西藏分布最多，占比高达53.0%，西藏、青海、四川、陕西占财政收入后100位县域的比重近90%。

表5-2　2021年县域地方财政收入排名前、后100位县域分省份分布情况

省份	财政收入排名前100位县域数量	比重(%)	省份	财政收入排名后100位县域数量	比重(%)
浙江	23	23.0	西藏	53	53.0
江苏	22	22.0	青海	15	15.0
山东	15	15.0	四川	11	11.0
福建	7	7.0	陕西	10	10.0
河南	6	6.0	甘肃	6	6.0
河北	5	5.0	黑龙江	1	1.0
安徽	3	3.0	宁夏	1	1.0

续表

省份	财政收入排名前100位县域数量	比重(%)	省份	财政收入排名后100位县域数量	比重(%)
湖南	3	3.0	山西	1	1.0
贵州	2	2.0	新疆	1	1.0
江西	2	2.0	云南	1	1.0
辽宁	2	2.0			
内蒙古	2	2.0			
陕西	2	2.0			
四川	2	2.0			
广东	1	1.0			
海南	1	1.0			
新疆	1	1.0			
云南	1	1.0			

数据来源:《2022年中国县域统计年鉴》。

2. 县域财政实力存在明显的区域差距,东部地区县域财政实力位居全国前列,中部次之,西部最弱

在对县域财政收入进行分省份分析的基础上,进一步对全国东、中、西、东北四大区域的县域财政收入情况进行具体分析,如表5-3所示。总体而言,东部地区由于地理与经济优势,地区生产总值总额高,县域在财政收入方面更具优势。2021年财政收入前100位县域有74个位于东部地区,排名后100位的县域均不在东部地区。东部地区县域财政收入总额达11 993.4亿元,占全国县域财政收入的46.4%,各县域平均财政收入达28.6亿元,是中部地区的1.9倍,是西部地区的4.1倍。中部地区拥有财政收入前100位县域共14个,后100位县域1个,县域财政收入总额7 078.9亿元,是西部地区的1.3倍,各县域平均财政收入达14.8亿元,是西部地区的2.1倍。西部地区本身经济基础较为薄弱,西部省域的社会发展、经济实力与中东部省份相比仍有较大差距,财政实力也较弱。2021年县域财政收入前100位县域仅有10个位于西部地区,但后100位县域却高达98个,西部地区县域财政收入总额5 658.2亿元,平均财政收入不足7亿元,为各地区最低。此外,东北地区2021年县域财政收入前100位县域仅有2个,后100位县域仅有1个,县域财政收入总额为各地区最低,即1 093.6亿元,平均财政收入略高于西部地区,为7.6亿元。

表 5-3　　　2021 年东、中、西及东北地区县域财政收入情况

区域	财政收入前 100 位县域数量	财政收入后 100 位县域数量	财政收入总额（亿元）	各县域平均财政收入（亿元）
东部	74	0	11 993.4	28.6
中部	14	1	7 078.9	14.8
西部	10	98	5 658.2	6.9
东北	2	1	1 093.6	7.6

数据来源：《2022 年中国县域统计年鉴》。

(三) 县域地方一般公共预算收入占地区生产总值比重概况

县域财政依存度整体偏低，政府调控能力弱。财政依存度，即地区财政收入占地区生产总值比重，是反映财政收入同生产总值之间数量关系的重要统计指标，它综合反映出政府与微观经济主体之间占有和支配社会资源的关系，反映出政府调控经济运行的能力和影响社会资源配置的程度，同时也是衡量国民幸福感的最重要指标。财政收入占地区生产总值比重越高，国家就越有能力为国民提供富足的公共服务，越有利于社会公平；反之，财政收入占地区生产总值比重太低，会降低国家宏观调控能力，影响国家安全事项和政权建设等。由表 5-4 可知，浙江、海南、山东三省份县域财政依存度较高，分别为 8.6%、7.4%、7.2%，广西、湖北、陕西三省份财政依存度较低，分别为 4.0%、3.8%、3.7%。从全国整体情况来说，2021 年全国财政总收入达 20.3 万亿元，占国内生产总值比重为 17.6%，而全国县域财政收入总额占县域生产总值的比重仅为 5.9%，低于全国整体水平，说明县域政府对经济和社会资源的调控能力较弱，存在较大的提升空间。

表 5-4　　2021 年各省份县域财政收入总额占地区生产总值比重情况

省份	县域生产总值总额（亿元）	县域财政收入总额（亿元）	县域财政收入总额占地区生产总值的比重（%）
浙江	31 099.7	2 663.9	8.6
海南	2 746.0	203.2	7.4
山东	34 249.9	2 465.9	7.2
辽宁	7 357.2	526.5	7.2
山西	11 994.4	845.1	7.0
新疆	10 728.9	753.2	7.0

续表

省份	县域生产总值总额(亿元)	县域财政收入总额(亿元)	县域财政收入总额占地区生产总值的比重(%)
河北	22 440.1	1 532.5	6.8
江西	16 586.0	1 129.6	6.8
江苏	49 033.8	3 223.1	6.6
安徽	20 736.9	1 281.6	6.2
吉林	5 004.4	305.3	6.1
内蒙古	11 431.2	687.2	6.0
河南	35 351.8	1 925.1	5.4
四川	24 045.1	1 307.0	5.4
西藏	984.6	52.2	5.3
宁夏	2 055.0	105.4	5.1
贵州	12 535.4	604.1	4.8
甘肃	4 386.6	210.9	4.8
重庆	3 667.6	174.9	4.8
广东	15 229.1	726.1	4.8
福建	24 977.7	1 178.7	4.7
云南	17 311.7	808.3	4.7
湖南	25 066.4	1 120.9	4.5
青海	1 690.1	75.5	4.5
黑龙江	6 319.4	261.9	4.1
广西	10 113.6	402.7	4.0
湖北	20 547.0	776.6	3.8
陕西	12 821.7	476.6	3.7
全国	440 511.1	25 824.1	5.9

数据来源:《2022年中国县域统计年鉴》。

二、县域地方一般公共预算支出分析

(一) 县域地方一般公共预算支出概况特征

1. 地方财政支出大县仍集中于"千亿县"范畴

2021年全国县域共实现财政支出74 673.9亿元,占全国总体财政支出的30.3%。全国地方财政支出"百强县"域入围门槛提升至86.2亿元,超100亿元的县域高达65个。

地方财政支出超150亿元的县域有11个,江苏包揽前三名。2021年全国地方财政支出超150亿元的县域共有11个,按财力大小同样可分三个层级:第一层级仅有1个,为昆山,是全国唯一地方财政支出近400亿元的县域,是第二名常熟的1.5倍;第二层级有4个,依次为常熟、江阴、慈溪、张家港,这些县域地方财政支出均超200亿元;第三层级有6个,依次为南昌、宜兴、长沙、太仓、浏阳、义乌,这些县域地方财政支出均超150亿元。值得注意的是,以上11个县域均为2021年地区生产总值总额1 000亿元以上的"千亿县",尤其是昆山、江阴、张家港、常熟、慈溪5个县级市,不仅地区生产总值均超2 000亿元且地方财政收入、支出均超200亿元,是中国县域经济中的领跑者。

地方财政支出未达150亿元的"千亿县"有34个,龙海地方财政支出最低。2021年,45个"千亿县"中除上述11个地方财政支出超150亿元的县域外,还有34个县域地方财政支出处于40亿元至150亿元,其中有8个县域财政支出不足100亿元。这45个"千亿县"主要分布在江苏(12个)、浙江(7个)、福建(6个)三地,其中,福建的龙海地方财政支出仅有40.3亿元,是全国地方财政支出最少的"千亿县"。

地方财政支出超100亿元的非"千亿县"有28个。从2021年的统计数据来看,"千亿县"中虽然大部分地方财政支出都很高,但也有相对较低的龙海。与之形成鲜明对比的是,有些县虽然不是"千亿县",但地方财政支出比一般的"千亿县"都高,均在100亿元至135亿元。此类县域共有28个,集中分布在江苏(7个)、新疆(5个)及浙江(5个)三地,其中新疆五家渠、四川简阳地方财政支出均超130亿元。

2. 江苏、浙江、重庆三省份县域平均财政支出位居全国前列

表5-5从不同省份的角度,对2021年全国各省份县域财政总支出和县域平均财政支出的情况进行了分析。结果显示,中国各省份县域财政支出情况存在较大差距,江苏省在县域财政支出总额和县域平均财政支出两方面均位居全国首位,相较于其他省份而言县域财政支出优势明显。而河南省县域财政支出总额虽居全国前列,但平均财政支出相对落后,仅排第十。具体而言,2021年县域财政支出总额排名前三位的省份分别是江苏、河南和四川,县域财政总支出分别为5 068.1亿元、4 908.9亿元、4 472.1亿元;排名后三位的分别为海南、重庆以及宁夏,县域财政总支出分别为711.0亿元、695.5亿元、553.9亿元。在县域平均财政支出方面,排名前三位的省份是江苏、浙江、重

庆,其中江苏县域平均财政支出为123.6亿元,是第二名浙江的1.5倍,是排在末尾的西藏的11.0倍;排名后三位的省份分别是山西、青海及西藏,平均财政支出分别为23.6亿元、19.8亿元、11.2亿元,均未超过25亿元,排在末尾的西藏更是在15亿元以下。

表5-5　2021年各省份县域财政支出总额与平均财政支出情况

省份	县域数量（个）	财政支出总额（亿元）	排名	各县域平均财政支出（亿元）	排名
江苏	41	5 068.1	1	123.6	1
河南	105	4 908.9	2	46.8	10
四川	129	4 472.1	3	34.4	18
浙江	52	4 287.5	4	82.5	2
山东	79	4 189.8	5	53.0	5
湖南	86	4 135.5	6	48.1	7
河北	120	4 126.0	7	34.4	19
云南	112	3 492.0	8	31.2	21
新疆	87	3 429.8	9	39.4	13
安徽	60	3 302.3	10	53.3	4
江西	73	3 208.8	11	44.0	11
湖北	63	2 951.5	12	46.8	9
广东	57	2 950.8	13	51.8	6
贵州	72	2 744.5	14	38.1	16
广西	70	2 395.1	15	34.2	20
内蒙古	80	2 365.3	16	29.6	23
陕西	77	2 249.7	17	29.2	24
山西	90	2 126.9	18	23.6	26
福建	55	2 116.2	19	38.5	14
黑龙江	63	1 914.5	20	30.4	22
甘肃	68	1 891.3	21	27.8	25
吉林	39	1 494.5	22	38.3	15
辽宁	41	1 419.1	23	34.6	17
西藏	66	742.4	24	11.2	28
青海	37	730.9	25	19.8	27
海南	15	711.0	26	47.4	8

续表

省份	县域数量	财政支出总额（亿元）	排名	各县域平均财政支出（亿元）	排名
重庆	12	695.5	27	58.0	3
宁夏	13	553.9	28	42.6	12
全国	1862	74673.9	/	40.0	/

数据来源：《2022年中国县域统计年鉴》。

（二）县域地方一般公共预算支出排名前、后100位分布概况

1. 财政支出前100位县域集中于浙江、江苏、山东三省份，财政支出后100位县域集中于西藏、青海、内蒙古三省份

财政支出前100位与后100位县域的分布都相对集中，表5-6显示了中国地方财政支出前100位与后100位县域在各省份的分布。从中可看出，财政支出前100位县域主要分布在经济发达的东部沿海地区，浙江分布最多，占比23.0%，江苏次之，占比22.0%，山东占比15.0%，三省囊括了财政支出"百强县"的60.0%，广东、海南、新疆、云南四省份中财政支出百强县较少，仅各有1个。财政支出后100位县域则主要分布于西部地区，西藏分布最多，占比达53.0%，财政支出后100位县域西藏、青海、内蒙古三省份占比达70.0%。

表5-6　2021年地方财政支出前、后100位县域分省份分布情况

省份	财政支出前100位县域数量	比重	省份	财政支出后100位县域数量	比重（%）
浙江	23	23.0	西藏	53	53.0
江苏	22	22.0	青海	9	9.0
山东	15	15.0	内蒙古	8	8.0
福建	7	7.0	陕西	5	5.0
河南	6	6.0	新疆	5	5.0
河北	5	5.0	山西	4	4.0
安徽	3	3.0	四川	4	4.0
湖南	3	3.0	甘肃	3	3.0
贵州	2	2.0	辽宁	3	3.0
江西	2	2.0	黑龙江	2	2.0
辽宁	2	2.0	安徽	1	1.0
内蒙古	2	2.0	广西	1	1.0

续表

省份	财政支出前100位县域数量	比重	省份	财政支出后100位县域数量	比重(%)
陕西	2	2.0	湖南	1	1.0
四川	2	2.0	云南	1	1.0
广东	1	1.0			
海南	1	1.0			
新疆	1	1.0			
云南	1	1.0			

数据来源：《2022年中国县域统计年鉴》。

2. 县域财政支出存在明显的区域差距，"东多西少"现象明显

在对县域财政支出进行分省份分析的基础上，进一步对全国东、中、西、东北四大区域的县域财政支出情况进行具体分析，如表5-7所示。总体而言，2021年全国财政支出前100位县域有74个位于东部地区，无排名后100位的县域位于东部地区。东部地区县域财政支出总额达23449.3亿元，占全国县域财政支出的31.4%，各县域平均财政支出达56.0亿元，是中部地区的1.3倍，是西部地区的1.8倍。中部地区拥有财政支出前100位县域共14个，后100位县域6个，财政支出总额20634.0亿元，各县域平均财政支出达43.1亿元，是西部地区的1.4倍。2021年财政支出前100位县域仅有10个位于西部地区，但后100位县域却高达89个，县域财政支出总额仅25762.3亿元，位居四大区域首位，但平均财政支出仅为31.3亿元，为各区域最低。此外，东北地区县域财政支出前100位县域仅占2个，后100位县域仅占5个，县域财政支出总额仅4828.2亿元，平均财政支出仅33.8亿元，略高于西部地区。

表5-7　　　　2021年东、中、西及东北区域县域财政支出情况

区域	财政支出前100位县域数量	财政支出后100位县域数量	县域财政支出总额(亿元)	各县域平均财政支出(亿元)
东部地区	74	0	23449.3	56.0
中部地区	14	6	20634.0	43.1
西部地区	10	89	25762.3	31.3
东北地区	2	5	4828.2	33.8

数据来源：《2022年中国县域统计年鉴》。

(三) 县域地方一般公共预算支出占地区生产总值比重概况

县域财政依存度整体偏低,政府调控能力偏弱。由表 5-8 可知,福建、江苏、山东三省县域财政支出占县域生产总值的比重最低,分别为 8.5%、10.3%、12.2%,甘肃、青海、西藏三省份县域财政支出占县域生产总值的比重最高,分别为 43.1%、43.2%、75.4%。从全国整体情况来说,2021 年全国财政总支出达 24.6 万亿元,占国内生产总值比重为 21.4%,而县域财政支出总额占县域生产总值的比重仅为 17.0%,低于全国整体水平。

表 5-8　2021 年各省份县域财政支出总额占地区生产总值比重情况

省份	县域生产总值总额(亿元)	县域财政支出总额(亿元)	县域财政支出总额占地区生产总值的比重(%)
福建	24 977.7	2 116.2	8.5
江苏	49 033.8	5 068.1	10.3
山东	34 249.9	4 189.8	12.2
浙江	31 099.7	4 287.5	13.8
河南	35 351.8	4 908.9	13.9
湖北	20 547.0	2 951.5	14.4
安徽	20 736.9	3 302.3	15.9
湖南	25 066.4	4 135.5	16.5
陕西	12 821.7	2 249.7	17.5
山西	11 994.4	2 126.9	17.7
河北	22 440.1	4 126.0	18.4
四川	24 045.1	4 472.1	18.6
重庆	3 667.6	695.5	19.0
辽宁	7 357.2	1 419.1	19.3
江西	16 586.0	3 208.8	19.3
广东	15 229.1	2 950.8	19.4
云南	17 311.7	3 492.5	20.2
内蒙古	11 431.2	2 365.3	20.7
贵州	12 535.4	2 744.5	21.9
广西	10 113.6	2 395.1	23.7
海南	2 746.0	711.0	25.9
宁夏	2 055.0	553.9	27.0
吉林	5 004.4	1 494.5	29.9
黑龙江	6 319.4	1 914.5	30.3

续表

省份	县域生产总值总额（亿元）	县域财政支出总额（亿元）	县域财政支出总额占地区生产总值的比重(%)
新疆	10 728.9	3 429.8	32.0
甘肃	4 386.6	1 891.3	43.1
青海	1 690.1	730.9	43.2
西藏	984.6	742.4	75.4
全国	440 511.1	74 673.8	17.0

数据来源：《2022年中国县域统计年鉴》。

三、县域地方一般公共预算收支盈余分析

（一）县域地方一般公共预算收支盈余概况特征

1. 县域地方财政整体以赤字为主

2021年，全国县域地方财政以赤字为主，仅有昆山、太仓、晋江、张家港、龙海等9个县域单位实现财政盈余，其余县域均为财政支出大于财政收入的赤字状态。

实现财政盈余的县域主要分布于江苏，地方财政赤字5亿元之内的县域有16个。2021年全国实现财政盈余的县域共有9个，江苏占据其中4个，分别为昆山、江阴、太仓及张家港，其中昆山是全国唯一实现财政盈余6亿元以上的县域单位，是第二名太仓的3.0倍。福建和浙江两省份分别占据2个，具体包括晋江、龙海、德清、海宁，山东占据1个。此外，黄陵、西乌珠穆沁旗、栾川、广饶、孝义等16个县域，虽未实现财政盈余，但都将赤字控制在5亿元之内。值得注意的是，不同于财政收入及支出，除昆山、太仓、江阴等县级市"强者恒强"以外，财政赤字大小并未表现出与地区生产总值的强相关关系，上述黄陵、广饶、孝义等16个县均不属于"千亿县"行列，而地区生产总值排名前列的常熟、慈溪等，均产生了较大的财政赤字。2021年常熟实现财政赤字42.6亿元，排名第1633位，慈溪实现财政赤字21.2亿元，排名第799位。

2. 西藏、山西、福建三省份县域平均财政赤字相对较少

表5-9从不同省份的角度，对2021年全国县域财政总盈余和县域平均财政支出的情况进行了分析。结果显示，中国各省份县域财政盈余情况存在

较大差距,宁夏县域财政赤字总额最少,但平均财政赤字相对较大,仅排第23位,而西藏在县域财政盈余总额和县域平均财政盈余两方面均位居全国前列。具体而言,2021年县域财政盈余总额排名前三位的省份分别是宁夏、海南、重庆,财政盈余总额分别为−448.4亿元、−507.8亿元、−520.6亿元,财政赤字均在600亿元以内;排名后三位的分别为河南、湖南、四川,财政盈余总额分别为−2983.9亿元、−3014.6亿元、−3070.8亿元。在县域平均财政盈余方面,排名前三位的省份是西藏、山西、福建,其中西藏县域平均财政盈余为−10.5亿元,即产生财政赤字10.5亿元,是排在末位的江苏的23.3%;排名后三位的省份分别是广东、重庆和江苏,县域平均财政盈余分别为−39.0亿元、−43.4亿元、−45.0亿元,财政赤字均在35亿元以上,排在末位的江苏更是产生达45亿元的赤字。

表5-9 2021年各省份县域财政盈余总额与平均财政盈余情况

省份	县域数量	县域财政盈余总额(亿元)	排名	县域平均财政盈余(亿元)	排名
宁夏	13	−448.4	1	−34.5	23
海南	15	−507.8	2	−33.9	22
重庆	12	−520.6	3	−43.4	27
青海	37	−655.4	4	−17.7	4
西藏	66	−690.2	5	−10.5	1
辽宁	41	−892.7	6	−21.8	7
福建	55	−937.5	7	−17.0	3
吉林	39	−1189.3	8	−30.5	18
山西	90	−1281.8	9	−14.2	2
浙江	52	−1623.6	10	−31.2	20
黑龙江	63	−1652.6	11	−26.2	13
内蒙古	80	−1678.1	12	−21.0	5
甘肃	68	−1680.4	13	−24.7	12
山东	79	−1723.9	14	−21.8	8
陕西	77	−1773.1	15	−23.0	9
江苏	41	−1845.0	16	−45.0	28
安徽	60	−1929.2	17	−32.2	21
广西	70	−1992.3	18	−28.5	15
江西	73	−2079.3	19	−28.5	16

续表

省份	县域数量	县域财政盈余总额（亿元）	排名	县域平均财政盈余（亿元）	排名
贵州	72	-2140.3	20	-29.7	17
湖北	63	-2174.9	21	-34.5	24
广东	57	-2224.7	22	-39.0	26
河北	120	-2593.4	23	-21.6	6
新疆	87	-2676.6	24	-30.8	19
云南	112	-2683.6	25	-24.0	11
河南	105	-2983.9	26	-28.4	14
湖南	86	-3014.6	27	-35.1	25
四川	129	-3070.8	28	-23.8	10

数据来源：《2022年中国县域统计年鉴》及各省份统计年鉴。

（二）县域地方一般公共预算收支盈余排名前、后100位分布概况

1. 财政盈余前100位县域集中于西藏、山西两省份，财政盈余后100位县域集中于江苏、广东、新疆、湖南四省份

县域地方一般公共预算收支盈余前100位与后100位县域的分布都相对集中，表5-10显示了中国地方财政盈余前100位与后100位县域在各省份的分布情况。可以发现，财政盈余前100位的县域在西藏分布最多，占比24.0%，山西次之，占比18.0%，两省份囊括了财政盈余"百强县"的42.0%，河北、云南两省份中财政盈余"百强县"较少，仅各有1个。财政盈余后100位县域江苏分布最多，占比达18.0%，53.0%的财政盈余后100位县域分布在江苏、广东、新疆、湖南四省份，在海南、黑龙江、陕西、四川四省份分布较少，仅各有1个。

表5-10 2021年地方财政盈余前、后100位县域分省份分布情况

省份	财政盈余前100位县域数量	比重（%）	省份	财政盈余后100位县域数量	比重（%）
西藏	24	24.0	江苏	18	18.0
山西	18	18.0	广东	14	14.0
内蒙古	8	8.0	新疆	12	12.0
山东	8	8.0	湖南	9	9.0

续表

省份	财政盈余前100位县域数量	比重(%)	省份	财政盈余后100位县域数量	比重(%)
河南	6	6.0	河南	7	7.0
福建	5	5.0	安徽	6	6.0
江苏	4	4.0	贵州	6	6.0
辽宁	4	4.0	湖北	4	4.0
浙江	4	4.0	广西	3	3.0
甘肃	3	3.0	吉林	3	3.0
四川	3	3.0	江西	3	3.0
新疆	3	3.0	宁夏	3	3.0
黑龙江	2	2.0	云南	3	3.0
湖南	2	2.0	浙江	3	3.0
青海	2	2.0	重庆	2	2.0
陕西	2	2.0	海南	1	1.0
河北	1	1.0	黑龙江	1	1.0
云南	1	1.0	陕西	1	1.0
			四川	1	1.0

数据来源:《2022年中国县域统计年鉴》。

2. 2021年全国各地区县域单位平均财政赤字相差不大

在对县域财政盈余进行分省份分析的基础上,进一步对全国东、中、西、东北四区域的县域财政盈余情况进行具体分析,如表5-11所示。总体而言,2021年全国财政盈余前100位县域有22个位于东部地区,排名后100位的县域有36个在东部地区。东部地区财政盈余总额达-11 455.9亿元,占全国县域财政赤字的23.5%,各县域平均财政盈余达-27.3亿元。中部地区拥有财政支出前100位县域共26个,后100位县域29个,财政盈余总额-13 463.6亿元,各县域平均财政盈余达-28.2亿元,中部地区平均财政赤字位居四大区域首位。2021年财政盈余前100位县域有46个位于西部地区,后100位县域达31个,财政盈余总额-20 009.9亿元,财政赤字总额位居各区域首位,平均财政盈余为-24.3亿元。此外,东北地区2021年财政盈余前100位县域有6个,后100位县域有4个,财政盈余总额仅-3 734.5亿元,但平均财政盈余为-26.1亿元。总体而言,东、中、西、东北四区域2021年各县域平均财政赤字相差不大,赤字最高的中部地区和赤字最低的西部地区相差3.9亿元。

表 5-11　　2021 年东、中、西、东北地区县域财政盈余情况

区域	财政盈余前 100 位县域数量	财政盈余后 100 位县域数量	县域财政盈余总额(亿元)	各县域平均财政盈余(亿元)
东部	22	36	-11 455.9	-27.3
中部	26	29	-13 463.6	-28.2
西部	46	31	-20 009.9	-24.3
东北	6	4	-3 734.5	-26.1

数据来源:《2022 年中国县域统计年鉴》。

四、本章小结

县域财政作为一种基层财政,更贴近基层的劳动群体,县域财政的状况不仅关系着县域的高效治理,还对经济社会的发展产生着重要影响。本章从县域地方一般公共预算收入、县域地方一般公共预算支出、县域地方一般公共预算收支盈余三方面出发,对当前中国县域经济发展的财政基础进行了比较分析,具体得到的结论如下。

第一,从县域地方一般公共预算收入来看,地方财政收入大县集中于"千亿县"范畴,江苏、浙江、山东三省份县域财政实力位居全国前列,地方财政收入超 100 亿元的县域有 21 个,江苏包揽前四名。此外,从县域地方一般公共预算收入排名前、后 100 位的分省份分布情况来看,财政收入前 100 位县域集中于浙江、江苏、山东三省份,财政收入后 100 位县域集中于西藏、青海、四川三省份,且县域财政实力存在明显的区域差距,东部地区县域财政实力位居全国前列,中部次之,西部最弱。

第二,从县域地方一般公共预算支出来看,地方财政支出大县仍集中于"千亿县"范畴,江苏、浙江、重庆三省份县域平均财政支出位居全国前列,地方财政支出超 150 亿元的县域有 11 个,江苏包揽前三名。此外,从县域地方一般公共预算支出排名前、后 100 位的分省份分布情况来看,财政支出前 100 位县域集中于浙江、江苏、山东三省份,财政支出后 100 位县域集中于西藏、青海、内蒙古三省份,且县域财政支出区域差距仍旧明显,呈现出较强的"东多西少"现象。

第三,从县域地方一般公共预算收支盈余来看,县域地方财政整体以赤字

为主,仅有昆山、太仓、晋江、张家港、龙海等9个县域单位实现财政盈余,且实现财政盈余的县域单位主要分布于江苏。此外,从县域地方一般公共预算收支盈余排名前、后100位的分省份分布情况来看,财政盈余前100位县域集中于西藏、山西两省份,财政支出后100位县域集中于江苏、广东、新疆、湖南四省份,2021年全国县域虽一般公共预算收支赤字明显,但各地区县域单位平均财政赤字相差不大。

第六章　县域发展的教育、医疗服务和社会保障基础

在中国县域发展的研究中,对于公共服务的探讨备受关注。县域作为中国经济发展的基本单元,其教育、医疗服务和社会保障的健全与否直接影响着当地居民的生活质量和社会稳定。随着中国城市化进程的加速推进和经济发展的稳步提升,县域的公共服务建设面临着新的挑战和机遇。因此,对于县域教育、医疗服务和社会保障的深入分析,不仅有助于全面了解中国的县域发展现状,还可以为政策制定和实践探索提供重要的经验借鉴。本章将对中国县域发展的教育、医疗服务和社会保障进行分析,以期为推动"以人为核心"城镇化的快速发展提供借鉴。

一、县域教育服务能力分析

(一) 县域教育服务概况

1. 县域教育服务能力在全国中小学教育中占有重要地位

2021年,全国县域单位共有普通中学在校生4 475.7万人,占全国普通中学在校生的58.7%;有小学在校生6 224.8万人,占全国小学在校生数的57.6%;两者合计10 700.5万人,占全国的58.1%。因此,无论是小学教育还是中学教育,县域在校生人数都占到全国半数以上,显示了县域在全国中小学教育中的重要地位。

中小学在校生人数超过25万的县(市)共有17个,广东、江苏、广西三省份包揽前三。2021年共有17个县(市)中小学在校生人数在25万以上,广东普宁、江苏沭阳、广西博白分别位居第一、第二、第三位,也是唯三中小学在校生数超过30万的县(市),桂平、邳州、晋江等14个县(市)中小学生在校人数在25万—30万之间。值得注意的是,以上17个县(市)中,普宁、

临泉、桂平2021年人口总数均超过200万,而沭阳、博白、邳州、邓州四地2021年人口总数也在190万以上,显示出了教育发展与人口发展的强关联性。

人口在150万以上而中小学生在校人数在25万以下的县(市)共有27个,兴化在校生人数最低。2021年,共有41个县(市)人口在150万以上,除上述17个外,还有24个县(市)中小学生在校人数处于11万至25万之间,主要分布在广东(8个)、安徽(7个)、河南(7个)、广西(5个)、江苏(3个)五省份,其中,江苏兴化中小学生在校人数最低,仅有11.2万。

户籍人口数在150万以下但中小学生在校人数在20万以上的县市有12个。从2021年统计数据来看,人口大县虽然大部分中小学在校人数都很高,但也有相对较低的兴化。与之形成鲜明对比的是,有些县虽然不是人口大县,但中小学在校生人数却较高,均在20万以上。此类县市共有12个,集中分布在河南(2个)、福建(2个)、山东(2个)、江苏(2个)四地,福建晋江119.4万人口中有29.5万中小学生,位居此类县(市)首位,而江苏昆山、新疆莎车也有中小学在校生数突破25万的潜力。

2. 河南、江苏、广东三省县域教育服务能力位居全国前列

表6-1从不同省份的角度,对2021年全国县域中小学在校生总数与平均在校生数的情况进行了分析。结果显示,中国各省份教育服务能力存在省际差异,河南省在县域中小学在校生总数与平均在校生数两方面均位居全国首位,相较于其他省份而言县域教育服务能力优势明显。具体而言,2021年中小学生在校总数排名前三位的省份分别是河南、河北、山东,中小学在校生总数分别为1249.0万人、790.7万人、751.7万人,均达到700万人以上。排名第一的河南更是超1000万人;排名后三位的分别为青海、宁夏以及西藏,中小学在校生人数分别为56.7万人、51.5万人、35.9万人,均在60万人以下,末尾的西藏不足40万人。在各县平均中小学在校人数方面,排名前三位的省份是河南、江苏和广东,显示了三省县(市)教育服务能力的显著优势,其中河南县域平均中小学在校生数为11.9万人,是末尾西藏的21.9倍;排名后三位的省份分别是内蒙古、青海及西藏,平均中小学在校生数分别为1.7万人、1.5万人、0.5万人,均未超过2万人,排在末位的西藏更是在1万人以下。

表6-1　　2021年各省中小学在校生总数与平均在校生数

省份	县(市)数量	县域中小学在校生总数(人)	排名	各县(市)平均中小学在校生总数(人)	排名
河南	105	12 490 019	1	118 952.6	1
河北	120	7 907 316	2	65 894.3	11
山东	79	7 517 114	3	95 153.3	4
湖南	86	6 656 474	4	77 400.9	7
广东	57	5 920 915	5	103 875.7	3
四川	129	5 844 884	6	45 309.2	17
云南	112	5 318 796	7	47 489.3	16
广西	70	5 254 805	8	75 068.6	8
安徽	60	5 110 318	9	85 172.0	5
贵州	72	4 955 035	10	68 819.9	9
江西	73	4 943 420	11	67 718.1	10
江苏	41	4 814 803	12	117 434.2	2
湖北	63	4 032 007	13	64 000.1	13
新疆	87	3 762 700	14	43 249.4	18
福建	55	3 450 723	15	62 740.4	14
浙江	52	3 411 631	16	65 608.3	12
陕西	77	2 352 776	17	30 555.5	23
山西	90	2 351 178	18	26 124.2	24
甘肃	68	2 252 986	19	33 132.1	22
辽宁	41	1 432 927	20	34 949.4	20
内蒙古	80	1 399 789	21	17 497.4	26
黑龙江	63	1 325 857	22	21 045.3	25
吉林	39	1 308 827	23	33 559.7	21
重庆	12	984 110	24	82 009.2	6
海南	15	765 331	25	51 022.1	15
青海	37	566 532	26	15 311.7	27
宁夏	13	515 243	27	39 634.1	19
西藏	66	358 843	28	5 437.0	28

数据来源：《2022年中国县域统计年鉴》。

3. 县域教育服务能力低于全国整体水平

由表6-2可知，新疆、河北、河南、青海四省份县域中小学在校生占县域户籍人口比重最高,分别为19.8%、14.3%、14.1%和14.1%,吉林、辽宁、黑龙江三省份县域中小学在校生占县域户籍人口比重最低,分别为7.9%、7.0%、6.3%。从全国整体情况来说,2021年全国中小学在校生人数达18405.0万人,占全国人口的13.0%,而县域中小学在校生数占县域户籍人口的比重仅为12.0%,低于全国整体水平,说明县域教育服务能力相比于城市还较弱。

表6-2 2021年各省份县域中小学在校生总数占户籍人口的比重

省份	县域户籍总人口(万人)	县域中小学在校生总数(万人)	县域中小学在校生总数/县域户籍总人口
新疆	1899.1	376.3	19.8%
河北	5530.8	790.7	14.3%
河南	8839.5	1249.0	14.1%
青海	402.1	56.7	14.1%
江西	3535.9	494.3	14.0%
宁夏	369.7	51.5	13.9%
西藏	260.7	35.9	13.8%
贵州	3616.6	495.5	13.7%
广西	3843.7	525.5	13.7%
云南	4001.1	531.9	13.3%
海南	581.5	76.5	13.2%
福建	2643.1	345.1	13.1%
广东	4639.5	592.1	12.8%
山东	6270.5	751.7	12.0%
甘肃	1901.4	225.3	11.8%
江苏	4123.7	481.5	11.7%
湖南	5739.4	665.6	11.6%
浙江	2973.9	341.2	11.5%
重庆	928.3	98.4	10.6%
安徽	4903.3	511.0	10.4%
陕西	2316.3	235.3	10.2%
山西	2349.3	235.1	10.0%
四川	5893.2	584.5	9.9%
湖北	4142.0	403.2	9.7%
内蒙古	1720.1	140.0	8.1%
吉林	1652.4	130.9	7.9%

续表

省份	县域户籍总人口(万人)	县域中小学在校生总数(万人)	县域中小学在校生总数/县域户籍总人口
辽宁	2 032.8	143.3	7.0%
黑龙江	2 098.1	132.6	6.3%
全国	89 208.0	10 700.5	12.0%

数据来源:《2022年中国县域统计年鉴》。

(二) 县域中小学在校生数排名前、后100位分布概况

1. 中小学在校生数排名前100位县(市)集中于河南、广东、江苏三省份,中小学在校生数后100位县(市)集中于西藏、内蒙古两省份

表6-3显示了中国县域中小学在校生数前100位与后100位县(市)在各省份的分布情况。可以发现,中小学在校生数前100位县(市)主要分布在东部人口密集省份,河南分布最多,占比24.0%,广东次之,占比13.0%,河南、广东、江苏三省份囊括了中小学在校生"百强县"的47.0%,而湖北中小学在校生"百强县"较少,仅为1个。中小学在校生数后100位县(市)则主要分布于中西部地区,西藏分布最多,占比高达39.0%,西藏、内蒙古占据了中小学在校生数后100位县(市)的57.0%。

表6-3 2021年县域中小学在校生数前、后100位分布情况

省份	中小学在校生数前100位县(市)数量	比重(%)	省份	中小学在校生数后100位县(市)数量	比重(%)
河南	24	24.0	西藏	39	39.0
广东	13	13.0	内蒙古	18	18.0
江苏	10	10.0	青海	9	9.0
安徽	9	9.0	四川	7	7.0
广西	9	9.0	新疆	5	5.0
山东	8	8.0	甘肃	4	4.0
贵州	5	5.0	黑龙江	4	4.0
福建	4	4.0	陕西	4	4.0
湖南	4	4.0	山西	3	3.0
江西	4	4.0	吉林	2	2.0
云南	3	3.0	云南	2	2.0
河北	2	2.0	安徽	1	1.0

续表

省份	中小学在校生数前100位县(市)数量	比重(%)	省份	中小学在校生数后100位县(市)数量	比重(%)
新疆	2	2.0	辽宁	1	1.0
浙江	2	2.0	浙江	1	1.0
湖北	1	1.0			

数据来源:《2022年中国县域统计年鉴》。

2. 县域教育服务能力存在明显的区域差距,东部地区县域教育服务能力位于全国前列,中部次之,东北部最弱

在对县域教育服务能力进行分省份分析的基础上,进一步对全国东、中、西、东北四大区域的教育服务情况进行具体分析。2021年全国中小学在校生数前100位县(市)有39个位于东部地区,排名后100位的县(市)仅有1个在东部地区。东部地区中小学在校生总数达3378.8万人,各县(市)平均中小学在校生数达80639.2人,为各区域最高。中部地区拥有中小学在校生总数前100位县(市)共42个,后100位县(市)4个,中小学在校生总数3558.3万人,各县(市)平均中小学在校生数达74598.4人,位居全国各区域第二位。西部地区本身经济基础较为薄弱,西部省份的社会发展、经济实力与中国中东部省份相比仍有较大差距,教育服务能力也较弱。2021年中小学在校生总数前100位县(市)有19个位于西部地区,但后100位县(市)却有高达88个位于西部地区。西部地区中小学在校生总数3356.6万人,平均中小学在校生数40785.5人。此外,东北地区无2021年中小学在校生总数前100位的县域单位,后100位县(市)中有7个。东北地区中小学在校生总数406.8万人,平均中小学在校生数28444.8人,两者均居全国各区域末位。

表6-4　　2021年东、中、西、东北地区县域教育服务能力情况

区域	中小学在校生数前100位县(市)数量	中小学在校生数后100位县(市)数量	中小学在校生总数(万人)	各县(市)平均中小学在校生数(人)
东部	39	1	3378.8	80639.2
中部	42	4	3558.3	74598.4
西部	19	88	3356.6	40785.5
东北	0	7	406.8	28444.8

数据来源:《2022年中国县域统计年鉴》。

二、县域医疗服务能力分析

(一) 县域医疗服务概况

1. 县域医疗服务是中国医疗卫生体系的重要组成部分

2021年全国县域医疗卫生机构共有床位441.7万张,同期全国共有医疗卫生床位944.8万张,县域医疗卫生床位数占全国总体医疗卫生床位数的46.8%,表明县域医疗服务能力是中国医疗卫生体系的重要组成部分。

2021年全国医疗卫生机构床位数超8000张的县(市)共有28个,按床位数多少可分三个等级:第一等级包括湖南浏阳、河南滑县、江苏常熟、江苏张家港、河南邓州,五县(市)2021年医疗卫生机构床位数均在1万张以上。第二等级有7个,依次分别为沭阳、临泉、江阴、大理、滕州、宁乡、恩施,这些县级市医疗卫生机构床位数均超过9000张。第三层级有16个,包括永城、盘州、雷州、义乌、简阳等地,这些县(市)医疗卫生机构床位数在八九千张。值得注意的是,以上28个县(市)中,常熟、张家港、江阴、昆山2021年地区生产总值总额均超2000亿元,浏阳、沭阳、义乌、宁乡、邓州地区生产总值总额也在1000亿元以上。

2021年,共有45个县(市)地区生产总值在1000亿元以上,除常熟、浏阳等9个县(市)外,有36个县(市)医疗卫生机构床位数不足8000张,主要分布在江苏(12个)、浙江(8个)、福建(6个)、山东(3个)四省份。其中,内蒙古的"千亿县"准格尔医疗卫生机构床位数最少,仅有1590张。

医疗卫生的发展离不开经济发展的支持,从2021年统计数据来看,许多"千亿县"医疗卫生机构床位数并不很高(如上文的准格尔旗)。与之形成鲜明对比的是,有些县虽然不是千亿县。医疗卫生机构床位数却较高,均在8000张以上。此类县(市)共有19个,集中分布在江苏(6个)、河南(4个)、广东(3个)、湖北(3个)四地。其中,河南滑县以409.8亿元的地区生产总值提供了10780张床位数,位居此类县(市)首位。河南邓州、湖北恩施、安徽临泉以不足500亿元的地区生产总值提供了9000张以上的床位数。

2. 江苏、山东、河南三省县域平均医疗机构床位数位居全国前列

表6-5从不同省份的角度,对2021年全国县域医疗机构总床位数和县域平均床位数的情况进行了分析。结果显示,2021年县域医疗机构床位数排名前三位的省份分别是河南、四川、湖南,县域医疗机构床位总数分别为42.2

万张、33.5万张、32.8万张，均达到30万张以上；排名后三位的分别为青海、宁夏以及西藏，床位数分别为2.2万张、1.5万张、1.0万张。在县域平均医疗机构床位数方面，排名前三位的省份是江苏、山东、河南，显示了三省份县（市）医疗服务能力的显著优势。其中，江苏县域平均医疗机构床位数为5 306.4张，是第二名山东的1.3倍，是末位西藏的35.3倍；排名后三位的省份分别为内蒙古、青海及西藏，县域平均医疗机构床位数分别为1 033.4张、583.6张、150.2张。

表6-5　2021年各省县域医疗卫生机构床位总数与平均床位数

省份	县（市）（个）	县域医疗卫生机构床位（张）	排名	各县（市）平均医疗卫生机构床位（张）	排名
河南	105	421 506	1	4 014.3	3
四川	129	334 503	2	2 593.0	11
湖南	86	328 336	3	3 817.9	5
山东	79	319 980	4	4 050.4	2
河北	120	247 559	5	2 063.0	16
湖北	63	229 558	6	3 643.8	6
云南	112	226 628	7	2 023.5	17
江苏	41	217 564	8	5 306.4	1
安徽	60	210 994	9	3 516.6	7
贵州	72	187 869	10	2 609.3	10
江西	73	173 234	11	2 373.1	13
广东	57	170 913	12	2 998.5	8
广西	70	156 719	13	2 238.8	14
浙江	52	153 670	14	2 955.2	9
陕西	77	125 424	15	1 628.9	20
福建	55	116 686	16	2 121.6	15
新疆	87	116 486	17	1 338.9	23
山西	90	107 613	18	1 195.7	24
辽宁	41	104 751	19	2 554.9	12
黑龙江	63	94 488	20	1 499.8	21
甘肃	68	92 835	21	1 365.2	22
内蒙古	80	82 673	22	1 033.4	26
吉林	39	73 413	23	1 882.4	19
重庆	12	47 017	24	3 918.1	4

续表

省份	县(市)(个)	县域医疗卫生机构床位(张)	排名	各县(市)平均医疗卫生机构床位(张)	排名
海南	15	30 054	25	2 003.6	18
青海	37	21 594	26	583.6	27
宁夏	13	14 996	27	1 153.5	25
西藏	66	9 911	28	150.2	28

数据来源:《2022年中国县域统计年鉴》。

3. 县域医疗服务能力低于全国整体水平

由表6-6可知,新疆、湖南、四川三省份县域每万人医疗机构床位数最多,分别为61.3张、57.2张、56.8张,宁夏、西藏、广东三省份县域每万人医疗机构床位数最少,分别为40.6张、38.0张、36.8张。从全国整体情况来说,2021年全国每万人医疗机构床位数达66.9张,全国县域每万人医疗机构床位数仅为49.5张,低于全国整体水平,表明县域医疗服务能力低于全国整体水平,县域医疗服务能力与城市医疗服务能力还有较大差距。

表6-6　2021年各省份县域每万人医疗卫生机构床位数

省份	县域户籍人口(万人)	县域医疗卫生机构床位(张)	县域每万人医疗机构床位数(张)
新疆	1 899.1	116 486	61.3
湖南	5 739.4	328 336	57.2
四川	5 893.2	334 503	56.8
云南	4 001.1	226 628	56.6
湖北	4 142.0	229 558	55.4
陕西	2 316.3	125 424	54.1
青海	402.1	21 594	53.7
江苏	4 123.7	217 564	52.8
贵州	3 616.6	187 869	51.9
海南	581.5	30 054	51.7
浙江	2 973.9	153 670	51.7
辽宁	2 032.8	104 751	51.5
山东	6 270.5	319 980	51.0

续表

省份	县域户籍人口(万人)	县域医疗卫生机构床位(张)	县域每万人医疗机构床位数(张)
重庆	928.3	47 017	50.6
江西	3 535.9	173 234	49.0
甘肃	1 901.4	92 835	48.8
内蒙古	1 720.1	82 673	48.1
河南	8 839.5	421 506	47.7
山西	2 349.3	107 613	45.8
黑龙江	2 098.1	94 488	45.0
河北	5 530.8	247 559	44.8
吉林	1 652.4	73 413	44.4
福建	2 643.1	116 686	44.1
安徽	4 903.3	210 994	43.0
广西	3 843.7	156 719	40.8
宁夏	369.7	14 996	40.6
西藏	260.7	9 911	38.0
广东	4 639.5	170 913	36.8
全国	89 208.0	4 416 974	49.5

注：县域每万人医疗机构床位数的计算方法为"县域每万人医疗机构床位数＝县域医疗卫生机构床位/县域户籍人口"。

数据来源：《2022年中国县域统计年鉴》。

(二) 县域医疗卫生机构床位数排名前、后100位分布概况

1. 医疗卫生机构床位数排名前100位县(市)集中于四川、山东、河南、江苏四省份，后100位县(市)集中于西藏、四川、内蒙古三省份

表6-7显示了中国县域医疗卫生机构床位数前100位与后100位县(市)在各省份的分布。可以发现，医疗卫生机构床位数前100位县(市)在四川分布最多，占比13.0%，山东次之，占比12.0%，四川、山东、河南、江苏、湖南五省份囊括了医疗卫生床位"百强县"的57.0%，而辽宁、新疆中医疗卫生机构床位"百强县"较少，仅各有1个。医疗卫生机构床位数后100位县(市)则主要分布于中西部地区，西藏分布最多，占比高达55.0%，西藏、四川两省份占据了后100位县(市)的68.0%。

表6-7 2021年县域医疗卫生机构床位数前、后100位县(市)分布情况

省份	医疗卫生机构床位数前100位县(市)数量	比重(%)	省份	医疗卫生机构床位数后100位县(市)数量	比重(%)
四川	13	13.0%	西藏	55	55.0
山东	12	12.0	四川	13	13.0
河南	11	11.0	内蒙古	9	9.0%
江苏	11	11.0	青海	7	7.0
湖南	10	10.0	新疆	5	5.0
安徽	7	7.0	甘肃	3	3.0
广东	7	7.0	山西	2	2.0
贵州	5	5.0	陕西	2	2.0
浙江	5	5.0	安徽	1	1.0
湖北	4	4.0	广东	1	1.0
云南	4	4.0	黑龙江	1	1.0
广西	3	3.0	浙江	1	1.0
福建	2	2.0			
河北	2	2.0			
江西	2	2.0			
辽宁	1	1.0			
新疆	1	1.0			

数据来源:《2022年中国县域统计年鉴》。

2. 县域医疗服务数量区域差距明显,中部地区具备比较优势

在对县域医疗服务能力进行分省份分析的基础上,进一步对全国东、中、西、东北四大区域的医疗服务情况进行具体分析。2021年全国医疗卫生机构床位数前100位县(市)有39个位于东部地区,排名后100位的县(市)仅有2个在东部地区。东部地区县域医疗卫生机构床位总数达125.6万张,占全国县域医疗卫生机构床位数的28.4%,各县(市)平均医疗卫生机构床位数达2998.6张。中部地区拥有县域医疗卫生机构床位数前100位县(市)共34个,后100位县(市)3个,医疗卫生机构床位总数147.1万张,各县(市)平均床位数达3084.4张,医疗卫生机构床位总数和各县(市)平均床位数均位居四大区域之首。西部地区医疗服务能力较弱,与中国中东部地区相比仍有较大差距。2021年医疗卫生机构床位数前100位县(市)有26个位于西部地区,而后100位县(市)却有94个位于西部地区,西部地区医疗卫生机构床位总数仅约

141.7万张,各县(市)平均床位数1721.3张,平均床位数位于四大区域末位。此外,东北地区拥有医疗卫生机构床位数前、后100位县(市)各1个,各县(市)平均床位数1906.7张,略高于西部地区。

表6-8　2021年东、中、西、东北地区县域医疗服务能力情况

区域	医疗卫生机构床位数前100位县(市)数量(个)	医疗卫生机构床位数后100位县(市)数量(个)	医疗卫生机构床位总数(万张)	各县(市)平均医疗卫生机构床位数(张)
东部地区	39	2	125.6	2 998.6
中部地区	34	3	147.1	3 084.4
西部地区	26	94	141.7	1 721.3
东北地区	1	1	27.3	1 906.7

数据来源:《2022年中国县域统计年鉴》。

三、县域社会保障基础分析

(一) 县域社会保障概况

1. 县域社会服务能力较强,县域社会工作机构床位数占同期全国的比重超50%

2021年,全国县域单位共有提供住宿的社会工作机构30 156个,共有床位数273.8万张,占同期全国民政机构床位数的51.6%。因此,县域提供了全国半数以上的社会工作机构床位,是中国社会保障体系的重要组成部分。

2021年共有8个县(市)社会机构床位数9 000张以上,江苏省宜兴市占据榜首,共有床位数超过12 000张,荣成、寿县、镇平、太和、海门5个县(市)社会机构床位数超过1万张。三河、张家港两地为第三梯队,社会机构床位数在9 000—10 000张之间。值得注意的是,以上8个县(市)中,仅有荣成、张家港、三河三地人口未超过100万,其余县(市)人口均在100万以上。

2021年,全国共有43个县(市)人口在150万以上,除太和外,其余42个县(市)社会机构床位数均在9 000张以下,主要分布在广东(8个)、河南(7个)、安徽(6个)三省份。其中,广西博白社会机构床位数最少,仅有364张。

从2021年统计数据来看,社会机构床位数与当地户籍人口数并未展现良好的协调关系,人口大县大部分社会机构床位数较少。也有部分县(市)虽然

不是人口大县,但社会机构床位数较多,均在 8 000 张以上。此类县(市)共有 4 个,分属山东、河北、江苏和浙江,其中山东荣成以 71.4 万人口提供了 12 323 张社会机构床位,位居此类县(市)首位。

2. 江苏、安徽、湖北三省社会保障能力位居全国前列

表 6-9 从不同省份的角度,对 2021 年县域社会工作机构床位数与平均床位数的情况进行了分析。结果显示,中国各省份社会保障能力存在省际差异,江苏、安徽两省份在县域社会工作机构床位数与平均床位数两方面均位居全国前列,相较于其他省份县域社会保障能力优势明显。具体而言,2021 年社会工作机构床位总数排名前三位的省份分别是河南、安徽、江苏,社会工作机构床位数分别为 27.7 万张、23.6 万张、23.3 万张,均达到 20 万张以上;排名后三位的分别为西藏、青海以及海南,社会工作机构床位数分别为 9 599 张、8 898 张、5 165 张,均在 1 万张以下,末位的海南不足 6 000 张。在各县(市)平均社会工作机构床位数方面,排名前三位的省份是江苏、安徽和湖北,显示了三省份县(市)社会保障能力的显著优势。其中,江苏县域平均社会工作机构床位数为 5 691.4 张,安徽为 3 936.2 张。排名后三位的省份分别是甘肃、青海及西藏,平均社会工作机构床位数分别为 304.7 张、247.2 张、147.7 张。

表 6-9　2021 年各省份县域社会工作机构床位数与平均床位数

省份	县(市)(个)	社会工作机构床位数(张)	排名	各县(市)平均社会工作机构床位(张)	排名
江苏	41	233 347	3	5 691.4	1
安徽	60	236 170	2	3 936.2	2
湖北	63	171 975	7	2 729.8	3
河南	105	276 816	1	2 636.3	4
重庆	12	30 358	23	2 529.8	5
山东	79	180 144	5	2 280.3	6
浙江	52	115 107	10	2 213.6	7
湖南	86	172 567	6	2 006.6	8
吉林	39	71 609	16	1 836.1	9
江西	73	123 684	9	1 694.3	10
福建	55	85 550	11	1 555.5	11
四川	129	199 427	4	1 545.9	12
广东	57	80 818	12	1 417.9	13

续表

省份	县(市)(个)	社会工作机构床位数(张)	排名	各县(市)平均社会工作机构床位(张)	排名
辽宁	41	54 508	20	1 329.5	14
河北	120	149 906	8	1 249.2	15
贵州	71	73 677	15	1 037.7	16
陕西	77	79 005	13	1 026.0	17
广西	69	57 282	19	830.2	18
宁夏	13	10 479	25	806.1	19
内蒙古	80	64 020	18	800.3	20
新疆	86	66 134	17	769.0	21
云南	111	76 709	14	691.1	22
黑龙江	62	40 160	22	647.7	23
山西	88	45 186	21	513.5	24
海南	15	5 165	28	344.3	25
甘肃	66	20 112	24	304.7	26
青海	36	8 898	27	247.2	27
西藏	65	9 599	26	147.7	28

数据来源：《2022年中国县域统计年鉴》。

3. 县域每万人社会保障能力略低于全国平均水平

由表6-10可知，江苏、安徽、吉林三省份每万人县域社会工作机构床位数最高，分别为56.6张、48.2张、43.3张；广西、甘肃、海南三省份每万人县域社会工作机构床位数最低，分别为14.9张、10.6张、8.9张。从全国整体情况来看，2021年全国每万人社会工作机构床位数为37.5张，而县域这个指标为30.7张，低于全国整体水平，表明县域社会保障能力略低于全国整体水平，县域政府社会保障能力相较于城市偏弱。

表6-10　2021年各省份每万人县域社会工作机构床位数

省份	户籍人口(万人)	社会工作机构床位数(张)	每万人社会工作机构床位数(张)
江苏	4 123.7	233 347	56.6
安徽	4 903.3	236 170	48.2
吉林	1 652.4	71 609	43.3

续表

省份	户籍人口（万人）	社会工作机构床位数（张）	每万人社会工作机构床位数（张）
湖北	4 142.0	171 975	41.5
浙江	2 973.9	115 107	38.7
内蒙古	1 720.1	64 020	37.2
西藏	260.7	9 599	36.8
江西	3 535.9	123 684	35.0
新疆	1 899.1	66 134	34.8
陕西	2 316.3	79 005	34.1
四川	5 893.2	199 427	33.8
重庆	928.3	30 358	32.7
福建	2 643.1	85 550	32.4
河南	8 839.5	276 816	31.3
湖南	5 739.4	172 567	30.1
山东	6 270.5	180 144	28.7
宁夏	369.7	10 479	28.3
河北	5 530.8	149 906	27.1
辽宁	2 032.8	54 508	26.8
青海	402.1	8 898	22.1
贵州	3 616.6	73 677	20.4
山西	2 349.3	45 186	19.2
云南	4 001.1	76 709	19.2
黑龙江	2 098.1	40 160	19.1
广东	4 639.5	80 818	17.4
广西	3 843.7	57 282	14.9
甘肃	1 901.4	20 112	10.6
海南	581.5	5 165	8.9
全国	89 208.0	2 738 412	30.7

数据来源：《2022年中国县域统计年鉴》。

（二）县域社会工作机构床位数排名前、后100位分布概况

1. 社会工作机构床位数排名前100位县（市）集中于江苏、安徽、河南三省份，后100位县（市）集中于西藏、山西、甘肃、内蒙古四省份

表6-11显示了中国县域社会工作机构床位数前100位与后100位县

(市)在各省份的分布。可以发现,社会工作机构床位数前100位县(市)主要分布在东部人口密集省份,江苏分布最多,占比28.0%,安徽次之,占比17.0%,苏、皖、豫三省囊括了社会工作机构床位"百强县"的54.0%,而福建、贵州、吉林、辽宁、重庆社会工作机构床位"百强县"较少,仅各有1个。社会工作机构床位数后100位县(市)则主要分布于西部地区,西藏分布最多,占比达19.0%,藏、晋、甘、蒙四省份占据了社会工作机构床位数后100位县(市)的62.0%。

表6-11 2021年社会工作机构床位数前、后100位县(市)分布情况

省份	社会工作机构床位前100位县(市)数量(个)	比重(%)	省份	社会工作机构床位数后100位县(市)数量(个)	比重(%)
江苏	28	28.0	西藏	19	19.0
安徽	17	17.0	山西	18	18.0
河南	9	9.0	甘肃	14	14.0
山东	8	8.0	内蒙古	11	11.0
四川	8	8.0	广西	7	7.0
湖北	7	7.0	四川	6	6.0
浙江	6	6.0	青海	5	5.0
湖南	5	5.0	黑龙江	4	4.0
广东	3	3.0	新疆	4	4.0
广西	2	2.0	海南	2	2.0
河北	2	2.0	河北	2	2.0
福建	1	1.0	陕西	2	2.0
贵州	1	1.0	云南	2	2.0
吉林	1	1.0	浙江	2	2.0
辽宁	1	1.0	广东	1	1.0
重庆	1	1.0	辽宁	1	1.0

数据来源:《2022年中国县域统计年鉴》。

2. 县域社会保障能力呈现出"中部强,西部弱"的现象

在对县域社会保障能力进行分省份分析的基础上,进一步对全国东、中、西、东北四大区域的社会保障情况进行具体分析。2021年全国社会工作机构床位数前100位县(市)有48个位于东部地区,排名后100位的县(市)仅有7个在东部地区。东部地区社会工作机构床位总数达85.0万张,占全国县域社

会工作机构床位总数的31.0%,各县(市)平均社会工作机构床位数达2028.7张。中部地区拥有社会工作机构床位总数前100位县(市)共38个、后100位县(市)18个,社会工作机构床位总数102.6万张,各县(市)平均社会工作机构床位数达2160.8张。中部地区社会工作机构床位数和各县(市)平均社会工作机构床位数均居各地区首位。西部地区社会保障能力与中国中东部省份相比仍有较大差距。2021年社会工作机构床位数前100位县(市)仅有12个位于西部地区,但后100位县(市)却有70个位于西部地区。西部地区社会工作机构床位总数仅约69.6万张,平均社会工作机构床位数也在1000张以下。西部地区平均社会工作机构床位数居各地区末位。此外,东北地区拥有社会工作机构床位数前100位县(市)2个、后100位县(市)5个,社会工作机构床位总数仅约16.6万张,平均社会工作机构床位数1171.0张。东北地区社会工作机构床位总数为各地区最低,但其平均社会工作机构床位数略高于西部地区。

表6-12　　2021年东、中、西、东北地区县域社会保障能力情况

区域	社会工作机构床位数前100位县(市)数量(个)	社会工作机构床位数后100位县(市)数量(个)	社会工作机构床位数(万张)	各县(市)平均社会工作机构床位数(张)
东部	48	7	85.0	2028.7
中部	38	18	102.6	2160.8
西部	12	70	69.6	853.6
东北	2	5	16.6	1171.0

数据来源:《2022年中国县域统计年鉴》。

四、本章小结

县域作为中国经济发展的基本单元,其公共服务的健全与否直接影响着当地居民的生活质量和社会稳定。对于县域公共服务状况的深入分析,不仅有助于全面了解中国的县域发展现状,还可以为政策制定提供重要的经验借鉴。因此,本章从县域教育服务能力、县域医疗服务能力、县域社会保障基础三方面出发,对当前中国县域发展的公共服务基础进行了比较分析,具体得到的结论如下:

第一，从县域教育服务能力来看，县域教育服务能力在全国中小学教育中占有重要地位。河南、江苏、广东三省县域教育服务能力位居全国前列，中小学在校生人数超过25万的县(市)共有17个。广东、江苏、广西三省包揽前三甲。但值得注意的是，2021年全国中小学在校生人数占全国人口的13.0%，而县域中小学在校生数占县域户籍人口的比重仅为12.0%，低于全国整体水平，县域教育服务能力相比于城市还较弱。此外，从县域中小学在校生数排名前、后100位的各省份分布情况来看，中小学在校生数排名前100位县(市)集中于河南、广东、江苏三省份，中小学在校生数后100位县(市)集中于西藏、内蒙古两省份，且县域教育服务能力存在明显的区域差距。东部地区县域教育服务能力位于全国前列，中部次之，东北部最弱。

第二，从县域医疗服务能力来看，县域医疗服务是中国医疗卫生体系的重要组成部分。医疗卫生机构床位数在8000以上的县(市)共有28个，县域医疗卫生床位数占全国总体床位数的比重达46.8%。江苏、山东、河南三省县域平均医疗机构床位数位居全国前列。但值得注意的是，县域医疗服务能力低于全国整体水平，2021年全国每万人医疗机构床位数达66.9张，而全国县域每万人医疗机构床位数仅为49.5张。此外，从县域医疗卫生机构床位数排名前、后100位的分布情况来看，医疗卫生机构床位数排名前100位县(市)集中于四川、山东、河南、江苏四省份，后100位县(市)集中于西藏、四川、内蒙古三省份，整体来看中部地区具备相对明显的比较优势。

第三，从县域社会保障基础来看，县域社会服务能力较强。县域社会工作机构床位数占同期全国的比重超50%。江苏、安徽、湖北三省份社会保障能力位居全国前列，社会工作机构床位数超9000张的县域单位共有8个，江苏宜兴占据首位。此外，从县域社会工作机构床位数排名前、后100位的分布情况来看，社会工作机构床位数排名前100位县(市)集中于江苏、安徽、河南三省份，后100位县(市)集中于西藏、山西、甘肃、内蒙古四省份。分地区特点显示，中国县域社会保障能力呈现出"中部强，西部弱"的现象。

Ⅲ 县域发展动态篇

第七章　县域发展的人口增长动态及趋势特点分析

在过去的十一年间，中国人口城镇化率始终保持着快速增长的趋势。2021年常住人口城镇化率达64.7%，相较于2010年的49.7%，上涨了15.0个百分点。根据发达国家城镇化的一般规律，中国在今后的一段时间内仍处于城镇化快速发展的关键时期，中国城镇化率有望进一步提高，乡村人口向城镇迁移仍是就地、就近城镇化的基本格局。2022年中共中央办公厅、国务院办公厅印发《关于推进以县城为重要载体的城镇化建设的意见》，明确了33条具体措施，主要包括全面落实取消县城落户限制政策、确保稳定就业生活的外来人口与本地农业转移人口落户一视同仁、建立健全省以下城镇建设用地增加规模与吸纳农业转移人口落户数量挂钩机制等一系列措施，这无疑为城镇化的加速发展注入了新活力。鉴于县域单位可能发展成为乡村人口就近城镇化的首选，在城镇化快速发展的大背景下，其人口增长变动趋势、人口结构变动趋势对中国城镇化的健康发展尤为重要，故本章对县域人口增长变动趋势、县域人口结构变动趋势进行全面分析，希望能够为国家城镇化的稳步推进提供借鉴。

一、县域人口增长变动趋势及特点

本研究选取《中国县域统计年鉴》《中国城市建设统计年鉴》《中国县城建设统计年鉴》中的人口数据，对2000—2021年间县域人口总量、县域城区人口总量、县域人口占所在省份人口比重、县域人口排名前/后100位进行统计分析。纳入研究范围的县域单位包括县级市、县和旗，市辖区并未纳入县域人口变动趋势的分析之中。

(一) 县域人口规模增长变动趋势

1. 2000—2021年县域户籍人口总量波动上升

县域人口总量的变动与县域经济发展密不可分,经济发展水平较高的县域单位往往更能吸引人口回流和人口集聚。当前中国正处于产业转型升级的关键时期,县域单位作为大城市人口回流和乡村人口进城的主要承接地,也作为中心城市产业转移的主要目的地,其整体人口存量情况直接决定了能够为产业发展提供的基础要素水平。因此,本研究从2000—2021年县域户籍人口总量的变动视角,对20多年间县域人口总量的变动趋势进行描述分析,以期能够从侧面反映中国整体县域人口存量水平。结果发现,2000—2021年县域户籍人口总量经历了波动上升的变动趋势,2019年后县域户籍人口总量有所下滑。具体而言,2000—2010年间县域户籍人口经历了快速上升阶段;随后在2010年到2019年间,县域户籍人口仍稳步上升,但增速趋缓;2019年县域户籍人口达到峰值,为90 176.8万人,随后县域户籍人口总量出现轻微下滑,2021年县域户籍人口总量为89 575.9万人;总体而言,县域户籍人口总量经历了20多年的波动上升,2021年县域户籍人口总量仍处于较高水平,占全国人口比重超60%。

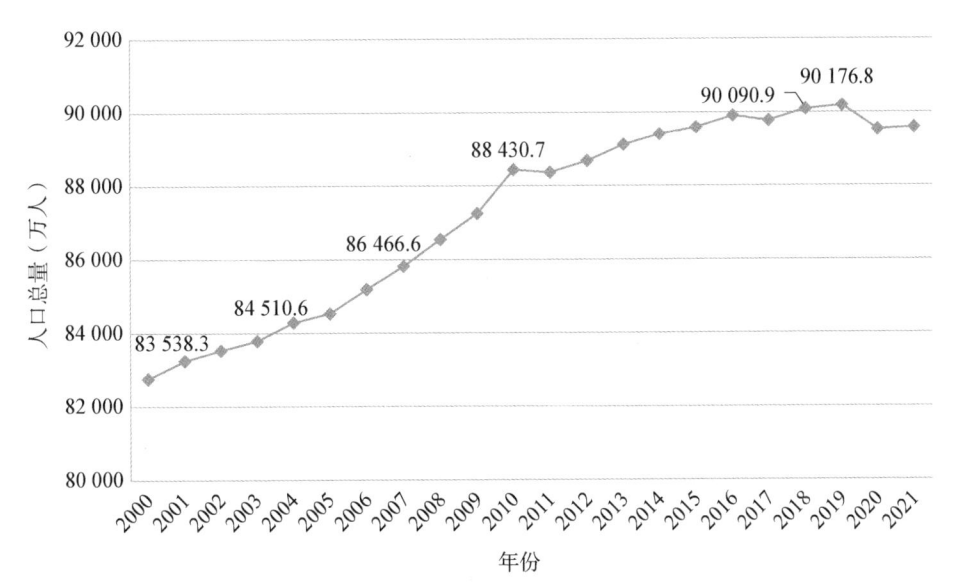

图7-1 2000—2021年县域户籍人口总量变动趋势

数据来源:2001—2022年《中国县域统计年鉴》。

2. 2015—2021年县域城区人口经历了"先上升,后下降"的变动

相较于县域户籍人口而言,县域城区人口总量变动更能够反映中国县域城镇化发展的状况。当前中国城镇化具有就地城镇化和就近城镇化的特点,县域城区具有吸引人口回流、促进乡村人口进城的比较优势,其城区人口存量情况直接印证了县域城镇化发展水平。通过对2015—2021年全国县域城区人口总量进行趋势分析,发现县域城区人口经历了"先上升,后下降"的变动,且变动节点与县域户籍人口变动节点相似。就2015—2021年县域城区人口总量变动趋势而言,2015—2020年县域城区人口总量经历了一个持续上升阶段,人口总量从2015年的20 928.8万人上升至2020年的21 723.8万人,涨幅3.8%;随后2020年县域城区人口总量出现拐点,出现较为明显的下降;截止到2021年,中国县域城区人口总量21 476.7万人,相较于2020年的21 723.8万人,减少247.1万人,降幅为1.1%。值得注意的是,县域城区人口总量增长趋势与县域户籍人口总量增长趋势相比,其整体变动趋势相似,但县域户籍人口总量趋势反转点相较于县域城区人口总量更早,表明县域城区的发展对县域户籍人口总量的下降起到了延缓作用。

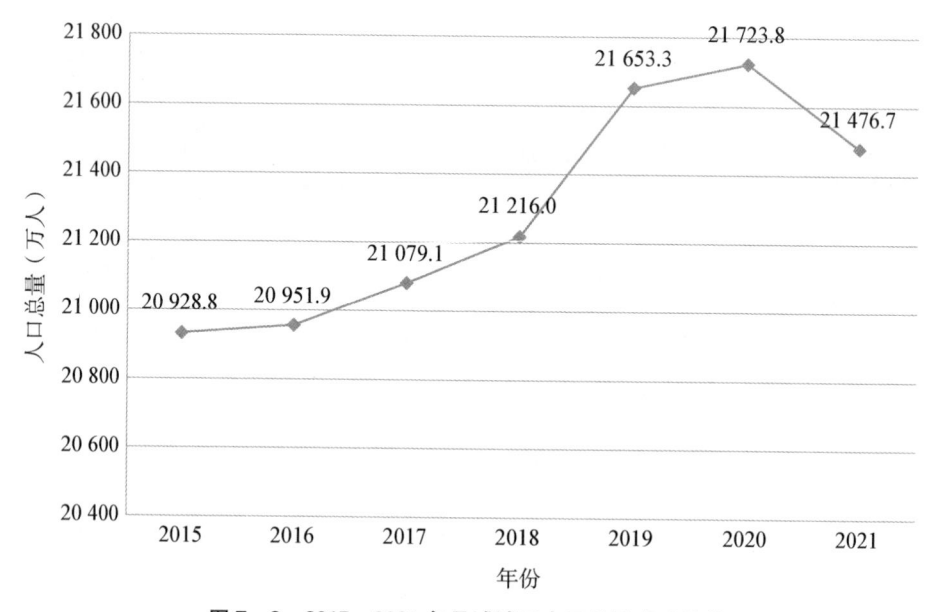

图7-2 2015—2021年县域城区人口总量变动趋势

数据来源:2015—2021年《中国城市建设统计年鉴》、2015—2021年《中国县城建设统计年鉴》。

第七章 县域发展的人口增长动态及趋势特点分析

3. 2000—2021年县级市、县户籍人口占县域户籍总人口比重维持相对稳定

在县域经济的发展过程中,县级市以其政策、区位、规模等比较优势,逐步成为县域发展的排头兵。因此,县级市的发展情况往往反映了县域发展的最优水平。通过对2000—2021年全国县域、县级市(不包括县)、县(不包括县级市)户籍人口总量的发展趋势进行分析,发现县级市、县户籍人口占县域户籍总人口比重维持相对稳定,整体波动并不明显。具体来看,2000年县级市户籍人口数量占县域户籍人口数量比重为29.0%,2021年县级市户籍人口数量占县域户籍人口数量比重为28.2%,21年间虽县级市户籍人口数量占县域户籍人口数量比重略有下降,但整体波动幅度不足1%;2000年县户籍人口数量占县域户籍人口数量比重为71.0%,2021年县户籍人口数量占县域户籍人口数量比重为71.8%,21年间虽县户籍人口数量占县域户籍人口数量比重略有上升,但整体波动幅度也不足1%。综合来看,2000—2021年间县级市、县户籍人口占县域户籍总人口比重维持相对稳定,整体变动并不明显。

表7-1 2000—2021年县域、县级市、县户籍人口总量及比重情况

年份	县域户籍人口数量(万人)	县级市户籍人口数量(万人)	县户籍人口数量(万人)	县级市户籍人口数量占县域户籍人口数量比重(%)	县户籍人口数量占县域户籍人口数量比重(%)
2000	82 745.9	23 969.7	58 776.3	29.0	71.0
2001	83 257.3	24 073.4	59 183.9	28.9	71.1
2002	83 538.3	24 156.3	59 382.0	28.9	71.1
2003	83 799.3	24 225.0	59 574.3	28.9	71.1
2004	84 289.6	24 347.1	59 942.6	28.9	71.1
2005	84 510.6	24 419.1	60 091.5	28.9	71.1
2006	85 137.9	24 594.0	60 543.0	28.9	71.1
2007	85 801.9	24 742.9	61 059.1	28.8	71.2
2008	86 466.6	24 871.3	61 595.3	28.8	71.2
2009	87 252.8	25 042.3	62 210.5	28.7	71.3
2010	88 430.7	25 274.3	63 156.4	28.6	71.4
2011	88 332.2	25 024.7	63 307.5	28.3	71.7
2012	88 669.0	24 978.7	63 690.3	28.2	71.8
2013	89 099.0	25 107.2	63 991.8	28.2	71.8
2014	89 391.1	25 221.0	64 170.0	28.2	71.8

续表

年份	县域户籍人口数量（万人）	县级市户籍人口数量（万人）	县户籍人口数量（万人）	县级市户籍人口数量占县域户籍人口数量比重（%）	县户籍人口数量占县域户籍人口数量比重（%）
2015	89 555.0	25 262.8	64 292.2	28.2	71.8
2016	89 917.7	25 348.7	64 569.0	28.2	71.8
2017	89 787.4	25 464.2	64 323.2	28.4	71.6
2018	90 090.9	25 372.0	64 718.9	28.2	71.8
2019	90 176.8	25 461.8	64 715.1	28.2	71.8
2020	89 500.7	25 349.8	64 150.9	28.3	71.7
2021	89 575.9	25 242.0	64 333.9	28.2	71.8

数据来源：2001—2022年《中国县域统计年鉴》。

4. 2015—2021年间县级市城区人口总量及其占县域城区人口比重均持续上升

在分析县域城区人口总量变动的基础之上，进一步对县级市城区人口变动趋势进行统计分析。前文发现，县域城区人口经历了"先上升，后下降"的变动，县级市城区人口变动趋势则呈现不同特征，2015—2021年间县级市城区人口总量及其占县域城区人口比重均持续上升，县级市城区人口总量仅在2021年有所下降，但降幅很小，表明县级市对周边地区的人口吸引力和人口承接力逐步增强。具体来看，2015—2021年间，县级市城区人口总量从2015年的7 076.0万人上升至2021年的7 676.2万人，增长600.2万人，涨幅8.5%；2015—2021年间，县级市城区人口数量占县域城区人口数量比重从2015年的33.8%上升至2021年的35.7%，且逐年增长态势明显，表明县级市对大城市人口回流、乡村人口进城均保持着较高的吸引力。

表7-2　　2015—2021年县域、县级市、县城区人口总量及比重情况

年份	县域城区人口数量（万人）	县级市城区人口数量（万人）	县城区人口数量（万人）	县级市城区人口数量占县域城区人口数量比重（%）	县城区人口数量占县域城区人口数量比重（%）
2015	20 928.8	7 076.0	13 852.8	33.8	66.2
2016	20 951.9	7 099.2	13 852.7	33.9	66.1
2017	21 079.1	7 156.6	13 922.5	34.0	66.0
2018	21 216.0	7 387.6	13 828.4	34.8	65.2

第七章 县域发展的人口增长动态及趋势特点分析 / 167

续表

年份	县域城区人口数量（万人）	县级市城区人口数量（万人）	县城区人口数量（万人）	县级市城区人口数量占县域城区人口数量比重（%）	县城区人口数量占县域城区人口数量比重（%）
2019	21 653.3	7 550.1	14 103.2	34.9	65.1
2020	21 723.8	7 681.1	14 042.8	35.4	64.6
2021	21 476.7	7 676.2	13 800.5	35.7	64.3

数据来源：2015—2021 年《中国城市建设统计年鉴》、2015—2021 年《中国县城建设统计年鉴》。

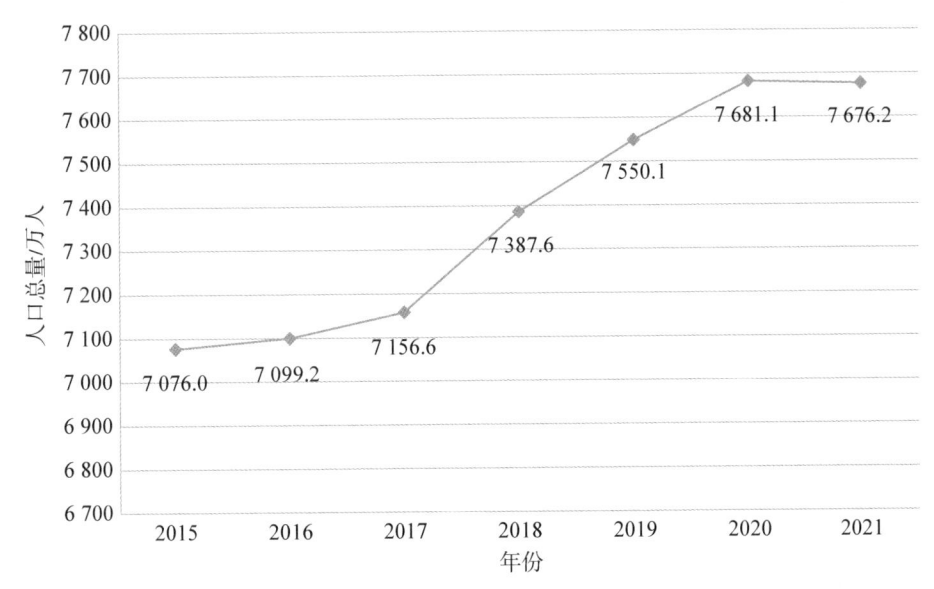

图 7-3 2015—2021 年县级市（不包含县）城区人口总量变动趋势

数据来源：2015—2021 年《中国城市建设统计年鉴》、2015—2021 年《中国县城建设统计年鉴》。

2015—2021 年间县域城区人口经历了"先上升，后下降"的变动，县（不包含县级市）城区人口变动趋势波动更为明显，可能的原因之一为县级市人口总量处于持续上升阶段，人口吸引力和人口承接力逐步增强，导致县城区人口波动加剧。具体而言，2015—2019 年间县（不包括县级市）城区人口总量波动上升，2019 年县（不包括县级市）城区人口总量达到历年最高，为 14 103.2 万人；随后出现明显下滑，从 2019 年的 14 103.2 万人下降至 2021 年的 13 800.5 万人，降幅 2.1%。整体而言，2015—2019 年间县（不包括县级市）城区人口总量波动明显，2019 年以来，县（不包括县级市）城区人口总量出现明显下降，且县（不包括县级市）城区人口总量的下降幅度大于县域城区人口总量。笔者预计这与两方面因素相关:其一是县级市对人口的吸引力和承接力逐步增强,其二是县对人口的吸引力逐步减弱。这些预期将在下节得到部分验证。

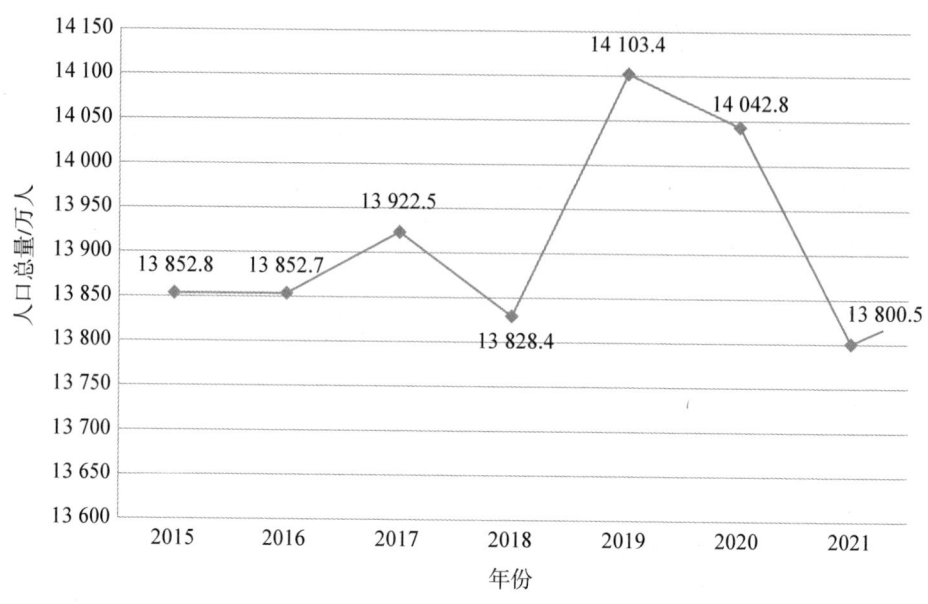

图 7-4 2015—2021 年县(不包含县级市)城区人口总量变动趋势

数据来源:2015—2021 年《中国城市建设统计年鉴》、2015—2021 年《中国县城建设统计年鉴》。

(二) 县域人口占所属省份人口比重增长变动趋势

1. 2001—2021 年大部分省份县域户籍人口占所属省份人口比重呈现波动下行态势

基于 2002—2022 年《中国县域统计年鉴》的户籍人口数据,对 2001、2003、2005、2007、2009、2011、2013、2016、2019、2021 年县域户籍人口占所属省份人口的比重进行计算,通过横向比较和时间序列对比后发现,近 20 年间,全国大部分省份县域人口占省份内人口比重呈现出波动下行态势,仅有 10 个省份该比重在 20 年间呈现轻微上浮,整体县域人口呈现出逐步流失的状态。

具体而言,通过横向对比各省份县域户籍人口比重,笔者发现,2001—2007 年县域户籍人口占所属省份人口比重最高的是安徽,县域户籍人口占所属省份人口比重维持在 85%以上;2009 年贵州超越安徽成为全国县域户籍人口占所属省份人口比重最高的省份,当年该比重达到 91.5%;随后 10 年中,贵州该比重始终维持在 90%以上,一直是全国县域户籍人口占所属省份人口比重最高的省份。2001年到2021年间,县域户籍人口占所属省份人口比重最低的是重庆,且重庆该比重呈现逐年下行趋势,从2001年的30.5%下降至2021年的28.9%,降幅为1.6%;广东该比重相较于重庆市稍高,广东县域户籍人口占全省人口比重在20年间仍旧呈现出下行趋势。总体来看,全国平均县域户籍人口占总人口比重从2001年的65.2%,下降至2021年的63.4%,降幅为1.8%。通过对比后发现,约有11省份县域户籍人口占所属省份人口比重低于全国平均水平,有17省份县域户籍人口占所属省份人口比重高于全国平均水平。

从各省份县域户籍人口占所属省份人口比重的变动趋势来看,大部分省份呈现出波动下行趋势,部分省份出现先上升,后下降的现象,小部分省份出现轻微浮动上升。就波动下行的省份而言,20年间降幅最为明显的是海南、浙江和广东三省份,除此之外还有宁夏、新疆、江苏、福建等15个省份呈现出不同程度的下行态势。县域户籍人口占所属省份人口比重"先上升,后下降"的省份中,最为明显的是陕西、广西等省份,其转折点普遍出现在2013年前后,在随后的近十年间不断下行。轻微浮动上升的省份所占整体比重较低,包含贵州、江西、河南、黑龙江等省份,这些省份县域户籍人口占所属省份人口比重在近20年间出现轻微幅度的上升,增幅最为明显的是贵州,20年间增幅达到15.9%。

2. 2001—2021年东部地区县域户籍人口占所属省份人口比重下降幅度最大

从20年间各省份县域户籍人口占所属省份人口比重的变动值来看,上升幅度最为明显的是贵州,该比重从2001年的78.0%上升至2021年的93.9%,增幅达到15.9%,远超其余省份;排名第二、三、四位的分别为河南、江西和广西,增幅分别为8.8%、7.3%和6.9%。县域户籍人口占所属省份人口比重下降幅度超1%的省份有13个,降幅排名前三位的省份为海南、浙江和广东。其中,海南县域户籍人口占所属省份人口比重从2001年的74.3%下降至2021年的57.0%,降幅为17.3%;浙江县域户籍人口占所属省份人口比重从2001年的59.6%下降至2021年的45.5%,降幅为14.1%;广东县域户籍人口占所属省份人口比重从2001年的46.6%下降至2021年的36.6%,降幅为10.0%。大部分省份县域户籍人口占所属省份人口比重在近20年间出现不同程度的下降,仅有十省份出现上升,这个结果与前文提到的波动下行趋势相符。

在分析统计各省份20年间县域户籍人口占所属省份人口比重变动幅度的

表7-3　2001—2021年县域户籍人口占所属省份人口比重变动

省份	2001年	2003年	2005年	2007年	2009年	2011年	2013年	2015年	2017年	2019年	2021年
安徽	87.0%	87.2%	88.0%	88.9%	90.1%	86.9%	86.5%	85.4%	85.8%	84.9%	83.8%
福建	68.9%	67.9%	67.1%	66.7%	66.7%	66.6%	65.1%	64.7%	64.4%	64.0%	63.1%
甘肃	70.5%	70.5%	71.9%	70.8%	71.3%	73.4%	74.5%	75.4%	76.2%	76.0%	76.4%
广东	46.6%	46.1%	45.7%	44.9%	43.8%	43.4%	40.7%	38.9%	38.0%	37.1%	36.6%
广西	69.4%	68.9%	72.5%	73.2%	73.8%	77.9%	78.7%	78.0%	77.5%	77.2%	76.3%
贵州	78.0%	77.0%	83.0%	87.3%	91.5%	97.0%	93.6%	94.0%	93.1%	93.8%	93.9%
海南	74.3%	74.1%	74.9%	76.1%	77.0%	78.4%	74.8%	72.5%	70.0%	69.4%	57.0%
河北	74.8%	74.5%	74.3%	74.9%	75.7%	74.6%	75.8%	76.5%	70.7%	75.2%	74.3%
河南	80.6%	80.1%	82.9%	83.7%	83.3%	88.1%	87.2%	87.0%	86.9%	88.9%	89.4%
黑龙江	60.2%	60.1%	60.7%	61.5%	62.0%	61.4%	63.0%	63.7%	63.9%	65.6%	67.1%
湖北	71.7%	71.4%	70.6%	71.7%	73.5%	73.8%	73.4%	72.2%	71.2%	70.8%	71.0%
湖南	80.9%	80.5%	85.1%	85.2%	85.5%	83.1%	87.3%	87.8%	88.6%	87.7%	86.7%
吉林	66.2%	66.0%	64.8%	64.7%	65.1%	64.9%	65.5%	66.3%	66.6%	68.8%	69.6%
江苏	54.3%	53.7%	52.6%	52.1%	51.6%	51.6%	50.3%	50.1%	49.5%	49.1%	48.5%
江西	71.0%	70.7%	70.7%	72.1%	72.7%	73.9%	74.7%	77.0%	78.0%	78.0%	78.3%
辽宁	52.8%	52.2%	52.4%	51.3%	50.9%	49.6%	49.1%	49.4%	48.7%	48.6%	48.1%
内蒙古	72.3%	72.9%	71.9%	72.9%	72.7%	72.5%	72.9%	72.1%	72.1%	72.2%	71.7%
宁夏	58.6%	57.4%	56.7%	53.6%	54.9%	57.6%	56.0%	53.9%	53.0%	51.6%	51.0%
青海	61.7%	61.2%	62.0%	63.3%	65.8%	66.6%	68.9%	67.7%	67.8%	67.1%	67.7%
山东	65.5%	65.0%	64.5%	64.3%	64.3%	63.8%	62.1%	62.5%	62.4%	62.3%	61.7%
山西	68.2%	67.9%	67.1%	67.7%	68.5%	66.0%	67.1%	67.2%	67.5%	67.6%	67.5%

续表

省份	2001年	2003年	2005年	2007年	2009年	2011年	2013年	2015年	2017年	2019年	2021年
陕西	60.8%	60.9%	61.2%	62.0%	62.5%	63.1%	62.9%	61.6%	60.8%	58.7%	58.6%
四川	72.5%	72.6%	72.6%	74.6%	75.7%	77.4%	77.2%	75.8%	75.8%	73.1%	72.2%
西藏	75.8%	75.4%	74.3%	73.7%	75.0%	76.6%	77.0%	76.4%	72.8%	70.6%	71.2%
新疆	79.7%	80.0%	82.0%	80.6%	81.9%	84.1%	83.6%	82.1%	78.8%	75.2%	73.4%
云南	80.2%	80.0%	80.7%	81.2%	81.9%	82.5%	83.1%	83.2%	84.1%	84.4%	85.3%
浙江	59.6%	58.0%	56.8%	55.6%	55.0%	53.8%	51.2%	49.7%	48.7%	46.7%	45.5%
重庆	30.5%	31.1%	31.7%	32.3%	32.4%	32.1%	31.3%	30.6%	29.9%	29.4%	28.9%

数据来源:2002—2022年《中国县域统计年鉴》,2002—2022年《中国统计年鉴》。

基础之上,笔者选取东、中、西、东北四区域,对整体结果进行分地区统计。其中,东部地区包含7个省份,中部地区包含6个省份,西部地区包含12个省份,东北地区包含3个省份。结果如表7-4所示。从四地区的地区均值来看,东北、西部、中部地区县域户籍人口占所属省份人口比重的平均值出现小幅上升,上涨幅度分别为1.9%、1.4%和2.9%,其中河南、贵州和黑龙江在不同区域内的带动作用最为明显。东部地区县域户籍人口占所属省份人口比重则出现明显下滑,下降幅度达到8.2%,海南、浙江、广东三省份对东部地区平均值变动影响最大。

表7-4 2001—2021年各地区县域户籍人口占所属省份人口比重变动

地区	省份	20年间比重变动(%)	地区均值(%)
东部	河北	-0.5	-8.2
	山东	-3.9	
	江苏	-5.8	
	浙江	-14.1	
	福建	-5.8	
	广东	-10.0	
	海南	-17.3	
中部	山西	-0.7	2.9
	河南	8.8	
	湖北	-0.6	
	安徽	-3.3	
	湖南	5.7	
	江西	7.3	
西部	内蒙古	-0.6	1.4
	新疆	-6.4	
	宁夏	-7.6	
	陕西	-2.2	
	甘肃	5.9	
	青海	6.0	
	重庆	-1.6	
	四川	-0.3	
	西藏	-4.5	
	广西	6.9	
	贵州	15.9	
	云南	5.2	

续表

地区	省份	20年间比重变动(%)	地区均值(%)
东北	黑龙江	7.0	1.9
	吉林	3.4	
	辽宁	-4.7	

数据来源:2002—2022年《中国县域统计年鉴》、2002—2022年《中国统计年鉴》。

3. 2001—2021年沿海地区县域户籍人口占所属省份人口比重下降较为明显

由于中国沿海、内陆各省份自然地理条件、经济发展水平等方面存在诸多差异,故笔者对县域户籍人口占所属省份人口比重进行了进一步的沿海、内陆分类分析。其中,沿海地区包含9个省份,内陆地区包含19个省份,纳入研究范围的共计28个省份,其余6个省份由于数据缺失、不存在县域单位或县域人口数极少,未纳入研究范围。在各省份县域户籍人口占所属省份人口比重的计算值基础之上,对沿海地区和内陆地区该比重的平均值进行计算,结果如表7-5所示,从沿海、内陆两地区的地区均值来看,20年间两地区县域户籍人口占所属省份人口比重均出现下降,沿海地区的下降幅度较内陆地区更为明显,这可能与沿海地区经济发展相对较好密切相关。经济发展会带来更高的收入水平、更好的社会保障,也会伴随着更多的人口聚集,吸引县域人口向所在地区的中、大城市流动。具体而言,沿海地区20年间县域户籍人口占所属省份人口比重变动均值为-6.1%,其中以海南、浙江、广东的负向拉动作用最为强烈。内陆地区20年间县域人口占所属省份人口比重变动均值为2.0%,高于沿海地区8.1个百分点。内陆地区起正向拉动作用最强的为贵州、河南和江西。总体而言,沿海、内陆的分类方法清晰地呈现出了不同地区县域户籍人口占所属省份人口比重的区别,中国呈现出了沿海地区相较于内陆地区县域户籍人口流失更快的态势。

表7-5 2001—2021年沿海和内陆地区县域户籍人口占所属省份人口比重变动

地区	省份	20年间比重变动(%)	地区均值(%)
沿海地区	辽宁	-4.7	-6.1
	河北	-0.5	
	山东	-3.9	
	江苏	-5.8	

续表

地区	省份	20年间比重变动(%)	地区均值(%)
沿海地区	浙江	-14.1	
	福建	-5.8	
	广东	-10.0	
	海南	-17.3	
	广西	6.9	
内陆地区	山西	-0.7	2.0
	河南	8.8	
	湖北	-0.6	
	安徽	-3.3	
	湖南	5.7	
	江西	7.3	
	内蒙古	-0.6	
	新疆	-6.4	
	宁夏	-7.6	
	陕西	-2.2	
	甘肃	5.9	
	青海	6.0	
	重庆	-1.6	
	四川	-0.3	
	西藏	-4.5	
	贵州	15.9	
	云南	5.2	
	黑龙江	7.0	
	吉林	3.4	

数据来源：2002—2022年《中国县域统计年鉴》、2002—2022年《中国统计年鉴》。

此外，鉴于南北差异一直以来是学术研究的重要关注对象，且其差异本身对中国发展具有重要借鉴意义的前提状况。笔者对县域户籍人口占所属省份人口比重进行了进一步的分类分析，采用划分北方省份和南方省份的分类方法。整体结果的分类统计显示，北方地区包含14个省份，南方地区包含14个省份，纳入研究范围的共计28个省份。与前文的方法保持一致，在各省份县域户籍人口占所属省份人口比重的计算值基础之上，对南方地区和北方地区该比重的平均值进行再次计算，结果如表7-6所示。从南方地区和北方地区两地区的均值来看，20年间南方地区县域户籍人口占所属省份人口比重出现下降，北方地区变动并不明显。这表明相较于北方地区而言，在近20年间，南方地区更多的县域人口逐步流向中、大城市，以追求更好的收入与更高的生活保障，从侧面反映出近20年间南北中心城市发展速度存在较大差异，南方中心城市相较于北方发展更为迅速，经济条件更优。具体而言，南方地区20年间县域户籍人口占所属省份人口比重变动均值为－1.3%，其中以海南、浙江、广东的负向拉动作用最为强烈；北方地区20年间县域户籍人口占所属省份人口比重变动均值为0.0%，高于南方地区1.3个百分点。整体而言，近20年间，中国呈现出了南方地区县域户籍人口占所属省份人口比重下降快于北方地区的现象，表明南方地区与北方地区相比，县域人口流失速度更快。

表7-6　2001—2021年南北地区县域户籍人口占所属省份人口比重变动

地区	省份	20年间比重变动(%)	地区均值(%)
北方省份	河北	－0.5	0
	黑龙江	7.0	
	河南	8.8	
	吉林	3.4	
	辽宁	－4.7	
	内蒙古	－0.6	
	山西	－0.7	
	山东	－3.9	
	新疆	－6.4	
	西藏	－4.5	
	宁夏	－7.6	
	甘肃	5.9	
	陕西	－2.2	
	青海	6.0	
南方省份	江苏	－5.8	－1.3
	浙江	－14.1	
	福建	－5.8	
	广东	－10.0	
	海南	－17.3	
	湖北	－0.6	
	安徽	－3.3	
	湖南	5.7	
	江西	7.3	

续表

地区	省份	20年间比重变动(%)	地区均值(%)
	重庆	−1.6	−1.3
	四川	−0.3	
	广西	6.9	
	贵州	15.9	
	云南	5.2	

数据来源：2002—2022年《中国县域统计年鉴》、2002—2022年《中国统计年鉴》。

4. 近7年间，全国大部分省份县域城区人口占所属省份人口比重上浮态势明显

基于2015—2021年《中国城市建设统计年鉴》、2015—2021年《中国县城建设统计年鉴》和2016—2022年《中国统计年鉴》的人口数据，通过横向比较和时间序列对比后发现，近7年间，全国多数省份县域城区人口占所属省份人口比重呈现出波动上浮，仅有5个省份该比重在7年间呈现明显下行，表明整体县域人口有向城区集聚的态势。

县域城区人口占所属省份人口比重最低的是重庆，2015—2021年间重庆县域城区人口占所属省份人口比重维持在5%—7%之间；县域城区人口占所属省份人口比重最高的是新疆，2015—2021年间新疆县域城区人口占所属省份人口比重维持在25%以上。此外，从各省份该比重变动趋势来看，大部分省份呈现出波动上浮趋势，部分省份出现轻微浮动上升，小部分省份出现"先上升，后下降"的现象。该比重波动上浮最为明显的省份是西藏和贵州，其次是甘肃、湖南、青海等十多个省份；江西、湖北、安徽等省份县域城区人口占所属省份人口比重在近7年间出现轻微浮动的上升。该比重"先上升，后下降"的省份所占整体比重较低，包括黑龙江、广东等。总体而言，虽然小部分省份该比重出现"先上升，后下降"的变动趋势，但整体趋势仍以波动上浮为主。

表7-7　2015—2021年各省份县域城区人口占所属省份人口比重变动

省份	2015年	2016年	2017年	2018年	2019年	2020年	2021年
新疆	25.6%	25.9%	25.2%	25.6%	25.4%	25.3%	26.8%
山西	21.7%	22.3%	22.1%	22.4%	22.6%	22.2%	22.3%
青海	20.7%	20.9%	21.8%	22.3%	22.1%	22.0%	22.3%

续表

省份	2015年	2016年	2017年	2018年	2019年	2020年	2021年
内蒙古	24.1%	24.7%	22.9%	22.9%	23.2%	23.4%	22.2%
江西	21.5%	21.5%	21.1%	21.8%	22.1%	22.1%	21.6%
贵州	17.2%	15.8%	18.6%	19.6%	20.7%	21.1%	20.9%
湖南	17.7%	19.2%	20.3%	20.9%	20.0%	20.4%	19.4%
河南	17.8%	18.0%	18.4%	18.6%	18.8%	19.0%	19.0%
吉林	20.3%	20.5%	19.8%	20.1%	19.9%	19.7%	18.3%
山东	18.6%	18.4%	18.9%	18.6%	18.2%	18.0%	18.2%
河北	18.0%	17.5%	17.6%	18.0%	18.3%	18.2%	17.9%
云南	16.7%	16.4%	16.7%	16.8%	17.1%	17.8%	17.3%
湖北	17.0%	17.1%	17.0%	17.1%	17.2%	18.0%	17.2%
黑龙江	16.0%	16.3%	16.2%	16.5%	17.7%	18.0%	17.0%
四川	16.8%	16.3%	15.4%	15.5%	16.1%	16.6%	16.4%
宁夏	15.0%	15.6%	15.1%	15.7%	16.0%	17.0%	16.3%
甘肃	14.5%	15.1%	15.1%	9.8%	15.2%	16.0%	16.1%
西藏	11.5%	14.7%	14.1%	13.2%	14.4%	15.8%	16.0%
安徽	15.4%	15.9%	15.5%	15.6%	15.7%	15.6%	15.8%
浙江	13.9%	13.4%	13.2%	13.2%	13.0%	13.5%	14.4%
陕西	15.4%	15.1%	14.3%	14.1%	14.5%	14.4%	14.1%
福建	13.3%	14.1%	13.9%	14.2%	14.5%	14.7%	13.8%
江苏	13.2%	13.3%	13.4%	13.5%	13.5%	13.0%	13.1%
广西	12.5%	12.4%	11.9%	12.2%	12.2%	12.2%	12.2%
辽宁	14.3%	12.8%	12.3%	12.4%	12.5%	11.8%	11.4%
海南	13.6%	12.1%	13.1%	11.3%	10.2%	10.0%	8.9%
广东	7.5%	7.4%	7.6%	7.5%	7.8%	7.8%	7.5%
重庆	6.8%	5.0%	5.1%	5.3%	5.4%	5.2%	5.9%

数据来源：2015—2021年《中国城市建设统计年鉴》、2015—2021年《中国县城建设统计年鉴》、2016—2022年《中国统计年鉴》。

5. 中西部地区县域城区人口占所属省份人口比重上涨较为明显

从近7年间各省份县域城区人口占所属省份人口比重的变动值来看，下降幅度最为明显的是海南，该比重从2015年的13.6%下降至2021年的8.9%，降幅达到4.7%，远超其余各省份；排名第二、三位的分别为辽宁和吉林，降幅分别为2.9%和2.0%。县域城区人口占所属省份人口比重上涨幅度大于 1% 的省份有 9 个。涨幅排名前三位的省份为西藏、贵州和湖南。其中，西藏县域城区人口占所属省份人口比重从 2015 年的 11.5% 上升至 2021 年的 16.0%，涨幅为 4.5%；贵州县域城区人口占所属省份人口比重从 2015 年的 17.2% 上升至 2021 年的 20.9%，涨幅为 3.7%；湖南县域城区人口占所属省份人口比重从 2015 年的 17.7% 上升至 2021 年的 19.4%，涨幅为 1.7%。全国有 16 省份县域城区人口占所属省份人口比重出现不同程度的上涨，这个结果与前文提到的上浮态势相符。

在分析统计各省份 7 年间县域城区人口占所属省份人口比重的基础之上，本研究选取东、中、西、东北四个区域对整体结果进行分地区统计，在各地区县域城区人口占所属省份人口比重的变动如表 7-8 所示。从四地区的地区均值来看，中西部地区县域城区人口占所属省份人口比重的平均值出现上升，7 年间中部地区和西部地区上涨幅度分别为 0.7% 和 0.8%，中部地区的湖南和西部地区的西藏对所属地区平均值变动正向影响最大；7 年间东部地区和东北地区县域城区人口占所属省份人口比重的平均值出现下降，下降幅度分别为 0.6% 和 1.3%，东部地区的海南和东北地区的辽宁对所属地区平均值变动负向影响最大。

表 7-8　2015—2021 年各地区县域城区人口占所属省份人口比重变动

地区	省份	7 年间比重变动(%)	地区均值(%)
东部	河北	-0.1	-0.6
	山东	-0.5	
	江苏	-0.1	
	浙江	0.5	
	福建	0.5	
	广东	0.0	
	海南	-4.7	
中部	山西	0.6	0.7
	河南	1.2	
	湖北	0.2	
	安徽	0.4	
	湖南	1.6	
	江西	0.1	
西部	内蒙古	-2.0	0.8
	新疆	1.3	

第七章 县域发展的人口增长动态及趋势特点分析 / 179

续表

地区	省份	7年间比重变动(%)	地区均值(%)
西部	宁夏	1.3	0.8
	陕西	-1.3	
	甘肃	1.6	
	青海	1.5	
	重庆	-0.9	
	四川	-0.3	
	西藏	4.5	
	广西	-0.3	
	贵州	3.7	
	云南	0.6	
东北	黑龙江	1.0	-1.3
	吉林	-2.0	
	辽宁	-2.9	

数据来源：2015—2021年《中国城市建设统计年鉴》、2015—2021年《中国县城建设统计年鉴》、2016—2022年《中国统计年鉴》。

6. 内陆地区县域城区人口占所属省份人口比重上涨更为明显

由于中国沿海、内陆各省份在多方面存在差异，本研究针对县域城区人口占所属省份人口比重进行了沿海、内陆分类分析。对沿海地区和内陆地区该比重的平均值计算得到的结果如表7-9所示。从均值来看，7年间内陆地区县域城区人口占所属省份人口比重出现上浮，沿海地区县域城区人口占所属省份人口比重出现下降，这可能与沿海地区县域城区发展较快密切相关。具体而言，沿海地区7年间县域城区人口占所属省份人口比重变动均值为-0.8%，内陆地区7年间县域城区人口占所属省份人口比重变动均值为0.7%，高于沿海地区1.5个百分点。值得注意的是，7年间，沿海地区县域城区人口占所属省份人口比重出现上涨的省份较少，为3个，出现下降的省份较多，为6个；内陆地区县域城区人口占所属省份人口比重出现上涨的省份为14个，出现下降的省份为5个。这表明内陆地区县域城区发展产生了较强的虹吸作用，内陆地区的"就地城镇化"和"就近城镇化"现象更为明显。

表 7-9 2015—2021 年各地区县域城区人口占所属省份人口比重变动

地区	省份	7年间比重变动(%)	地区均值(%)
沿海地区	辽宁	-2.9	-0.8
	河北	-0.1	
	山东	-0.5	
	江苏	-0.1	
	浙江	0.5	
	福建	0.5	
	广东	0.0	
	海南	-4.7	
	广西	-0.3	
内陆地区	山西	0.6	0.7
	河南	1.2	
	湖北	0.2	
	安徽	0.4	
	湖南	1.6	
	江西	0.1	
	内蒙古	-2.0	
	新疆	1.3	
	宁夏	1.3	
	陕西	-1.3	
	甘肃	1.6	
	青海	1.5	
	重庆	-0.9	
	四川	-0.3	
	西藏	4.5	
	贵州	3.7	
	云南	0.6	
	黑龙江	1.0	
	吉林	-2.0	

数据来源：2015—2021 年《中国城市建设统计年鉴》、2015—2021 年《中国县城建设统计年鉴》、2016—2022 年《中国统计年鉴》。

此外，本研究对县域城区人口占所属省份人口比重进行了南方、北方分类分析。在县域城区人口占所属省份人口比重的计算值基础之上，对南方地区和北方地区该比重的平均值进行计算，结果如表 7-10 所示。从均值来看，7 年间北方地区县域城区人口占所属省份人口比重出现上浮，南方地区保持不变。这表明相较于南方地区,在 7 年间,北方地区县域人口相对更多地流向当地县城,北方地区的"就地城镇化"和"就近城镇化"现象更为明显。具体而言,南方地区 7 年间县域人口占所属省份人口比重变动均值为 0.0%,北方地区 7 年间县域城区人口占所属省份人口比重变动均值为 0.3%,高于南方地区 0.3 个百分点。整体来看,7 年间,中国呈现出北方地区县域城区人口占所属省份人口比重上涨快于南方地区的现象。

表 7-10　2015—2021 年各地区县域城区人口占所属省份人口比重变动

地区	省份	7 年间比重变动(%)	地区均值(%)
北方省份	河北	-0.1	0.3
	黑龙江	1.0	
	河南	1.2	
	吉林	-2.0	
	辽宁	-2.9	
	内蒙古	-2.0	
	山西	0.6	
	山东	-0.5	
	新疆	1.3	
	西藏	4.5	
	宁夏	1.3	
	甘肃	1.6	
	陕西	-1.3	
	青海	1.5	
南方省份	江苏	-0.1	0
	浙江	0.5	
	福建	0.5	
	广东	0.0	
	海南	-4.7	
	湖北	0.2	
	安徽	0.4	
	湖南	1.6	
	江西	0.1	
	重庆	-0.9	
	四川	-0.3	
	广西	-0.3	
	贵州	3.7	
	云南	0.6	

数据来源:2015—2021 年《中国城市建设统计年鉴》、2015—2021 年《中国县城建设统计年鉴》、2016—2022 年《中国统计年鉴》。

(三) 县域人口排名前、后100位分布变动趋势

1. 2000—2021年间人口大县在全国各省分布变动并不明显

本研究基于2001—2022年《中国县域统计年鉴》的户籍人口数据,对2000、2005、2010、2015、2021年五年县域户籍人口排名前100位的各省分布情况进行统计分析,期望能够深入探究相关分布变动情况。分析后发现,2000—2021年间中国人口大县在全国各省分布变动并不明显,人口大县仍集中分布于河南、安徽、广东和四川四省份。

具体而言,2000年县域户籍人口排名前100位在安徽分布最多,为16个;其次为河南省,为14个;重庆与吉林的前100位县域单位最少[①],均为1个。2000年县域户籍人口排名前100位主要分布于南部省份。2005年县域户籍人口排名前100位仍旧在安徽分布最多,为17个;其次为河南省,为13个;吉林、重庆、河北、辽宁四省份的前100位县域单位最少,均为1个。2010年县域户籍人口排名前100位在河南分布最多,为17个;其次为安徽,为16个;吉林、重庆、河北的前100位县域单位最少,为1个。2015年县域户籍人口排名前100位在安徽分布最多,为15个;其次为河南,为14个;吉林、重庆、河北的前100位县域单位最少,均为1个。2021年县域户籍人口排名前100位在河南分布最多,为18个;其次为安徽,为13个;河北与重庆的前100位县域单位最少,均为1个。整体来看,近21年间,县域户籍人口排名前100位县域单位在全国各省的分布变动并不明显,但户籍人口大县有向河南、广东集聚的趋势。

从各省份分布县域户籍人口排名前100位的数量变动趋势来看,江苏的变动最为明显,从2000年的分布13个下降至2021年的分布8个,下降幅度较大;安徽、浙江分布县域户籍人口排名前100位的数量经历了"先上升,后下降"的变动;广东、贵州等省份分布县域户籍人口排名前100位的数量呈现出逐年上升的态势。值得注意的是,自2015年以来,河南分布在县域人口排名前100位的数量快速增加,2021年达到18个,全国户籍人口大县主要集中于河南。

[①] 此处"最少"指在分布有县域人口排名前100位的省份之中相比,下同。

表7-11　2000—2021年各省县域户籍人口排名前100位分布数量变动　　单位:个

省份	2000	2005	2010	2015	2021
安徽	16	17	16	15	13
福建	2	2	2	2	3
广东	10	11	11	11	12
广西	5	5	6	6	6
贵州	0	2	2	3	4
河北	0	1	1	1	1
河南	14	13	17	14	18
湖北	4	4	3	3	3
湖南	7	7	5	7	7
吉林	1	1	1	1	0
江苏	13	10	9	10	8
江西	2	2	2	2	3
辽宁	0	1	0	0	0
山东	7	6	7	7	7
四川	12	11	11	10	9
云南	2	2	2	2	2
浙江	4	4	4	5	3
重庆	1	1	1	1	1

数据来源:2001—2022年《中国县域统计年鉴》。

2. 2000—2021年全国人口大县集中分布于东中部地区

在分析各省份所分布县域户籍人口排名前100位的数量和变动趋势的基础之上,本研究选取东、中、西、东北四区域对整体结果进行分地区统计。由于中国不同地区的经济发展水平、自然地理条件、人口总体规模都不尽相同,不同地区分布县域户籍人口排名前100位的数量也存在较大差距,因此对其进行分类讨论尤为必要。统计得到东、中、西、东北分布县域户籍人口排名前100位的数量结果如表7-12所示。从四区域分布县域户籍人口排名前100位的数量来看,2000年中部地区的分布数量最多,为43个;东北地区的分布数量最少,为1个。2005年、2010年中部地区的分布数量仍旧最多,东北地区的分布数量最少。2015年中部地区的分布数量有所降低,为41个;东北地区的分布数量最少,为1个;东部地区的分布数量有所增加,为36个。2021年中部地区的分布数量有所回升,为44个;东部地区的分布数量有所减少,为34个。总体而言,分东、中、西、东北四区域的统计结果显示,中部区域县域户籍人口排名前100位的分布数量始终最多,在40个以上;其次为东部地区,30个以上,表明2000—2021年间全国人口大县集中分布于东中部地区。

表7-12　2000—2021年各地区县域户籍人口排名前100位分布数量变动　　单位:个

地区	2000	2005	2010	2015	2021
东北	1	2	1	1	0
东部	36	34	34	36	34
西部	20	21	22	22	22
中部	43	43	43	41	44
合计	100	100	100	100	100

数据来源:2001—2022年《中国县域统计年鉴》。

3. 近21年间,县域户籍人口排名后100位主要分布于西藏自治区

本研究对2000、2005、2010、2015、2021年五年县域户籍人口排名后100位的各省分布情况进行统计分析,结果发现,县域户籍人口排名后100位县域单位主要分布于西藏、青海、四川三省份,且近21年间,户籍人口规模较小的县域单位在全国各省的分布并未出现大幅度变化,即县域户籍人口排名后100位县域单位在全国各省份的分布趋于平稳,西藏、青海、四川三个省份在近21年间一直是人口规模较小县域单位的聚集地。

具体而言,2000年县域户籍人口排名后100位分布于西藏最多,为52个;其次为青海,为14个;云南与陕西包含的后100位县域单位最少[①],均为1个。县域户籍人口排名后100位主要集中分布于中国的西部地区。2005年县域户籍人口排名后100位仍旧是西藏分布最多,为52个;云南与山东包含的后100位县域单位最少,为1个。2010年县域户籍人口排名后100位分布于西藏最多,为53个,略有增加;其次为青海,为13个。2015年县域户籍人口排名后100位仍是西藏分布最多,为49个,有所下降;四川所分布数量出现缩减。2021年县域户籍人口排名后100位分布于西藏最多,为47个。值得注意的是,新疆分布数量出现快速升高,达到11个。整体来看,户籍人口规模较小的县域单位在全国各省份的分布并未出现大幅度变化,县域户籍人口排名后100

---

① 此处"最少"指存在县域人口排名后100位分布情况的省份相比,下同。

位县域单位主要分布于西藏。

从各省份县域户籍人口排名后100位分布数量的变动趋势来看,青海经历了分布数量逐步减少的阶段,从2000年的14个下降至2021年的12个,部分县域户籍人口出现增长;新疆和陕西则经历了分布数量增加的过程,21年间县域户籍人口排名后100位分布数量均增加3个;西藏则出现"先上升,后下降"的现象,分布数量最多的时间点为2010年,为53个。值得注意的是,自2000年以来,全国各省份县域户籍人口排名后100位的分布数量变动并不明显,除西藏和新疆在2021年变动幅度稍大外,其余各省份均保持平稳。

表7-13 2000—2021年各省县域户籍人口排名后100位分布数量变动　　单位:个

省份	2000年	2005年	2010年	2015年	2021年
甘肃	6	5	5	6	5
黑龙江	0	0	0	1	1
内蒙古	8	8	9	9	9
青海	14	13	13	12	12
山东	0	1	1	1	0
陕西	1	2	2	3	4
四川	10	11	10	11	10
西藏	52	52	53	49	47
新疆	8	7	6	7	11
云南	1	1	1	1	1

数据来源:2001—2022年《中国县域统计年鉴》。

4. 2000—2021年全国县域户籍人口排名后100位集中分布于西部地区

在分析各省份县域户籍人口排名后100位分布数量和变动趋势的基础之上,本研究分东、中、西、东北四区域对整体结果进行统计,得到东、中、西、东北地区县域户籍人口排名后100位分布数量,具体结果如表7-14所示。可以看出,几乎所有县域户籍人口排名后100位均分布于西部地区,2000年西部地区分布数量为100个,2005年为99个,2010年为99个,2015年为98个,2021年为99个。除西部地区外,有较少县域户籍人口排名后100位分布于东部和东北地区。总体而言,分东、中、西、东北四区域的统计结果显示,西部地区占据县域户籍人口排名后100位的绝对份额,中国西部地区县域户籍人口排名后 100 位相对分布较少。

表 7-14　2000—2021 年各地区县域户籍人口排名后 100 位变动　单位：个

地区	2000 年	2005 年	2010 年	2015 年	2021 年
东北	0	0	0	1	1
东部	0	1	1	1	0
西部	100	99	99	98	99
合计	100	100	100	100	100

数据来源：2001—2022 年《中国县域统计年鉴》。

（四）县域人口密度增长变动趋势

1. 近 21 年间，东北三省县域户籍人口密度下行趋势明显

基于 2001—2022 年《中国县域统计年鉴》的户籍人口数据和行政区划面积数据，选取 2000—2021 年间每隔两年的县域户籍人口密度进行分析，通过横向比较和时间序列对比后发现，近 21 年间，全国各省份县域户籍人口密度排名基本维持稳定，但大部分省份县域户籍人口密度出现不同程度的增加，东北三省县域户籍人口密度下行趋势明显。

从各省份横向对比来看，2000 到 2021 年县域户籍人口密度最低的是西藏，其次为青海，再次为新疆，青海和西藏两省份的县域户籍人口密度均低于 10 人/平方千米。县域户籍人口密度最高的省份是江苏，其次为河南、山东与安徽。这与地方县域单位发展较好密切相关，这 4 个省份均为人口大省。总体来看，21 年间，全国各省份县域户籍人口密度排名基本维持稳定，仅有少数省份排名出现上升或下降。

从各省份县域户籍人口密度的变动趋势来看，大部分省份县域户籍人口密度出现不同程度的上升，东北三省县域户籍人口密度下行趋势明显。县域户籍人口密度上升的省份中，最为明显的是河南、山东两省份，21 年间县域户籍人口密度涨幅超过 50 人/平方千米；县域户籍人口密度出现下行趋势的省份中，最为明显的是辽宁，其次为黑龙江和吉林。总体而言，虽然东北三省份县域户籍人口密度呈现下行趋势，但大部分省份县域户籍人口密度仍以稳步提升为主。

表 7-15　　2000—2021 年全国各省县域户籍人口密度　　单位：人/平方千米

省份	2000 年	2003 年	2006 年	2009 年	2012 年	2015 年	2018 年	2021 年
安徽	449.8	456.0	465.4	478.2	445.2	443.3	451.6	447.3
福建	230.7	230.6	231.4	236.3	241.9	250.7	257.2	256.4
甘肃	42.2	42.7	44.1	43.8	44.9	45.5	46.0	46.7
广东	313.3	317.3	325.7	337.5	344.9	351.0	356.3	361.2
广西	174.9	183.7	188.4	197.3	200.2	207.4	211.7	212.4
贵州	181.9	187.8	196.6	204.3	213.7	220.4	227.0	229.8
海南	197.3	201.9	209.8	219.0	226.4	226.8	228.3	216.8
河北	298.6	303.4	308.0	321.6	330.3	340.3	344.8	345.7
河南	518.2	526.6	537.9	540.8	570.2	583.6	609.9	615.4
黑龙江	66.0	65.2	64.4	65.2	65.0	62.5	57.4	58.5
湖北	272.6	279.4	279.2	276.9	279.6	276.8	277.0	272.9
湖南	278.4	279.7	282.9	286.3	300.5	303.8	305.7	300.8
吉林	101.9	101.1	101.3	102.2	102.0	100.4	98.2	95.8
江苏	639.2	640.5	634.5	639.7	645.2	639.1	639.2	629.7
江西	206.4	212.8	218.2	227.5	236.1	242.7	248.0	248.8
辽宁	176.1	174.6	176.6	176.9	174.8	173.9	169.7	164.9
内蒙古	14.5	14.9	15.0	15.3	15.4	14.9	15.0	14.8
宁夏	84.8	85.3	78.4	79.5	81.4	87.6	81.1	96.1
青海	5.2	5.3	5.7	5.9	6.2	6.1	5.9	6.0
山东	533.5	537.8	542.1	551.7	559.5	571.4	585.2	584.5
山西	164.5	166.6	167.8	173.5	175.2	174.7	175.7	174.2
陕西	134.3	135.7	138.0	141.3	143.7	143.0	141.0	140.3
四川	130.9	131.7	133.3	137.7	140.1	138.3	136.6	135.8
西藏	1.9	1.8	2.0	2.2	2.4	2.3	2.3	2.1
新疆	9.8	9.9	10.7	11.2	12.0	12.5	12.3	12.4
云南	94.7	97.1	100.4	103.7	106.2	108.1	111.1	112.1
浙江	368.2	368.1	372.0	375.8	381.5	383.7	384.9	379.0
重庆	220.9	222.5	229.3	236.6	240.2	240.1	239.6	237.1

注：各省份县域户籍人口密度的计算方法为"各省份县域户籍人口密度＝各省份县域户籍人口/各省份行政区域土地面积"。

数据来源：2001—2022 年《中国县域统计年鉴》。

2. 近 7 年间，全国超半数省份县域城区人口密度上升明显

在分析县域户籍人口密度的基础之上，进一步对近 7 年间的县域城区人口密度进行探究,数据来源于 2015—2021 年《中国城市建设统计年鉴》和《中国县城建设统计年鉴》。分析发现,近 7 年间,全国超半数省份县域城区人口密度上升明显,部分省份上升幅度较大,仅有小部分省份县域城区人口密度出现明显下降。

从各省份横向对比来看,2015 年到 2021 年内蒙古的县域城区人口密度始终最低,2015—2016 年甘肃县域城区人口密度最高,2017—2021 年江西县域城区人口密度最高。值得注意的是,浙江县域城区人口密度排名倒数第二位,这可能与浙江主要城市经济发展带来的虹吸作用密切相关。此外,从各省份县域城区人口密度的变动趋势来看,全国超半数省份县域城区人口密度上升明显,部分省份上升幅度较大,仅有小部分省份县域城区人口密度出现明显下降。2015 年到 2021 年县域城区人口密度上涨幅度最大的是宁夏,其次为重庆,涨幅分别为 530.2 人/平方千米和 485.7 人/平方千米。除该两省份外,还有西藏、河北、山西、四川等 16 个省份在近 7 年间出现县域城区人口密度的显著提升。

表 7-16　　2015—2021 年全国各省县域城区人口密度　　单位:人/平方千米

省份	2015 年	2016 年	2017 年	2018 年	2019 年	2020 年	2021 年
安徽	1 579.1	1 583.5	1 580.7	1 553.0	1 565.8	1 659.0	1 576.1
福建	1 774.2	1 832.9	1 970.4	2 002.9	1 924.1	1 938.5	1 893.0
甘肃	4 317.8	4 485.7	4 259.0	4 507.3	4 150.1	4 233.1	4 230.6
广东	1 971.2	1 917.6	1 720.4	1 806.1	1 760.8	1 759.0	1 546.4
广西	2 158.1	2 149.0	2 141.4	2 313.9	2 297.1	2 350.6	2 378.0
贵州	2 129.3	2 182.1	2 201.0	2 056.5	1 917.6	1 859.8	1 990.1
海南	1 764.4	1 665.2	1 754.9	1 425.1	1 309.9	1 326.9	1 331.3
河北	2 144.8	2 203.3	2 378.6	2 424.6	2 340.9	2 365.2	2 387.4
河南	2 479.1	2 509.0	2 527.0	2 606.3	2 644.2	2 656.7	2 611.5
黑龙江	2 553.6	2 559.8	2 649.1	2 640.6	2 694.8	2 810.9	2 662.7
湖北	1 893.4	1 821.7	1 826.7	1 819.5	1 777.0	1 804.1	1 792.3
湖南	3 792.2	3 914.6	3 077.4	2 957.1	2 816.0	3 093.6	3 067.3
吉林	2 023.1	1 980.5	1 889.2	1 937.6	1 963.4	1 895.2	1 894.3
江苏	1 875.1	1 908.4	1 897.4	1 916.8	1 924.1	1 846.3	1 823.9
江西	4 199.7	4 417.5	4 454.7	4 578.4	4 636.4	4 542.1	4 367.5
辽宁	1 225.3	1 289.4	1 297.2	1 293.3	1 284.8	1 208.8	1 159.7

续表

省份	2015年	2016年	2017年	2018年	2019年	2020年	2021年
内蒙古	670.7	725.4	662.5	673.9	678.3	692.0	681.9
宁夏	2815.4	2936.7	2579.8	2645.2	2719.8	2968.7	3345.6
青海	1635.7	1665.8	1719.6	1642.1	1649.2	1673.0	1774.4
山东	1121.8	1174.7	1186.3	1252.6	1237.2	1237.2	1251.0
山西	2862.2	2571.6	2713.2	2746.4	2792.1	3150.3	3188.2
陕西	3303.9	3281.0	3225.7	3244.2	3305.7	3327.5	3306.7
四川	1071.2	1330.2	1585.4	1625.7	1049.1	1086.1	1326.4
西藏	1425.6	1425.8	1509.7	1578.8	1750.4	1910.9	1854.8
新疆	2577.0	2480.7	2405.0	2555.3	2610.2	2637.6	2381.2
云南	3275.6	2815.6	3169.5	3235.4	3279.9	2924.2	2861.3
浙江	877.0	877.1	895.2	884.1	881.6	880.8	912.9
重庆	1807.6	2101.8	2114.4	2242.0	2239.8	2127.7	2293.3

注：各省县域城区人口密度的计算方法为"各省县域城区人口密度＝各省县域城区人口/各省县城面积"。

数据来源：2015—2021年《中国城市建设统计年鉴》、2015—2021年《中国县城建设统计年鉴》。

3. 近7年间，全国各省县域城区人口集中度明显增加

针对县域城区人口的集中分布状况，本研究选取县域城区人口集中度[①]指标，进一步对近7年间的县域城区人口集中情况进行探究。结果发现，近7年间全国各省县域城区人口集中度呈显著上升趋势，仅有3个省份县域城区人口集中度出现下降。具体而言，2015到2021年广西的县域城区人口集中度始终维持在最低水平，重庆、浙江、江苏、广东等省份的县域城区人口集中度较高，排名居前。

从各省份域城区人口集中度的变动趋势来看，25省份县域城区人口集中度均出现不同程度的波动上升，仅有3个省份县域城区人口集中度出现下降。上升趋势最为明显的是重庆、山东、宁夏三省份，7年间县域城区人口集中度的变动值分别为0.3、0.2、0.2。值得注意的是，浙江与江苏两省份在7年间县域城区人口集中度呈现出逐年增长态势，加之所处县域城区人口集中度绝对值相对较高，充分表明了浙江与江苏两省份县域城区发展较好，人口吸引力较强。

---

① 具体计算方法为：县域城区人口集中度＝(城区人口/县域人口)/(县域人口/全省人口)。

表 7-17　　2015—2021 年全国各省县域城区人口集中度

省份	2015 年	2016 年	2017 年	2018 年	2019 年	2020 年	2021 年
安徽	0.2140	0.2200	0.2278	0.2331	0.2345	0.2393	0.2448
福建	0.3295	0.3212	0.3399	0.3524	0.3653	0.3700	0.3938
甘肃	0.2491	0.2536	0.2528	0.5058	0.2537	0.2576	0.2811
广东	0.5029	0.5086	0.5304	0.5340	0.5721	0.5760	0.5598
广西	0.1814	0.1861	0.1929	0.1984	0.2004	0.2052	0.2087
贵州	0.1789	0.2272	0.2101	0.2198	0.2281	0.2333	0.2578
海南	0.4110	0.3764	0.4194	0.3702	0.3299	0.3266	0.3189
河北	0.3072	0.3216	0.3308	0.3283	0.3334	0.3435	0.3493
河南	0.2131	0.2186	0.2206	0.2210	0.2235	0.2245	0.2397
黑龙江	0.3832	0.3861	0.3829	0.3808	0.3816	0.3752	0.3784
湖北	0.3161	0.3190	0.3247	0.3305	0.3451	0.3388	0.3445
湖南	0.2206	0.2372	0.2574	0.2586	0.2458	0.2516	0.2583
吉林	0.3982	0.4101	0.3983	0.4114	0.3929	0.3805	0.3865
江苏	0.5228	0.5359	0.5435	0.5503	0.5569	0.5684	0.5837
江西	0.3112	0.3190	0.3229	0.3365	0.3385	0.3532	0.3608
辽宁	0.4859	0.5114	0.5576	0.5629	0.5442	0.5359	0.5195
内蒙古	0.4690	0.4767	0.4421	0.4422	0.4421	0.4468	0.4813
宁夏	0.4764	0.4964	0.4782	0.5034	0.5262	0.5731	0.6692
青海	0.3508	0.3459	0.3539	0.3603	0.3582	0.4496	0.4664
山东	0.4042	0.4252	0.4355	0.4450	0.5308	0.6114	0.6207
山西	0.4344	0.4399	0.4296	0.4322	0.4325	0.4516	0.5244
陕西	0.3473	0.3589	0.3706	0.3941	0.3980	0.4197	0.4389
四川	0.2695	0.2520	0.2783	0.2954	0.3115	0.3305	0.3415
西藏	0.1809	0.2692	0.2219	0.2361	0.2598	0.2822	0.2832
新疆	0.4088	0.4097	0.4130	0.4328	0.4349	0.4627	0.4592
云南	0.2245	0.2323	0.2290	0.2318	0.2353	0.2432	0.2477
浙江	0.5242	0.5326	0.5563	0.5688	0.5818	0.6229	0.6762
重庆	0.4042	0.5469	0.5651	0.6244	0.6195	0.6132	0.7040

数据来源：2015—2021 年《中国城市建设统计年鉴》、2015—2021 年《中国县城建设统计年鉴》、2016—2022 年《中国统计年鉴》。

二、县域人口结构变动趋势及特点

本研究基于前文的人口数据和《中国县域统计年鉴》的分产业从业人员数据,对县域人口城镇结构变动趋势、县域人口就业结构变动趋势进行统计分析。结果发现,近年来县域人口城镇结构呈现波动上行的态势,而县域人口就业结构则呈现"先上升,后下降"的变动趋势。

(一) 县域人口城镇结构增长变动趋势

1. 2015—2021 年间全国县域城区人口占县域总人口比重呈现上行态势

从全国整体县域城区人口占县域总人口比重变动来看,2015 年该比重为 22.6%,2021 年比重为 24.6%,涨幅为 2.0 个百分点;从变动趋势来看,县域城区人口占县域总人口的比重呈现稳步上升态势。这表明县域城镇化的发展稳步提高,中国县域城区建设初见成效。由此看来,进一步探索并提高县域城区对乡村人口的吸引力,发挥县级单位在新一阶段产业发展中的固有优势,对县域人口整体的健康发展意义重大。

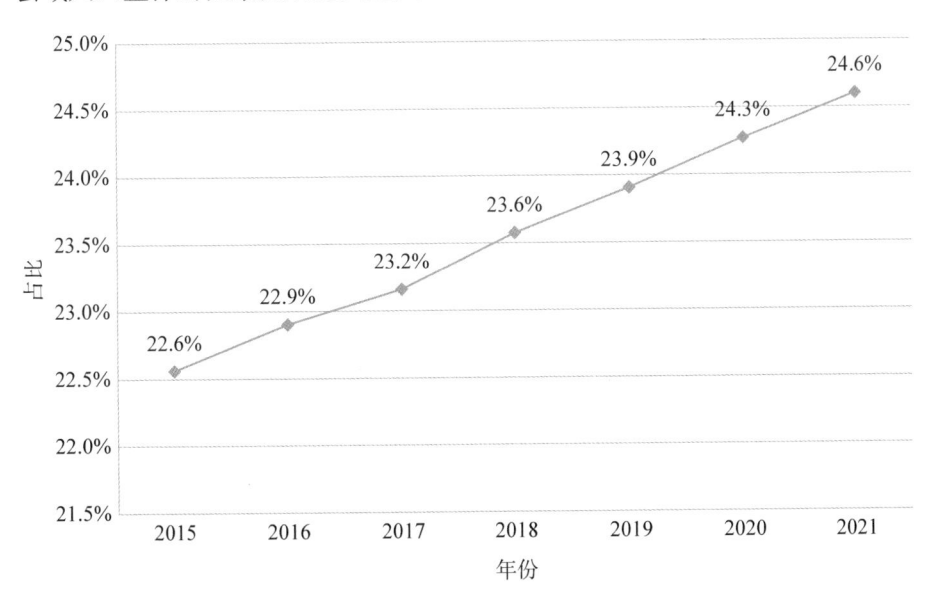

图 7-5 2015—2021 年中国县域城区人口占县域总人口比重

注:县域城区人口占县域总人口比重的计算方法为"县域城区人口占县域总人口比重=县域城区人口/县域人口总量"。

数据来源:2015—2021 年《中国城市建设统计年鉴》、2015—2021 年《中国县城建设统计年鉴》。

2. 近 7 年间，全国大部分省份县域城区人口占县域总人口比重波动上行

在分析全国整体县域城区人口占县域总人口比重的基础之上，进一步分省进行统计分析，结果发现纳入研究范围的 28 个省份中有 24 个省份县域城区人口占县域总人口比重呈现出波动上行态势，仅有海南、辽宁、吉林、内蒙古四省份出现下降。从横向对比可以发现，重庆、广西与安徽三省份县域城区人口占县域总人口比重排名较低，其中，2015—2021 年广西始终处于排名末位；全国县域城区人口占县域总人口比重高位的省份主要有新疆、山东、山西和内蒙古四省份。

从各省份 7 年间县域城区人口占县域总人口比重的演进趋势来看，大部分省份呈现出波动上行态势，最为明显的是西藏、宁夏、山东、贵州等省份。其中，县域城区人口占县域总人口比重上升幅度最大的为西藏，7 年间县域城区人口占县域总人口比重上升幅度达到 6.9%；其次为宁夏，上升幅度达到 6.3%。总体而言，全国大部分省份县域城区人口占县域总人口比重呈现波动上升态势，表明各省县域城区发展对县内人口的吸引力逐年增强。

表 7-18　　2015—2021 年各省县域城区人口占县域总人口比重

省份	2015 年	2016 年	2017 年	2018 年	2019 年	2020 年	2021 年
安徽	18.2%	18.7%	18.8%	19.1%	19.2%	19.4%	19.7%
福建	20.9%	21.3%	21.7%	22.4%	23.0%	23.3%	23.3%
甘肃	19.0%	19.6%	19.6%	22.3%	19.6%	20.3%	21.3%
广东	19.4%	19.4%	20.1%	20.0%	21.1%	21.2%	20.4%
广西	15.1%	15.2%	15.2%	15.6%	15.7%	15.8%	16.0%
贵州	17.5%	19.0%	19.7%	20.8%	21.7%	22.2%	23.2%
海南	23.6%	21.3%	23.5%	20.5%	18.3%	18.0%	16.8%
河北	23.5%	23.7%	24.1%	24.3%	24.7%	25.0%	25.0%
河南	19.5%	19.9%	20.1%	20.3%	20.5%	20.6%	21.4%
黑龙江	24.7%	25.1%	24.9%	25.1%	26.0%	26.0%	25.3%
湖北	23.2%	23.4%	23.5%	23.8%	24.4%	24.7%	24.3%
湖南	19.8%	21.3%	22.9%	23.3%	22.2%	22.7%	22.4%
吉林	28.5%	29.0%	28.1%	28.8%	28.0%	27.4%	26.6%
江苏	26.3%	26.7%	26.9%	27.2%	27.4%	27.2%	27.6%
江西	25.9%	26.2%	26.1%	27.1%	27.4%	27.9%	27.9%
辽宁	26.3%	25.5%	26.2%	26.5%	26.1%	25.2%	24.3%

续表

省份	2015年	2016年	2017年	2018年	2019年	2020年	2021年
内蒙古	33.7%	34.3%	31.8%	31.8%	32.0%	32.3%	32.7%
宁夏	26.7%	27.9%	26.8%	28.1%	29.0%	31.2%	33.0%
青海	27.0%	26.9%	27.8%	28.3%	28.1%	31.4%	32.2%
山东	27.5%	28.0%	28.7%	28.8%	31.1%	33.2%	33.6%
山西	30.7%	31.3%	30.8%	31.1%	31.3%	31.7%	34.2%
陕西	23.1%	23.3%	23.0%	23.6%	24.0%	24.6%	24.9%
四川	21.3%	20.3%	20.7%	21.4%	22.4%	23.5%	23.7%
西藏	14.4%	19.9%	17.7%	17.7%	19.3%	21.1%	21.3%
新疆	32.3%	32.6%	32.3%	33.3%	33.2%	34.2%	35.1%
云南	19.4%	19.5%	19.5%	19.7%	20.1%	20.8%	20.7%
浙江	27.0%	26.7%	27.1%	27.4%	27.5%	29.0%	31.2%
重庆	16.6%	16.6%	16.9%	18.2%	18.2%	17.8%	20.3%

数据来源:2015—2021年《中国城市建设统计年鉴》、2015—2021年《中国县城建设统计年鉴》。

(二) 县域人口就业结构增长变动趋势

1. 2013—2019年间,县域第二、三产业从业人员数"先上升,后下降"

根据《中国县域统计年鉴》中的从业人员数据,中国县域第二、三产业从业人员数在2013—2019年间呈现出"先上升,后下降"变动趋势,且第二产业从业人员数的变动趋势与第三产业基本相符,第三产业从业人员数多于第二产业。具体而言,2013—2017年为县域第二、第三产业从业人员数的波动上行阶段,县域第二产业从业人员从2013年的10869.3万人上升至2017年的12574.6万人,县域第三产业从业人员从2013年的11612.5万人上升至2017年的13920.3万人,随后2017—2019年间县域第二、第三产业从业人员数出现明显下降。整体来看,2013—2019年间,县域第二、三产业从业人员数呈现出"先上升,后下降"的变动趋势,表明县域第二、三产业发展的劳动力要素供给"先上升,后下降",县域经济的持续发展需进一步考虑劳动力要素的供给问题。

2. 2013—2019年间东部沿海省份县域第二产业从业人员数下降明显

在分析全国县域第二产业从业人员数的基础之上,本研究进一步对其进行分省统计分析,结果发现,中国各省份县域第二产业从业人员数相差较大,2013—2019年间东部沿海省份县域第二产业从业人员数下降明显。具体而

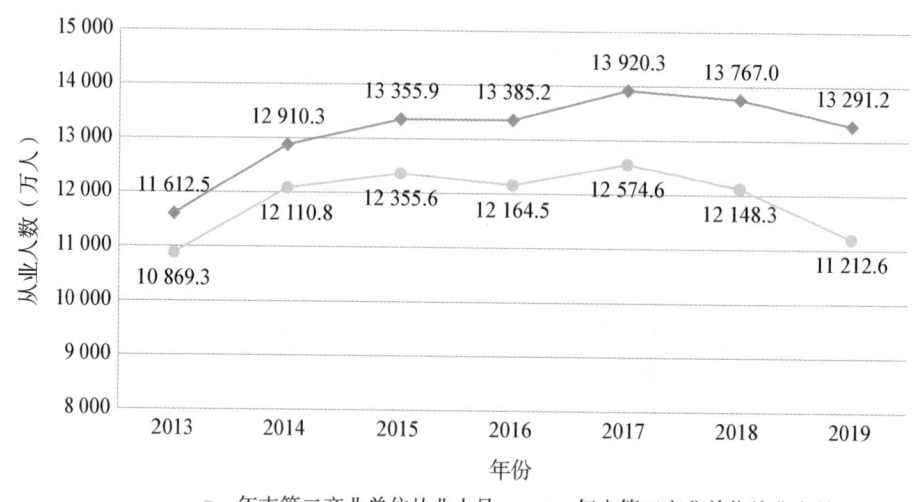

图 7-6　2013—2019 年第二、三产业就业人员数

数据来源：2014—2020 年《中国县域统计年鉴》。

言，横向对比后发现，河南、河北、江苏三省份县域第二产业从业人员数始终排名居前，排名末尾的为青海、宁夏、西藏三省份，其中西藏县域第二产业从业人员数整体水平最低。总体而言，中国各省份县域第二产业从业人员数差距明显，排名首位和排名末位的省份第二产业从业人员数相差超 70 倍。

从各省份县域第二产业从业人员数变动幅度及趋势来看，18 省份县域第二产业从业人员数在 7 年间出现上升，其中以河南的上涨幅度最为明显，十省份县域第二产业从业人员数在 7 年间出现下降，其中以河北的下跌幅度最为明显。值得注意的是，近 7 年间，全国县域第二产业从业人员数下降幅度较大的省份包含河北、山东、广东、浙江、福建等，大部分为东部沿海省份，2013—2019 年间东部沿海省份县域第二产业从业人员数下降明显。

表 7-19　　　2013—2019 年各省县域第二产业从业人员数　　　单位：万人

省份	2013 年	2014 年	2015 年	2016 年	2017 年	2018 年	2019 年
安徽	497.1	557.8	634.9	478.7	551.8	491.5	506.7
福建	506.5	503.7	509.3	515.5	503.1	495.3	491.5
甘肃	100.0	108.7	116.6	119.9	128.1	129.2	134.5
广东	470.8	565.7	517.0	512.6	507.6	501.0	410.0
广西	279.4	395.3	426.5	425.8	440.6	443.2	407.9

续表

省份	2013年	2014年	2015年	2016年	2017年	2018年	2019年
贵州	267.9	280.5	287.6	288.3	328.5	344.3	340.3
海南	25.4	28.6	32.9	32.7	33.5	35.2	38.8
河北	1054.6	1074.7	1084.6	1085.6	1050.6	1021.9	757.1
河南	849.6	1119.6	1185.6	1226.5	1253.2	1257.8	1273.8
黑龙江	119.7	143.8	142.6	139.2	139.2	132.2	127.8
湖北	587.0	666.4	679.2	674.2	755.4	750.3	708.3
湖南	712.1	751.5	733.3	735.1	754.0	750.8	749.4
吉林	127.0	138.9	155.2	155.1	151.4	136.5	133.6
江苏	1030.8	1031.3	1032.1	1018.9	1044.4	1044.6	1030.0
江西	464.2	550.0	560.1	569.5	582.8	553.4	573.1
辽宁	208.4	250.2	237.5	193.1	199.5	176.0	100.0
内蒙古	140.4	146.1	147.4	147.3	143.2	140.4	138.3
宁夏	23.3	36.8	38.9	39.8	43.9	28.6	29.0
青海	8.9	25.1	24.6	24.9	31.6	32.7	31.1
山东	863.6	1112.1	1151.4	1150.2	1195.9	970.9	618.1
山西	206.3	222.2	220.2	204.3	224.8	236.5	184.1
陕西	219.9	242.5	247.5	247.7	246.3	250.5	248.4
四川	760.6	780.4	789.0	789.5	838.8	789.9	775.1
西藏	9.8	14.4	13.3	16.9	16.0	16.3	17.4
新疆	74.8	87.7	107.3	104.2	106.9	109.0	109.9
云南	210.8	222.2	220.6	224.1	242.0	280.4	266.4
浙江	933.8	933.5	939.1	932.8	940.3	913.7	904.2
重庆	116.6	121.6	121.3	112.2	121.2	116.3	107.6

数据来源：2014—2020年《中国县域统计年鉴》。

3. 2013—2019年间全国大部分省份县域第三产业从业人员数呈明显上升趋势

进一步对各省份县域第三产业从业人员数进行统计分析，结果发现，中国大部分省份县域第三产业从业人员数呈现出显著上升趋势，河南、江西、湖北三省份在近7年间的上涨幅度最大。具体而言，通过横向对比发现，2013—2019年间河南县域第三产业从业人员数位居榜首，县域第三产业从业人员数稍弱于河南的为四川。县域第三产业从业人员数排名居末的三省份分别为西藏、青海和宁夏。2021年西藏县域第三产业从业人员数仅为24.4万人,青海仅为49.6万人,宁夏仅为67.4万人,加之上文得到西藏、青海和宁夏三省份县域第二产业从业人员数情况,不难得出该三省份的县域第二产业和第三产业发展与其余各省份仍存在较大差距。

从各省份县域第三产业从业人员数变动幅度及趋势来看,23个省份县域第三产业从业人员数在7年间出现上升。其中,以河南的上涨幅度最为明显。5个省份县域第三产业从业人员数在7年间出现下降。其中,以河北的下跌幅度最为明显。县域第三产业从业人员数最大上涨幅度省份和最大下跌幅度省份,均与县域第二产业从业人员数变动保持一致,表明这两个省份县域单位近7年间二产和三产从业人员数出现较大幅度波动。从变动趋势来看,近7年间,大部分省份县域第三产业从业人员数呈现出波动上行态势,且上涨趋势较为明显,其中最为明显的为河南省;小部分省份县域第三产业从业人员数出现平稳震荡;辽宁、山东、河北三省份则在近7年间出现较为明显的降幅。

表7-20　　2013—2019年各省份县域第三产业从业人员数　　单位:万人

省份	2013年	2014年	2015年	2016年	2017年	2018年	2019年
安徽	459.1	577.6	638.7	494.8	572.8	522.5	582.7
福建	396.7	428.2	430.7	450.1	434.1	442.6	449.4
甘肃	196.0	216.3	233.5	240.2	256.9	271.6	273.7
广东	485.3	493.1	545.0	525.9	498.5	517.2	528.7
广西	270.0	358.7	387.5	397.9	419.0	427.8	408.1
贵州	612.9	664.0	668.3	662.5	619.2	624.4	622.7
海南	69.8	84.1	95.6	104.8	108.2	132.9	126.3
河北	872.3	855.8	874.1	873.9	871.0	885.5	652.5
河南	850.8	1071.6	1150.7	1158.8	1242.3	1259.8	1329.8
黑龙江	232.1	237.9	230.4	232.4	236.2	230.5	231.4
湖北	673.6	763.7	783.2	821.3	933.2	898.8	853.8
湖南	1022.5	961.6	944.4	970.6	983.0	991.7	1006.2
吉林	208.7	235.5	244.9	251.2	246.4	246.8	245.1
江苏	722.0	740.1	764.9	788.3	821.2	826.2	845.6
江西	443.5	717.7	614.4	629.6	663.0	632.7	691.3
辽宁	256.1	297.6	306.0	266.7	294.2	247.0	127.3
内蒙古	257.7	256.0	266.0	276.7	280.8	287.7	300.1
宁夏	20.2	33.6	37.3	40.2	52.2	62.5	67.4

续表

省份	2013年	2014年	2015年	2016年	2017年	2018年	2019年
青海	16.9	39.5	39.7	39.6	47.1	51.2	49.6
山东	783.5	987.2	1030.7	1073.6	1098.0	923.1	592.0
山西	212.2	236.4	248.6	228.9	262.2	285.9	231.0
陕西	265.8	283.4	289.9	295.1	301.1	317.0	310.2
四川	1042.2	1059.4	1110.1	1133.9	1194.1	1141.5	1129.3
西藏	11.4	16.2	17.1	18.1	19.3	20.6	24.4
新疆	136.6	167.3	194.2	199.3	202.0	218.6	247.5
云南	358.3	379.1	410.9	415.4	455.8	482.9	498.2
浙江	589.2	602.4	646.7	644.9	645.9	677.9	699.5
重庆	147.0	146.4	152.7	150.3	162.4	139.8	167.6

数据来源：2014—2020年《中国县域统计年鉴》。

(三) 县域从业人员排名前、后100位分布变动趋势

1. 2013—2019年县域第二产业从业人员数排名前100位河南分布数量增长明显，后100位西藏分布数量增长明显

从全国各省份比较来看，县域第二产业从业人员数排名前100位的县域单位分布于江苏省和浙江省的数量最多，均为20个左右，分布数量稍少的是河南和山东两省份，在10个左右。整体来看，大部分省份第二产业从业人员数排名前100位的分布情况较为稳定，在近7年间的波动幅度不大。但值得注意的是，在近7年间河南分布数量从2013年的9个上升至2019年的17个，增长8个，涨幅最为明显，表明2013—2019年河南部分县域单位第二产业从业人员数增长明显。

表7-21　2013—2019年县域第二产业从业人员数排名前100位各省份分布情况　单位：个

省份	2013年	2014年	2015年	2016年	2017年	2018年	2019年
河北	5	4	5	5	1	3	1
辽宁	2	2	1	1	1	1	1
江苏	20	19	20	17	19	20	20
浙江	22	20	18	19	19	19	17
安徽	7	7	5	4	7	4	6
福建	5	5	5	6	4	4	4

续表

省份	2013年	2014年	2015年	2016年	2017年	2018年	2019年
江西	1	1	1	2	2	3	2
山东	8	9	13	11	9	8	7
河南	9	11	9	15	12	14	17
湖北	5	6	8	7	8	7	9
湖南	5	4	3	3	4	4	4
广东	4	6	5	4	5	5	3
广西	1	1	3	3	4	4	4
重庆	2	2	2	1	1	1	1
四川	4	3	2	2	3	2	3
贵州	0	0	0	0	1	1	1
合计	100	100	100	100	100	100	100

数据来源:2014—2020年《中国县域统计年鉴》。

全国县域第二产业从业人员数排名后100位,主要分布于四川、西藏、青海、新疆四省份,大部分省份分布数量虽有波动,但幅度不大,整体分布趋于稳定。具体而言,2014—2019年间县域第二产业从业人员数排名后100位分布数量最多的为西藏,从2013年的14个增长至2019年的32个,增加18个,增长最为明显。其次为青海,分布于青海的县域第二产业从业人员数排名后100位数量出现小幅下降,2019年为20个。分布于新疆的县域第二产业从业人员数排名后100位数量略有降低。四川的分布数量则趋于稳定。整体而言,全国县域第二产业从业人员数排名后100位中,超80%分布于西部各省份,且近7年间,大部分省份的分布数量趋于稳定,仅个别省份出现明显波动。

表7-22 2013—2019年县域第二产业从业人员数排名后100位各省份分布情况 单位:个

省份	2013年	2014年	2015年	2016年	2017年	2018年	2019年
山西	0	0	1	1	0	0	0
内蒙古	1	3	4	3	5	4	5
辽宁	1	0	0	0	0	0	0
黑龙江	4	3	5	8	6	5	5
安徽	1	1	0	0	0	0	0
河南	5	0	0	0	0	0	0

续表

省份	2013年	2014年	2015年	2016年	2017年	2018年	2019年
广西	2	0	0	0	0	0	0
海南	2	2	1	1	1	1	0
四川	17	18	19	14	13	15	17
云南	2	2	3	4	5	2	5
西藏	14	26	34	31	33	35	32
陕西	1	1	1	1	1	0	0
甘肃	7	9	8	7	7	8	7
青海	27	18	15	21	21	21	20
新疆	16	17	9	9	8	9	9
合计	100	100	100	100	100	100	100

数据来源:2014—2020年《中国县域统计年鉴》。

2. 2013—2019年间县域第三产业从业人员数排名前100位分布较为稳定,后100位西藏分布数量增长仍旧明显

根据《中国县域统计年鉴》的从业人员数据,2013—2019年间县域第三产业从业人员数排名前100位各省分布数量较为稳定,变化不大。具体而言,县域第三产业从业人员数前100位大多分布于江苏、浙江、山东、河南、湖北、四川等省份,且与县域第二产业从业人员数前100位相比,各省份分布数量差距相对较小,县域第三产业从业人员数前100位在各省份的分布情况相对更为平均。同时,近7年间,县域第三产业从业人员数前100位在各省份的分布情况变动并不明显,呈现出波动趋稳的状况。

表7-23 2013—2019年县域第三产业从业人员数排名前100位各省分布情况 单位:个

省份	2013年	2014年	2015年	2016年	2017年	2018年	2019年
河北	4	2	2	2	0	2	0
内蒙古	0	0	0	0	0	0	1
辽宁	1	1	1	1	1	1	1
吉林	1	1	1	1	0	0	0
黑龙江	1	0	0	0	0	0	0
江苏	14	10	12	11	12	15	15
浙江	9	8	8	9	9	10	8

续表

省份	2013年	2014年	2015年	2016年	2017年	2018年	2019年
安徽	5	8	5	4	6	6	7
福建	3	3	3	3	4	5	4
江西	1	3	2	2	3	3	4
山东	7	10	11	12	11	11	6
河南	10	11	9	12	13	13	14
湖北	9	10	11	12	14	13	13
湖南	12	7	6	7	6	6	6
广东	2	3	3	4	2	2	3
广西	1	2	2	2	2	2	2
重庆	3	3	3	2	2	1	2
四川	11	11	14	9	12	8	10
贵州	5	7	6	7	3	2	3
云南	0	0	0	0	0	0	1
陕西	1	0	1	0	0	0	0
合计	100	100	100	100	100	100	100

数据来源：2014—2020年《中国县域统计年鉴》。

在县域第三产业从业人员数排名前100位的分析结果基础之上，进一步对县域第三产业从业人员数排名后100位各省份分布情况进行分析。可以发现，相较于县域第二产业从业人员数后100位在各省的分布，县域第三产业从业人员数后100位在各省的分布更为集中，主要分布于西藏、青海两省份，占据100位中近70%的份额。从近7年间县域第三产业从业人员数后100位各省分布数量的变动趋势来看，西藏分布数量增长最为明显，从2013年的39个增长至2019年的49个，涨幅为10个。这表明西部省份仍为县域第三产业从业人员数后100位集中分布的省份，7年间大部分省份分布的县域第三产业从业人员数后100位数量趋于稳定，仅个别省份出现明显波动。

表7-24　2013—2019年县域第三产业从业人员数排名后100位各省分布情况　单位：个

省份	2013年	2014年	2015年	2016年	2017年	2018年	2019年
山西	2	1	1	3	1	0	1
内蒙古	3	2	2	2	2	2	2
黑龙江	3	2	2	3	4	2	5

续表

省份	2013年	2014年	2015年	2016年	2017年	2018年	2019年
江西	1	1	1	1	1	1	1
河南	1	0	0	0	0	0	2
广西	1	1	0	0	0	0	0
海南	0	0	0	0	0	1	0
四川	4	5	6	1	5	4	2
云南	5	3	3	3	2	3	1
西藏	39	49	52	56	53	51	49
陕西	3	3	2	2	2	2	2
甘肃	6	5	5	3	3	5	5
青海	22	21	20	20	20	22	22
新疆	10	7	6	6	7	7	8
合计	100	100	100	100	100	100	100

数据来源：2014—2020年《中国县域统计年鉴》。

三、本章小结

中国人口城镇化经历了一段高速发展时期，2021年常住人口城镇化率达64.7%，且根据发达国家城镇化的一般规律，中国在今后的一段时间内仍处于城镇化快速发展的关键时期。县域单位作为乡村人口就近城镇化和中心城市人口回流的首选，在城镇化快速发展的大背景下，其人口增长变动趋势、人口结构变动趋势对中国城镇化的健康发展显得尤为重要。本章从县域人口增长变动趋势、县域人口结构变动趋势两方面对当前中国县域人口的演进情况进行了描述分析，希望能够将中国县域人口的发展趋势呈现出来，具体得到的结论如下：

第一，2000—2021年间县域户籍人口总量经历了波动上升的发展过程，而2015—2021年间县域城区人口经历了"先上升，后下降"的变动。从县域人口总量的变动视角出发，对县域、县级市、县的户籍人口和城区人口进行的分析发现，县域户籍人口总量在过去的21年间经历了波动上升的，县级市、县户籍人口占县域户籍总人口比重相对稳定；2015—2021年县域城区人口经历了"先上升，后下降"的变动，但县级市城区人口总量及其占县域城区人口比重均持续上升，表明县级市城区对大城市人口回流、乡村人口进城均有较高的吸引力，且这种吸引力有逐年增强的态势。

第二，2001—2021年间大部分省份县域户籍人口占所属省份人口比重呈现波动下行态势，而2015—2021年间大部分省份县域城区人口占所属省份人口比重上浮态势明显。在各省份县域户籍人口、城区人口占所属省份人口比重的计算值基础之上，对各地区该比重的平均值进行计算，结果显示，东部地区县域户籍人口占所属省份人口比重下降幅度最大，中西部地区县域城区人口占所属省份人口比重上涨较为明显。进一步分沿海、内陆两地区来看，沿海地区县域户籍人口占所属省份人口比重下降较为明显，内陆地区县域城区人口占所属省份人口比重上涨更为明显，中国呈现出沿海地区相较于内陆地区县域人口流失更快的态势。

第三，2000—2021年间全国人口大县集中分布于东中部地区，且人口大县在全国各省份分布变动并不明显。通过对县域人口排名前100位的各省份分布情况进行统计分析，发现县域人口排名前100位县域单位主要分布于河南、安徽、广东和四川四省份，东中部地区所占份额超70%，且县域户籍人口排名前100位县域单位在全国各省份的分布变动并不明显。值得注意的是，近21年间，县域户籍人口排名后100位集中分布于西部地区，其中又以西藏分布最为密集。

第四，2000—2021年间东北三省县域户籍人口密度下行趋势明显，2015—2021年间全国超半数省份县域城区人口密度出现上升。从各省份县域户籍人口密度的变动趋势来看，大部分省份县域户籍人口密度出现不同程度的上升，东北三省县域户籍人口密度下行趋势明显。其中，上升最为明显的是河南、山东，下降最为明显的是辽宁，其次为黑龙江和吉林。从各省份县域城区人口密度的变动趋势来看，全国超半数省份县域城区人口密度上升明显，部分省份上升幅度较大，仅有小部分省份县域城区人口密度出现明显下降。

第五，2015—2021年间全国县域城区人口占县域总人口比重呈现上行态势，且大部分省份县域城区人口占县域总人口比重上行趋势明显。从全国整体来看，县域城区人口占县域总人口的比重呈现稳步上升态势，表明县域城镇化的发展稳步提高，中国县域城区建设初见成效。从各省份县域城区人口占县域总人口比重的演进趋势来看，大部分省份呈现波动上行态势，最为明显的是西藏、宁夏、山东、贵州等省份，表明各省份县域城区发展对县内人口的吸引力逐年增强。

第六,2013—2019年间县域第二、三产业从业人员数"先上升,后下降"。就县域单位而言,第二、三产业从业人员在2013—2019年间均呈现出"先上升,后下降"的发展态势,第二产业从业人员数的变动拐点与第三产业基本相符。进一步分省份分析后发现,中国不同省份县域第二、三产业从业人员数差距明显,县域第二产业从业人员数排名前100位河南分布数量增长明显,县域第三产业从业人员数排名前100位各省份分布较为稳定,而县域第二、三产业从业人员数排名后100位西藏分布数量增长明显。

第八章　县域发展的经济增长动态及趋势特点分析

县域经济在中国经济体系中扮演着重要的角色,县域经济的增长趋势及特点备受关注。随着中国城市化进程的加速推进,各省份县域经济的发展迎来新的机遇,呈现出丰富多样的动态和特点。这些动态和特点不仅反映了县域经济的实际状况,也折射出中国经济结构的转型和政策导向的变化。深入分析中国县域经济的发展趋势,有助于把握中国经济发展的基本脉络,从而为县域经济的持续健康发展提供战略指引,也为国家经济的稳步提升提供部分参考和借鉴。

一、县域经济总量变动趋势及特点

(一) 县域经济总量绝对值变动趋势

本研究以 2000—2021 年县域经济总量为研究对象,基于 2001—2022 年中国统计年鉴数据和 2001—2022 年中国县域统计年鉴(县市篇)数据,对县域经济体量的增长情况和全国经济总量的增长情况进行对比分析,结果如表 8-1 所示。

1. 2000—2021 年间县域经济体量持续增长,21 年间增长超 10 倍

通过对全国县域生产总值的增长情况进行统计,绘制图像如图 8-1 所示。从县域生产总值总量来看,2000—2021 年间全国县域经济总量稳步提升,从 2000 年的 3.9 万亿元增长至 2021 年的 44.1 万亿元,涨幅达 1030.8%。从 2000—2021 年全国县域生产总值增长图像的斜率来看,全国县域生产总值增长经历了"先增速,后趋缓,再提速"的过程,2000—2013 年为增长加速阶段,2013—2020 年为增速趋缓阶段,2021 年增速再度提升。

2. 2000—2013 年县域经济年度增速快于全国,2014 年后增速比全国"慢半拍"

县域生产总值年度增长率在 2000—2008 年间呈波动上升态势,2008 年后

表 8—1　2000—2021 年全国县域生产总值、国内生产总值变动趋势及历年增速

年份	2000年	2001年	2002年	2003年	2004年	2005年	2006年	2007年	2008年	2009年	2010年
县域生产总值（亿元）	38610.0	41691.0	49437.9	56494.4	68194.8	78205.3	91777.9	111050.6	134927.0	150939.1	180630.3
县域生产总值增加绝对值（亿元）		3081.0	7746.9	7056.5	11700.4	10010.5	13572.6	19272.8	23876.4	16012.1	29691.2
县域生产总值增速（%）		8.0	18.6	14.3	20.7	14.7	17.4	21.0	21.5	11.9	19.7
国内生产总值（亿元）	100280.1	110863.1	121717.4	137422.0	161840.2	187318.9	219438.5	270092.3	319244.6	348517.7	412119.3
国内生产总值增加绝对值（亿元）		10583.0	10854.3	15704.6	24418.2	25478.7	32119.6	50653.8	49152.3	29273.1	63601.6
国内生产总值增速（%）		10.6	9.8	12.9	17.8	15.7	17.1	23.1	18.2	9.2	18.2
县域生产总值增速与国内生产总值增速差值（百分点）		-2.6	8.8	1.4	2.9	-1.1	0.2	-2.1	3.3	2.7	1.4

年份	2011年	2012年	2013年	2014年	2015年	2016年	2017年	2018年	2019年	2020年	2021年
县域生产总值（亿元）	202917.2	234267.0	270918.0	288427.9	302681.2	321781.9	344786.5	368241.7	381196.5	392731.8	440511.1
县域生产总值增加绝对值（亿元）	22286.9	31349.9	36651.0	17509.9	14253.4	19100.6	23004.6	23455.3	12954.7	11535.4	47779.2
县域生产总值增速（%）	12.3	15.4	15.6	6.5	4.9	6.3	7.1	6.8	3.5	3.0	12.2

续表

年份	2011年	2012年	2013年	2014年	2015年	2016年	2017年	2018年	2019年	2020年	2021年
国内生产总值（亿元）	487 940.2	538 580.0	592 963.2	643 563.1	688 858.2	746 395.1	832 035.9	919 281.1	986 515.2	1 013 567.0	1 143 669.7
国内生产总值增加绝对值（亿元）	75 820.9	50 639.8	54 383.2	50 599.9	45 295.1	57 536.9	85 640.8	87 245.2	67 234.1	27 051.8	130 102.7
国内生产总值增速（%）	18.4	10.4	10.1	8.5	7.0	8.4	11.5	10.5	7.3	2.7	12.8
县域生产总值增速与全国的差值（百分点）	-6.1	5.1	5.5	-2.1	-2.1	-2.0	-4.3	-3.7	-3.8	0.3	-0.7

数据来源：2001—2022《中国统计年鉴》，2001—2022年《中国县域统计年鉴（县市篇）》。

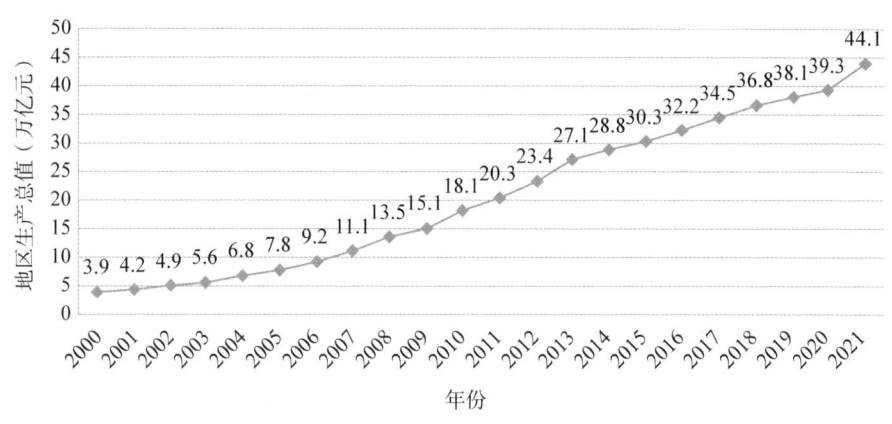

第八章　县域发展的经济增长动态及趋势特点分析 / 207

图 8-1　2000—2021 年全国县域生产总值增长示意
数据来源：2001—2022 年《中国县域统计年鉴（县市篇）》。

波动回落，在 2010—2014 年间县域生产总值年度增长率下降较快，2014—2020 年下降趋势放缓。具体来看，全国县域经济总量年度增长率峰值出现在 2008 年，当年地区生产总值增长率为 21.5%；在 2010—2020 年间县域生产总值年度增长率由 19.7% 逐年回落至 3.0%。此外，从县域生产总值年度增长率和国内生产总值年度增长率的对比来看，在 2000—2021 年间，县域经济年度增长率变动趋势与国内生产总值年度增长率变动趋势基本一致。2000—2013 年间，县域经济年度增速基本高于全国经济年度增速。在 2013 年之后，县域经济年度增速出现明显下滑，较全国经济年度增速出现明显的"慢半拍"

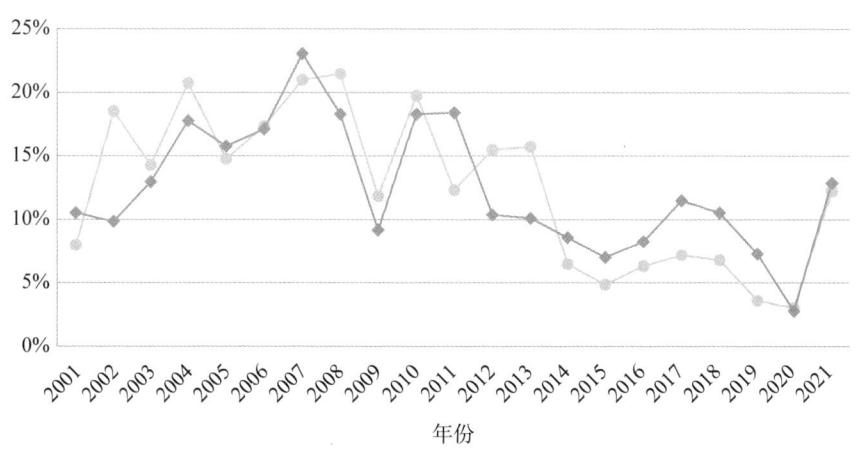

图 8-2　2000—2021 年全国及县域生产总值增速示意图
数据来源：2001—2022《中国统计年鉴》、2001—2022 年《中国县域统计年鉴（县市篇）》。

特征,直至2020年县域经济年度增速与全国经济年度增速几乎持平。2021年县域经济年度增速和全国经济年度增速均出现明显反弹,两者相差仍较小。这表明全国县域经济增速正向全国经济发展速度收敛,县域经济增长动力有所减弱,县域经济也从原来的快速增长阶段逐步转向稳步提升阶段。

(二) 县域经济总量占全国比重变动趋势

1. 2013—2021年县域生产总值占全国比重持续走低

绘制2000—2021年全国县域生产总值占国内生产总值比重的图像如图8-3所示。2000—2021年全国县域生产总值占国内生产总值的比重经历了"先上升,后下降"的变动趋势。2000—2013年县域经济总量占全国的比重呈波动上升态势。从2013年开始,中国县域经济总量占全国的比重持续快速下滑,2021年已逼近21年间最低水平。具体来看,2000—2021年间,中国县域经济总量占全国比重最低的年份是2001年,当年占比为37.6%;最高的年份是2013年,当年的占比为45.7%。2000—2013年13年间全国县域生产总值占国内生产总值的比重升高约7.2个百分点。其中,2001—2002年间县域生产总值比重升高幅度最大,约3.0个百分点。2013—2021年8年间全国县域生产总值占国内生产总值的比重回落7.2个百分点。其中,2020—2021年全国县域生产总值占比收缩幅度最小,仅0.2个百分点。

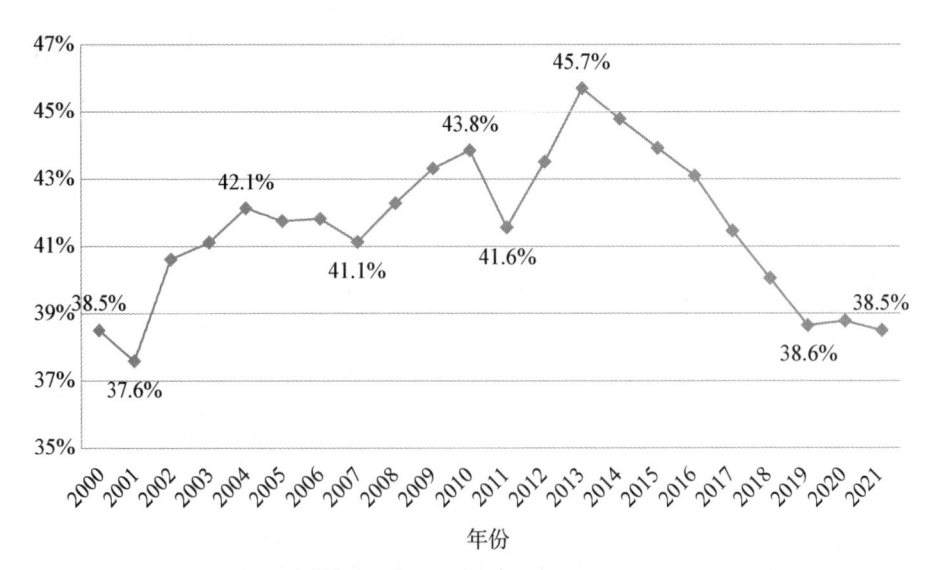

图8-3 2000—2021年县域生产总值在国内生产总值中所占比重

数据来源:2001—2022《中国统计年鉴》、2001—2022年《中国县域统计年鉴(县市篇)》。

第八章 县域发展的经济增长动态及趋势特点分析

表 8-2　2000—2021 年中国县域生产总值占国内生产总值的比重

年份	2000年	2001年	2002年	2003年	2004年	2005年	2006年	2007年	2008年	2009年	2010年
县域生产总值（亿元）	38610.0	41691.0	49437.9	56494.4	68194.8	78205.3	91777.9	111050.6	134927.1	150939.1	180630.3
国内生产总值（亿元）	100280.1	110863.1	121717.4	137422.0	161840.2	187318.5	219438.5	270092.3	319244.6	348517.7	412119.3
县域生产总值在国内生产总值中所占比重（%）	38.5	37.6	40.6	41.1	42.1	41.7	41.8	41.1	42.3	43.3	43.8
县域生产总值占国内生产总值比重变动幅度（百分点）	—	-0.9	3.0	0.5	1.0	-0.4	0.1	-0.7	1.1	1.0	0.5

年份	2011年	2012年	2013年	2014年	2015年	2016年	2017年	2018年	2019年	2020年	2021年
县域生产总值（亿元）	202917.2	234267.0	270918.0	288427.9	302681.2	321781.9	344786.5	368241.7	381196.5	392731.8	440511.1
国内生产总值（亿元）	487940.2	538580.0	592963.2	643563.1	688858.2	746395.1	832035.9	919281.1	986515.2	1013567.0	1143669.7
县域生产总值在国内生产总值中所占比重（%）	41.6	43.5	45.7	44.8	43.9	43.1	41.4	40.1	38.6	38.7	38.5
县域生产总值占国内生产总值比重变动幅度（百分点）	-2.2	1.9	2.2	-0.9	-0.9	-0.8	-1.7	-1.4	-1.4	0.1	-0.2

数据来源：2001—2022《中国统计年鉴》，2001—2022年《中国县域统计年鉴（县市篇）》。

2. 近 21 年间，县域生产总值增加值波动明显，其占国内生产总值增加值比重波动下行

在分析县域生产总值占国内生产总值变动趋势的基础上，进一步将 2000—2021 年县域生产总值增加值的变动情况纳入分析范围，具体统计结果如表 8-3 所示。从 2000—2021 年来看，全国县域生产总值增加值波动明显，整体呈现出"先增加，后减少"的变动趋势。2001—2013 年为县域生产总值年度增加值的上升阶段，2013 年全国县域生产总值年度增加值达到阶段性高点，为 36 651.0 亿元，较 2001 年增加了 33 570.0 亿元；随后全国县域生产总值年度增加值出现明显下滑，2020 年仅为 11 535.4 亿元。但值得注意的是，2021 年全国县域生产总值总量增加值出现明显上升，达到 47 779.2 亿元，这可能与当年县域经济快速复苏密切相关。

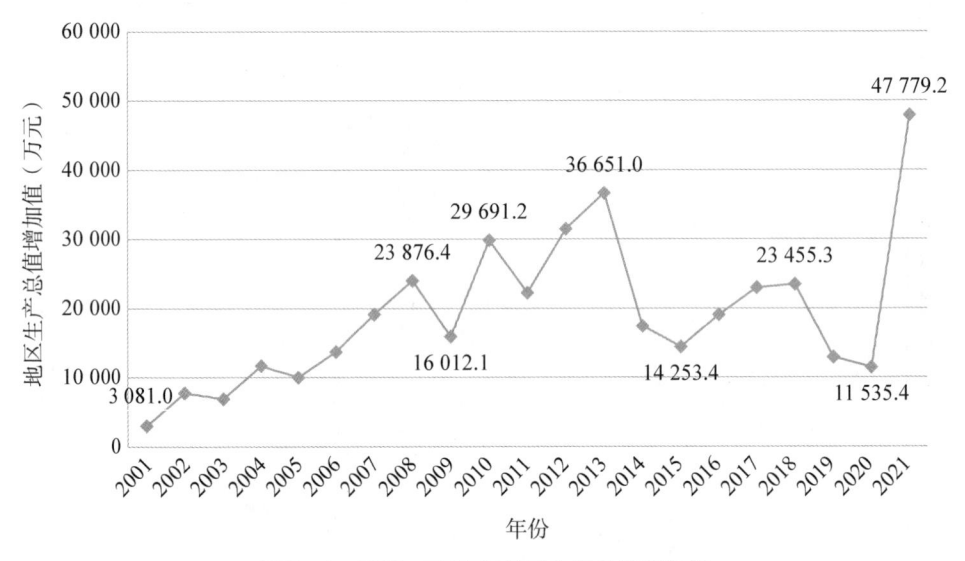

图 8-4　2000—2021 年县域生产总值增加值

数据来源：2001—2022《中国统计年鉴》、2001—2022 年《中国县域统计年鉴（县市篇）》。

从县域生产总值增加值与国内生产总值增加值的比重来看，2000—2021 年间全国县域生产总值增加值占国内生产总值增加的比重呈现波动下行态势。其中出现过两次峰值。第一次峰值出现在 2002 年，当年县域生产总值增加值占国内生产总值增加值的比重为 71.4%。这意味着，2002 年全国新增产能中，有超过七成的增加值来自县域经济。第二次峰值出现在 2013 年，当年

第八章 县域发展的经济增长动态及趋势特点分析

表8-3 2000—2021年全国县域生产总值增加值占国内生产总值增加值比重

年份	2000年	2001年	2002年	2003年	2004年	2005年	2006年	2007年	2008年	2009年	2010年
县域生产总值(亿元)	38610.0	41691.0	49437.9	56494.4	68194.8	78205.3	91777.9	111050.6	134927.0	150939.1	180630.3
县域生产总值增加绝对值(亿元)	—	3081.0	7746.9	7056.5	11700.4	10010.5	13572.6	19272.8	23876.4	16012.1	29691.2
国内生产总值(亿元)	100280.1	110863.1	121717.4	137422.0	161840.0	187318.9	219438.5	270092.3	319244.6	348517.7	412119.3
国内生产总值增加绝对值(亿元)	—	10583.0	10854.3	15704.6	24418.2	25478.7	32119.6	50653.8	49152.3	29273.1	63601.6
县域生产总值增长占国内生产总值增长的比重(%)	—	29.1	71.4	44.9	47.9	39.3	42.3	38.0	48.6	54.7	46.7

年份	2011年	2012年	2013年	2014年	2015年	2016年	2017年	2018年	2019年	2020年	2021年
县域生产总值(亿元)	202917.2	234267.0	270918.0	288427.9	302681.2	321781.9	344786.5	368241.7	381196.5	392731.8	440511.1
县域生产总值增加绝对值(亿元)	22286.9	31349.9	36651.0	17509.9	14253.4	19100.6	23004.6	23455.3	12954.7	11535.4	47779.2
国内生产总值(亿元)	487940.2	538580.0	592963.2	643563.1	688858.2	746395.1	832035.9	919281.1	986515.2	1013567.0	1143669.7
国内生产总值增加绝对值(亿元)	75820.9	50639.8	54383.2	50599.9	45295.1	57536.9	85640.8	87245.2	67234.1	27051.8	130102.7

续表

年份	2011年	2012年	2013年	2014年	2015年	2016年	2017年	2018年	2019年	2020年	2021年
县域生产总值增长占国内生产总值增长的比重（%）	29.4	61.9	67.4	34.6	31.5	33.2	26.9	26.9	19.3	42.6	36.7

数据来源：2001—2022《中国统计年鉴》，2001—2022年《中国县域统计年鉴（县市篇）》。

县域生产总值增加值占国内生产总值增加值的比重为67.4%。此外,2020年中国县域生产总值增加值占全国的比重再次出现攀升迹象,但2021年该比重又出现轻微下滑。整体来看,县域经济对全国经济增长的贡献呈现出波动下行态势,全国经济增长对县域经济的依赖情况有所减弱。

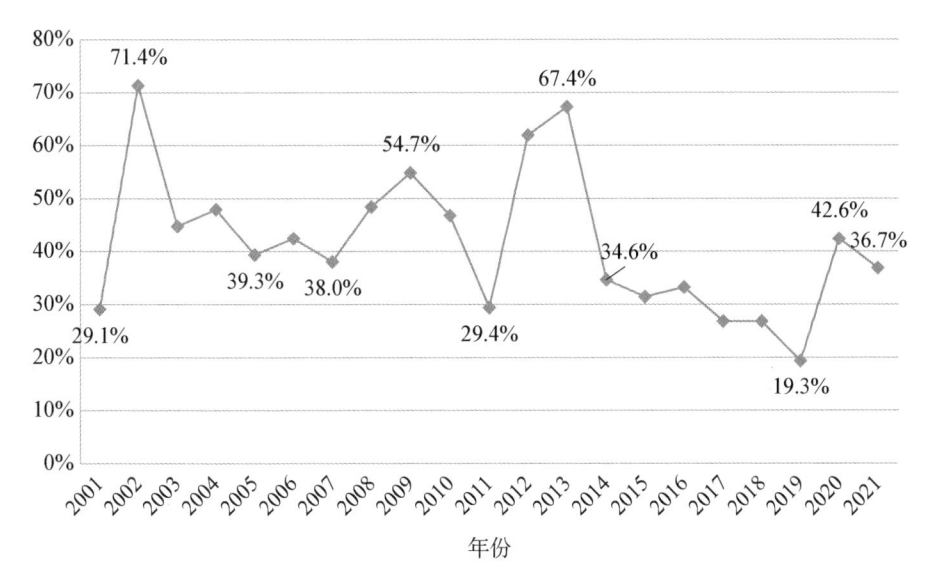

图8-5 2000—2021年县域生产总值增加值占国内生产总值增加值比重
数据来源:2001—2022《中国统计年鉴》、2001—2022年《中国县域统计年鉴(县市篇)》。

(三) 全国"千亿县(市)"数量及分布变动趋势

1. 2000—2021年全国"千亿县(市)"数量持续增长

2021年全国县域共有45个"千亿县(市)",即全国有45个县(市)地区生产总值达到1000亿元。首先,从时间维度观测全国"千亿县(市)"的产生和发展情况。2000—2006年间,全国并未出现地区生产总值达到1000亿元的县域单位。2007年,中国首次诞生3个"千亿县(市)"。2008—2011年全国"千亿县(市)"数量变化不大。2011年后全国"千亿县(市)"数量出现明显提升,从2011年的5个快速增加至2021年的45个。其中,2018年新增"千亿县"数量最多,一年之内增加9个"千亿县"。

其次,从空间维度观测全国"千亿县(市)"的分布情况。可以发现,2021年全国45个"千亿县(市)"的区域分布极不均衡,有37个是属于东部地区。其中,江苏、浙江和福建3个省份"千亿县(市)"数量最多,分别为18个、9个、6

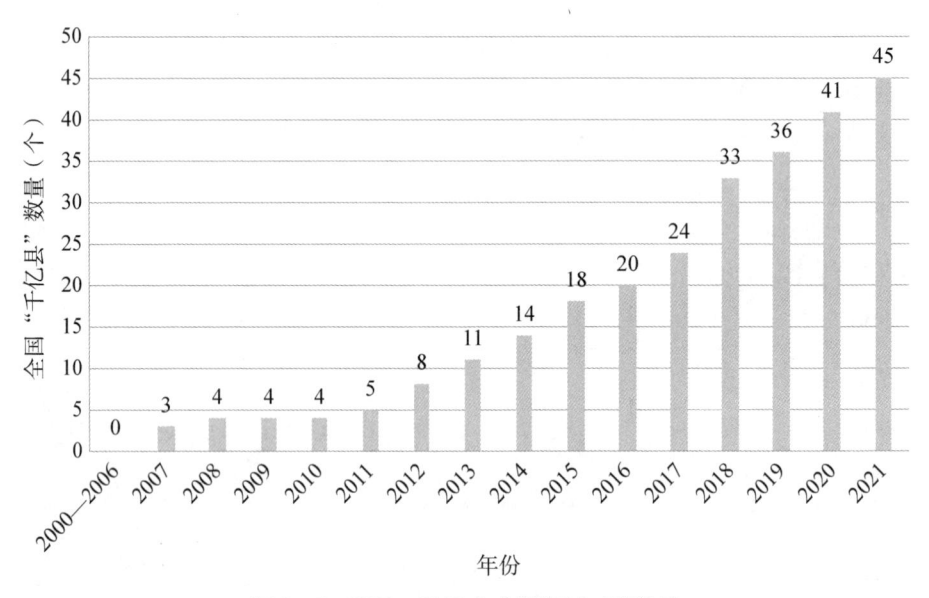

图 8-6　2000—2021 年全国"千亿县"数量

数据来源：2001—2022 年《中国县域统计年鉴（县市篇）》。

个，共计 33 个，占据了全国超三分之一的"千亿县（市）"。中西部"千亿县（市）"数量仅为 8 个，东北地区无地区生产总值达到千亿的县域单位。这表明"千亿县（市）"的空间分布差异明显，生产总值超千亿的县域单位集中出现于东部地区的部分省份。

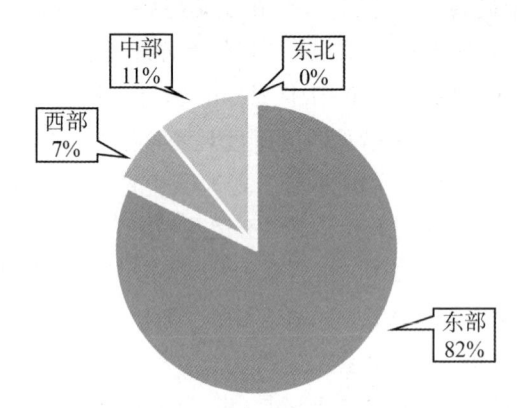

图 8-7　2021 年 45 个"千亿县"区域分布

数据来源：《2022 年中国县域统计年鉴（县市篇）》。

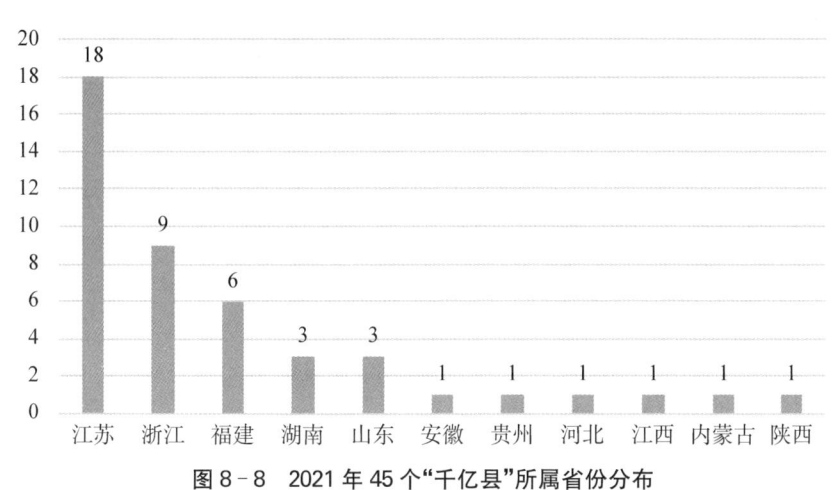

第八章 县域发展的经济增长动态及趋势特点分析 / 215

图8-8 2021年45个"千亿县"所属省份分布

数据来源:《2022年中国县域统计年鉴(县市篇)》。

2. 中西部省份"千亿县(市)"数量有所增加,但新增"千亿县(市)"仍集中于东部地区

在2021年全国"千亿县(市)"各地区分布和各省份分布分析的基础上,进一步对2000—2021年间"千亿县(市)"历年的增长情况进行统计。结果显示,2012年陕西省神木市以1003.9亿元的成绩闯进"千亿县(市)"的赛道。随后的两年里湖南省长沙县和浏阳市分别以1100.6和1012.8亿元的地区生产总值跻身"千亿县(市)"排名。2017、2019、2021年河南省新郑市、江西省南昌县、贵州省仁怀市和安徽省肥西县也先后进入"千亿县(市)"行列,中西部省份"千亿县(市)"数量有所增加。但值得注意的是,江苏省在2007—2020年间,几乎每年都有新的"千亿县(市)"诞生,其他省份新增的"千亿县(市)"也集中分布于东部地区,表明"千亿县(市)"的出现仍存在极强的集聚效应和带动作用。

表8-4 历年千亿县首次诞生的县名称及其当年地区生产总值

年份	所属省份	所属地级市	县名称	当年地区生产总值(亿元)	新增千亿级县个数	所属区域
2007	江苏	苏州市	张家港市	1050.0	3	东部
	江苏	苏州市	昆山市	1151.8		东部
	江苏	无锡市	江阴市	1190.6		东部

续表

年份	所属省份	所属地级市	县名称	当年地区生产总值(亿元)	新增千亿级县个数	所属区域
2008	江苏	苏州市	常熟市	1150.0	1	东部
2011	福建	泉州市	晋江市	1095.7	1	东部
2012	内蒙古	鄂尔多斯市	准格尔旗	1000.4	3	西部
	江苏	无锡市	宜兴市	1086.0		东部
	陕西	榆林市	神木市	1003.9		西部
2013	辽宁	大连市	瓦房店市	1055.9	4	东北
	江苏	苏州市	太仓市	1002.3		东部
	河北	唐山市	迁安市	1005.1		东部
	浙江	宁波市	慈溪市	1031.1		东部
2014	湖南	长沙市	长沙县	1100.6	4	中部
	山东	烟台市	龙口市	1002.8		东部
	湖南	长沙市	浏阳市	1012.8		中部
	江苏	镇江市	丹阳市	1009.0		东部
2015	浙江	绍兴市	诸暨市	1026.6	5	东部
	浙江	金华市	义乌市	1045.1		东部
	山东	枣庄市	滕州市	1005.1		东部
	山东	威海市	荣成市	1022.3		东部
	湖南	长沙市	宁乡市	1002.2		中部
2016	山东	青岛市	胶州市	1035.9	2	东部
	江苏	南通市	海门市	1005.1		东部
2017	浙江	宁波市	余姚市	1007.9	4	东部
	河南	郑州市	新郑市	1099.4		中部
	江苏	南通市	如皋市	1025.8		东部
	江西	南昌市	南昌县	1305.2		中部
2018	山东	济宁市	邹城市	1008.2	9	东部
	浙江	台州市	温岭市	1091.1		东部
	江苏	泰州市	泰兴市	1050.3		东部
	江苏	南通市	启东市	1063.3		东部
	福建	泉州市	南安市	1067.8		东部
	浙江	温州市	乐清市	1078.5		东部
	江苏	泰州市	靖江市	1002.1		东部
	福建	泉州市	惠安县	1094.5		东部
	福建	福州市	福清市	1102.1		东部
2019	浙江	温州市	瑞安市	1004.0	7	东部
	江苏	南通市	如东县	1053.4		东部

续表

年份	所属省份	所属地级市	县名称	当年地区生产总值(亿元)	新增千亿级县个数	所属区域
2019	贵州	遵义市	仁怀市	1297.0	7	西部
	福建	漳州市	龙海市	1100.5		东部
	江苏	常州市	溧阳市	1010.5		东部
	浙江	嘉兴市	海宁市	1026.6		东部
	江苏	南通市	海安市	1133.2		东部
2020	浙江	嘉兴市	桐乡市	1003.0	3	东部
	江苏	宿迁市	沭阳县	1011.2		东部
	江苏	徐州市	邳州市	1001.3		东部
2021	江苏	泰州市	兴化市	1020.9	3	东部
	福建	泉州市	石狮市	1072.5		东部
	安徽	合肥市	肥西县	1018.7		中部

数据来源：2001—2022年《中国县域统计年鉴（县市篇）》。

二、县域经济发展水平变动趋势及特点

（一）县域人均地区生产总值变动趋势

1. 中国县域人均地区生产总值绝对值稳步增加，县域经济发展水平持续攀升

基于2001—2022年中国县域统计年鉴数据，计算全国县域人均地区生产总值情况，绘制21年间全国县域人均地区生产总值发展水平的变动趋势，如图8-9所示。可以发现，2000—2021年间全国县域人均地区生产总值稳步增加，从2000年的4666.1元持续上升到2021年的49177.4元，县域经济发展水平逐年提高。值得注意的是，2000—2013年县域人均地区生产总值增长速度持续加快，2013—2020年县域人均地区生产总值增速有所放缓，但整体增长态势并未改变，21年间全国县域人均地区生产总值翻了10.5倍。

2. 中国县域人均地区生产总值与全国人均地区生产总值差距持续拉大，县域经济发展相对滞后

虽然中国县域人均地区生产总值绝对值稳步增加，县域经济发展水平持续攀升，但将全国县域人均地区生产总值与全国人均地区生产总值进行对比后发现，2013年以来中国县域人均地区生产总值与全国人均地区生产总值差距持续拉大，县域经济发展呈现出滞后现象。具体来看，县域人均地区生产总

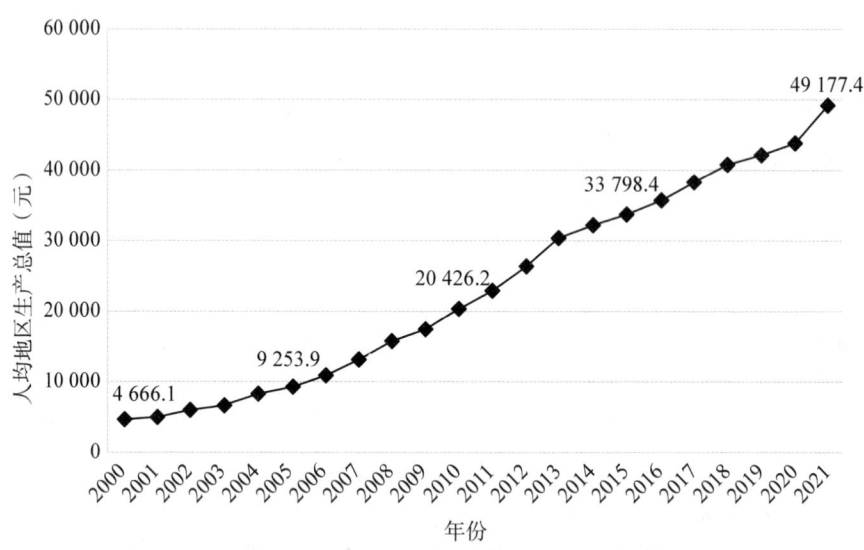

图 8-9　2000—2021 年全国县域人均地区生产总值变动情况

数据来源:2001—2022 年《中国县域统计年鉴(县市篇)》。

值与全国人均地区生产总值的比值在 2000—2021 年间均小于 70%。县域人均地区生产总值与全国人均地区生产总值的比值最高出现在 2013 年,为 69.9%。这表明全国县域经济的发展虽稳步提升,但仍相对落后于全国经济发展水平,或者说是落后于中国城市经济发展水平。此外,从 2000—2021 年县域人均地区生产总值与全国人均地区生产总值比值的走势图中可以发现,县域人均地区生产总值与全国人均地区生产总值的比值在 21 年间呈现"先上升,后下降"趋势。自 2013 年以来,该比值持续下行,从 2013 年的 69.9% 下降至 2021 年的 60.7%,这表明中国县域人均地区生产总值与全国人均地区生产总值差距自 2013 年来持续拉大。

表 8-5　2000—2021 全国县域人均地区生产总值及其与全国人均地区生产总值的比值

年份	全国人均地区生产总值(元)	县域人均地区生产总值(元)	县域人均地区生产总值与全国人均地区生产总值的比值(%)
2000	7 942.0	4 666.1	58.8
2001	8 717.0	5 007.5	57.4
2002	9 506.0	5 918.0	62.3
2003	10 666.0	6 741.6	63.2
2004	12 487.0	8 090.5	64.8
2005	14 368.0	9 253.9	64.4

续表

年份	全国人均地区生产总值(元)	县域人均地区生产总值(元)	县域人均地区生产总值与全国人均地区生产总值的比值(%)
2006	16 738.0	10 779.9	64.4
2007	20 494.0	12 942.7	63.2
2008	24 100.0	15 604.5	64.7
2009	26 180.0	17 299.1	66.1
2010	30 808.0	20 426.2	66.3
2011	36 277.0	22 972.0	63.3
2012	39 771.0	26 420.4	66.4
2013	43 497.0	30 406.4	69.9
2014	46 912.0	32 265.8	68.8
2015	49 922.0	33 798.4	67.7
2016	53 783.0	35 786.3	66.5
2017	59 592.0	38 400.3	64.4
2018	65 534.0	40 874.5	62.4
2019	70 078.0	42 272.1	60.3
2020	71 828.0	43 880.3	61.1
2021	80 976.0	49 177.4	60.7

数据来源:2021—2022年《中国统计年鉴》、2001—2021年《中国县域统计年鉴(县市篇)》。

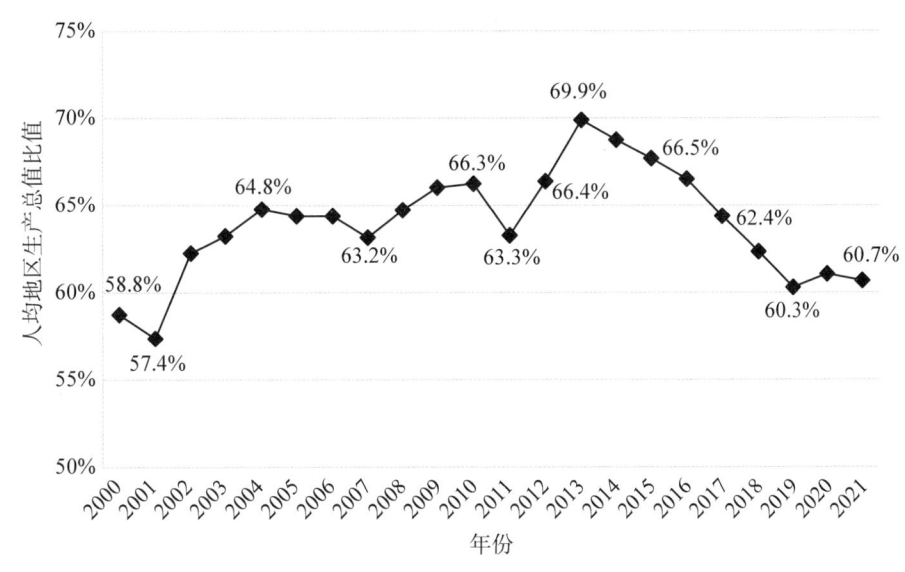

图8-10 2000—2021年县域人均地区生产总值与全国人均地区生产总值的比值
数据来源:2021—2022年《中国统计年鉴》、2001—2021年《中国县域统计年鉴(县市篇)》。

220 / 中国县域经济发展模式与路径研究

(二) 县域居民存款变动趋势

1. 2000—2021年县域居民存款不断增多,县域居民存款占全国比重波动上升

通过对2000—2021年全国县域城乡居民储蓄存款余额进行分析,可以发现,全国县域城乡居民储蓄余额在2000—2021年间持续增长,由2000年的21 398.2亿元增长至2021年的386 194.5亿元,21年间全国县域居民储蓄存款余额增长了超18倍。值得注意的是,中国县域居民储蓄存款余额增长呈现出加速态势,图像曲线斜率逐步增大,县域居民储蓄存款有望实现快速上升。

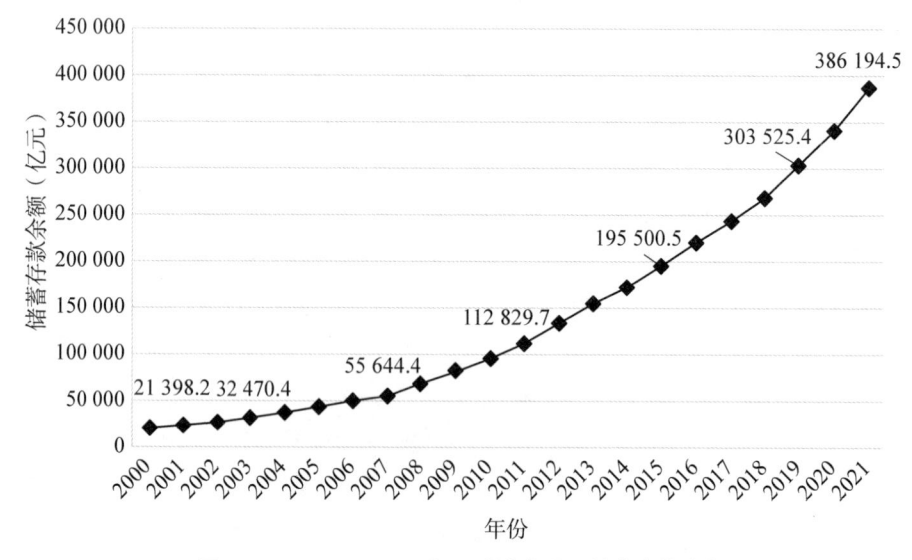

图 8-11 2000—2021年县域城乡居民储蓄存款余额

数据来源:2021—2022年《中国统计年鉴》、2001—2021年《中国县域统计年鉴(县市篇)》。

2000—2021年全国城乡居民储蓄存款余额同样持续攀升,由2000年的64 332.4亿元增长至2021年的1 025 012.0亿元,21年间中国居民手中的存款翻了15.9倍。相比之下,县域居民21年间储蓄存款余额的增长速度要稍快于全国平均值。此外,从县域城乡居民储蓄余额占全国的比重来看,2000—2021年间县域居民存款占全国的比重维持在30%—40%,波动幅度不足10%。但值得注意的是,21年间县域城乡居民储蓄存款余额占全国的比重呈现波动上涨态势,2021年达到最大值37.7%,表明县域居民存款的在全国存

款总额中的重要性有所提升。

表8-6 2000—2021年中国县域城乡居民储蓄余额及其占全国城乡居民存款余额的比重

年份	县域城乡居民储蓄存款余额(亿元)	全国城乡居民存款余额(亿元)	县域城乡居民存款余额占全国的比重(%)
2000	21 398.2	64 332.4	33.3
2001	24 274.1	73 762.4	32.9
2002	27 889.1	86 910.7	32.1
2003	32 470.4	103 617.7	31.3
2004	37 263.4	119 555.4	31.2
2005	43 497.4	141 051.0	30.8
2006	50 160.2	161 587.3	31.0
2007	55 644.4	172 534.0	32.3
2008	69 342.0	217 885.0	31.8
2009	81 951.2	260 772.0	31.4
2010	96 610.6	303 302.5	31.9
2011	112 829.7	353 536.0	31.9
2012	133 975.7	411 003.0	32.6
2013	155 318.9	461 370.0	33.7
2014	173 918.2	502 504.0	34.6
2015	195 500.5	546 078.0	35.8
2016	220 364.9	597 751.0	36.9
2017	242 724.3	643 768.0	37.7
2018	268 974.3	716 038.0	37.6
2019	303 525.4	813 017.0	37.3
2020	340 744.9	925 986.0	36.8
2021	386 194.5	1 025 012.0	37.7

数据来源:2021—2022年《中国统计年鉴》、2001—2021年《中国县域统计年鉴(县市篇)》。

2. 2000—2021年县域城乡居民人均储蓄存款余额攀升,2012年来县域人均储蓄存款占全国比重超50%

通过对2000—2021年全国县域城乡居民人均储蓄存款余额进行分析,结果发现,21年间县域城乡居民人均储蓄存款余额逐年攀升,2000年县域城乡居民人均存款余额为2 586.0元,2021年县域城乡居民人均存款余额达到43 113.7元,21年间增长16.7倍,年均增长率为14.3%。值得注意的是,从城乡居民人均储蓄存款余额变动趋势来看,2000—2021年县域城乡居民人均

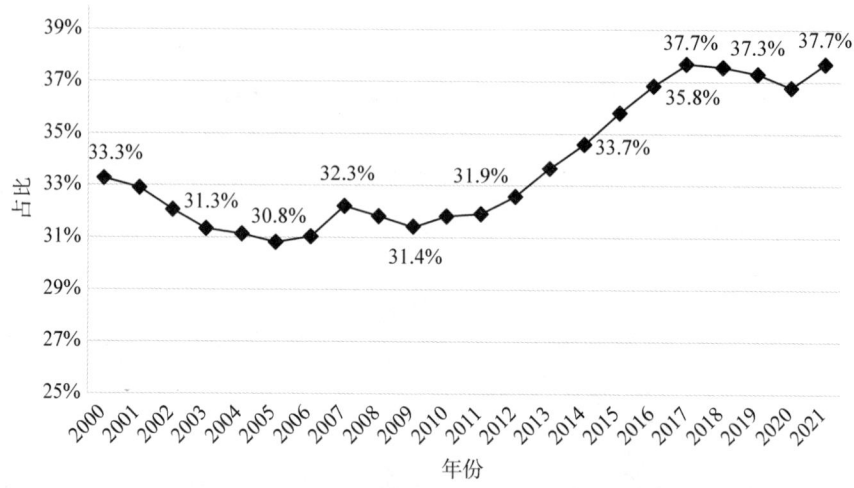

图 8-12　2000—2021 年县域城乡居民储蓄余额占全国的比重
数据来源：2021—2022 年《中国统计年鉴》、2001—2021 年《中国县域统计年鉴（县市篇）》。

储蓄存款余额与全国城乡居民人均储蓄存款余额总体上升趋势基本一致，2000—2010 年县域城乡居民人均储蓄存款余额增长速度低于全国，2011—2018 年县域城乡居民人均储蓄存款余额增长速度快于全国。

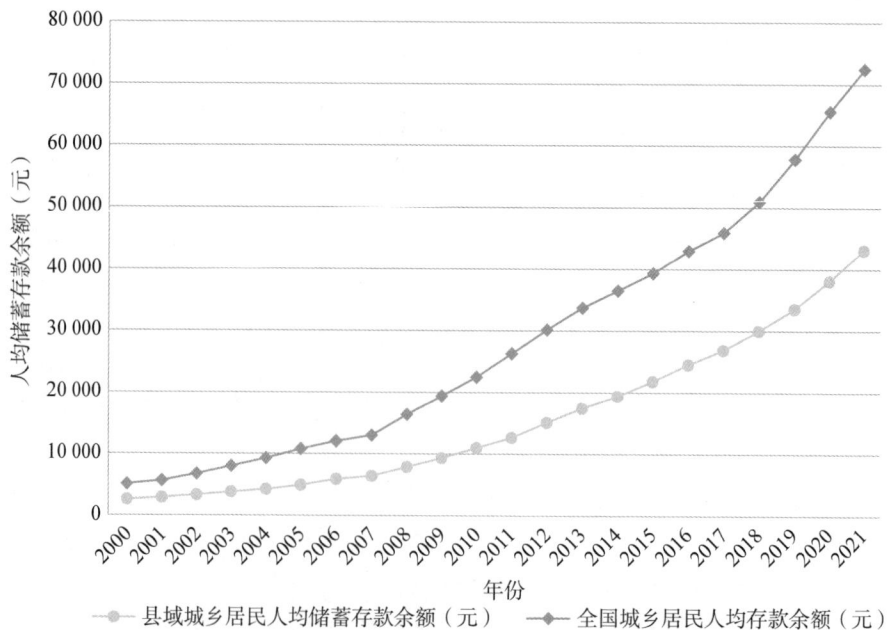

图 8-13　2000—2021 年全国县域及全国城乡居民人均储蓄存款余额
数据来源：2021—2022 年《中国统计年鉴》、2001—2021 年《中国县域统计年鉴（县市篇）》。

表 8-7　　2000—2021 年全国县域及全国城乡居民储蓄存款余额

年份	县域城乡居民储蓄存款余额（亿元）	全国城乡居民储蓄存款余额（亿元）	县域城乡居民人均储蓄存款余额(元)	全国城乡居民人均储蓄存款余额(元)	县域与全国城乡居民人均储蓄存款余额的比值(%)
2000	21 398.2	64 332.4	2 586.0	5 075.8	50.9
2001	24 274.1	73 762.4	2 915.6	5 779.5	50.4
2002	27 889.1	86 910.7	3 338.5	6 766.0	49.3
2003	32 470.4	103 617.7	3 874.8	8 018.3	48.3
2004	37 263.4	119 555.4	4 420.9	9 197.4	48.1
2005	43 497.4	141 051.0	5 147.0	10 787.3	47.7
2006	50 160.2	161 587.3	5 891.6	12 292.9	47.9
2007	55 644.4	172 534.0	6 485.2	13 058.0	49.7
2008	69 342.0	217 885.0	8 019.5	16 406.8	48.9
2009	81 951.2	260 772.0	9 392.4	19 540.8	48.1
2010	96 610.6	303 302.5	10 925.0	22 619.2	48.3
2011	112 829.7	353 536.0	12 773.3	26 204.2	48.7
2012	133 975.7	411 003.0	15 109.7	30 238.2	50.0
2013	155 318.9	461 370.0	17 432.2	33 744.1	51.7
2014	173 918.2	502 504.0	19 455.9	36 507.0	53.3
2015	195 500.5	546 078.0	21 830.2	39 477.6	55.3
2016	220 364.9	597 751.0	24 507.4	42 932.0	57.1
2017	242 724.3	643 768.0	27 033.2	45 979.8	58.8
2018	268 974.3	716 038.0	29 855.9	50 948.7	58.6
2019	303 525.4	813 017.0	33 658.0	57 657.5	58.4
2020	340 744.9	925 986.0	38 071.8	65 574.2	58.1
2021	386 194.5	1 025 012.0	43 113.7	72 562.1	59.4

数据来源：2021—2022 年《中国统计年鉴》、2001—2021 年《中国县域统计年鉴(县市篇)》。

从 2000—2021 年来看,县域城乡居民人均储蓄存款余额与全国城乡居民人均储蓄存款余额的比值维持在 50% 上下波动。最低值出现在 2005 年,为 47.7%。最高值出现在 2021 年,为 59.4%;2009—2017 年县域城乡居民人均储蓄存款余额占全国城乡居民人均储蓄存款余额的比重持续上升,表明从 2009 年开始县域城乡居民人均储蓄存款余额开始有明显向城市靠拢的信号。

总体而言，2000—2021 年间，县域城乡居民人均储蓄存款余额占全国城乡居民人均储蓄存款余额的比重呈现波动上升态势，这也从侧面反映出县域居民生活水平的不断提高。

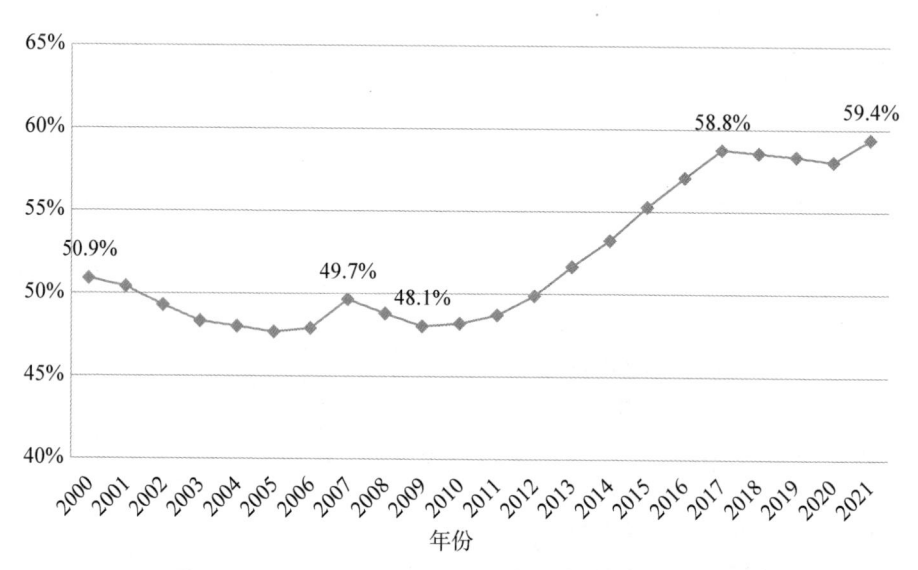

图 8-14　2000—2021 年县域人均存款与全国人均的比值
数据来源：2021—2022 年《中国统计年鉴》、2001—2021 年《中国县域统计年鉴（县市篇）》。

三、县域产业发展变动趋势及特点

（一）县域产业结构发展变动趋势

全国县域第二产业主导地位渐失，第三产业占比稳步提升。如表 8-8 所示，2000 年全国县域第一、第二、第三产业增加值分别为 11 696.1 亿元、16 837.0 亿元和 12 098.8 亿元，历经 21 年的发展后县域第一、第二、第三产业增加值分别增长到了 63 201.7 亿元、183 913.7 亿元和 193 395.6 亿元。第一、第二、第三产业 21 年间分别增长了 5.4、10.9 倍和 16.0 倍。中国县域三次产业结构由 2000 年的 28.8∶41.4∶29.8 转变为 2021 年的 14.3∶41.8∶43.9，第三产业增加值占地区生产总值比重从 2019 年就超过第二产业增加值占比，表明全国县域产业结构从 2000 年的第二产业占绝对主导地位，逐步演变为 2021 年的第三产业占比略高于第二产业的情形。

表 8-8　　　　　　　　2000—2021 年全国县域三次产业增加值

年份	第一产业增加值（亿元）	第二产业增加值（亿元）	第三产业增加值（亿元）	第一产业增加值占比（%）	第二产业增加值占比（%）	第三产业增加值占比（%）
2000	11 696.1	16 837.0	12 098.8	28.8	41.4	29.8
2001	12 102.7	18 261.9	13 490.7	27.6	41.6	30.8
2002	12 726.1	20 658.3	16 182.6	25.7	41.7	32.6
2003	13 213.5	25 041.0	18 336.7	23.3	44.2	32.4
2004	15 684.0	31 123.8	21 509.8	23.0	45.6	31.5
2005	17 159.7	36 436.9	24 632.0	21.9	46.6	31.5
2006	18 543.0	44 443.3	28 909.5	20.2	48.4	31.5
2007	21 214.5	55 188.5	34 861.1	19.1	49.6	31.3
2008	24 476.2	68 616.2	41 898.5	18.1	50.8	31.0
2009	26 241.6	75 787.5	48 948.1	17.4	50.2	32.4
2010	30 290.4	93 165.9	57 387.0	16.7	51.5	31.7
2011	35 198.5	114 541.4	63 601.3	16.5	53.7	29.8
2012	39 061.5	128 586.1	74 412.0	16.1	53.1	30.7
2013	42 055.4	140 234.2	88 656.6	15.5	51.8	32.7
2014	43 805.0	144 596.2	99 999.6	15.2	50.1	34.7
2015	45 918.4	145 749.5	110 907.4	15.2	48.2	36.7
2016	47 789.8	150 473.6	123 544.9	14.9	46.8	38.4
2017	47 077.2	159 243.7	138 381.9	13.7	46.2	40.1
2018	48 709.8	166 092.3	153 438.5	13.2	45.1	41.7
2019	53 463.3	158 864.2	168 869.0	14.0	41.7	44.3
2020	59 151.4	157 513.1	176 053.2	15.1	40.1	44.8
2021	63 201.7	183 913.7	193 395.6	14.3	41.8	43.9

数据来源：2020—2022 年《中国县域统计年鉴(县市篇)》。

从 2000—2021 年全国县域三次产业结构的演进情况来看，2000—2011 年全国县域第二产业占比逐渐提升且占绝对的优势地位；而 2000—2011 年间全国县域第三产业占比维持相对稳定，整体波动不大。2011 年全国县域第二产业占比达到历史峰值 53.7%，此时第一、三产业分别占比 16.5% 和 29.8%。2011—2020 年全国县域第二产业占比开始回落，由 2011 年的 53.7% 减少到 2020 年的 40.1%。这个阶段全国县域第一产业占比缓慢下降，第三产业占比持续上升。全国县域第三产业占比由 2011 年的 29.8% 上升至 2020 年的

44.8%,随后2021年出现轻微下滑。值得注意的是,2019年全国县域第三产业占地区生产总值比重在21年间第一次超过第二产业占比,标志着全国县域经济逐步发展至以第三产业为主导,以第二产业为辅助,全国县域经济也逐步迈入转型阶段。

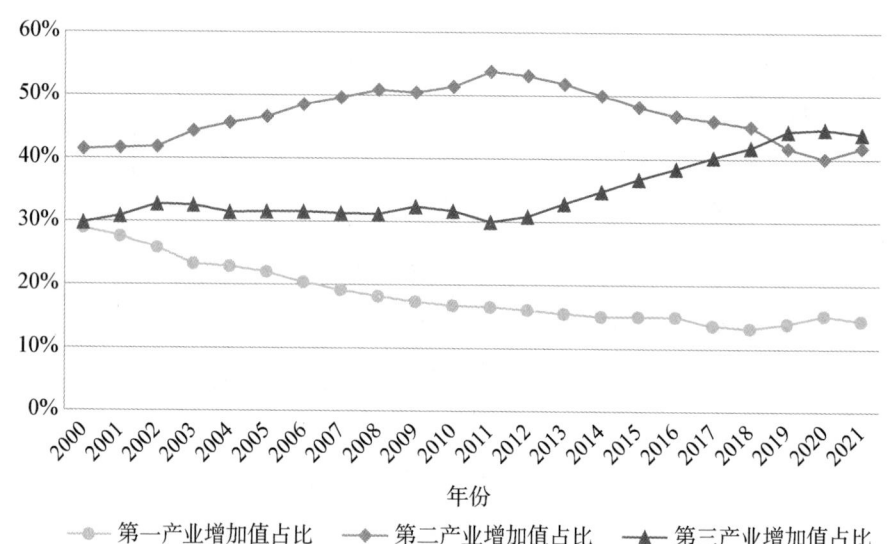

图8-15　2000—2021年全国县域三次产业结构
数据来源:2020—2022年《中国县域统计年鉴(县市篇)》。

(二)县域第一、二、三产业区位熵变动趋势

1. 县域第一产业占地区生产总值比重虽持续下降,但其在全国始终具有优势地位

2000—2021年县域第一产业以全国为背景下计算的区位熵结果如表8-9所示。2000年县域第一产业区位熵为1.9614,2021年县域第一产业区位熵为1.9749,熵值均大于1.5,可以判断中国县域第一产业在全国具有非常明显的产业集聚优势和较高的专业化程度。此外,值得注意的是,2000—2021年县域第一产业占地区生产总值的比重下行压力明显,但县域第一产业的区位熵则经历了一个"先下降,后上升"的过程,并未出现与县域第一产业占地区生产总值比重相似的持续下行趋势,表明县域第一产业在全国的优势地位虽有波动,但比较优势依旧明显,且近年来优势有所增强。

表 8-9　2000—2021 年全国县域第一产业区位熵

年份	全国第一产业增加值占比(%)	县域第一产业增加值占比(%)	中国县域第一产业区位熵
2000	14.7	28.8	1.9614
2001	14.0	27.6	1.9735
2002	13.3	25.7	1.9302
2003	12.3	23.3	1.8908
2004	12.9	23.0	1.7774
2005	11.6	21.9	1.8842
2006	10.6	20.2	1.8990
2007	10.2	19.1	1.8609
2008	10.2	18.1	1.7830
2009	9.6	17.4	1.8037
2010	9.3	16.7	1.7962
2011	9.2	16.5	1.7977
2012	9.1	16.1	1.7706
2013	8.9	15.5	1.7356
2014	8.6	15.2	1.7573
2015	8.4	15.2	1.8094
2016	8.1	14.9	1.8431
2017	7.5	13.7	1.8299
2018	7.0	13.2	1.8781
2019	7.1	14.0	1.9633
2020	7.7	15.1	1.9565
2021	7.3	14.3	1.9749

数据来源：《2022 年中国统计年鉴》、2020—2022 年《中国县域统计年鉴（县市篇）》。

2. 县域第二产业占地区生产总值的比重"先上升,后下降",但其在全国的比较优势逐步展现

对 2000—2021 年中国县域在全国背景下第二产业的区位熵进行计算,结果发现,全国县域第二产业的区位熵从 2000 年的 0.9100 增长到 2021 年的 1.0589。其中,2000—2005 年全国县域第二产业区位熵小于 1,2006—2021 年县域第二产业区位熵始终大于 1。这意味着在过去的 21 年里,虽然县域第二产业占地区生产总值的比重"先上升,后下降",但中国县域第二产业集聚度不断提升,产业专业化程度不断提高,且从 2006 年开始,县域第二产业较全国

其他地区具有一定的比较优势。此外,值得注意的是,从2016年开始县域第二产业区位熵有所下降,但整体绝对值仍大于1,表明2016年后县域第二产业集聚优势有所下降,但中国县域仍具备第二产业发展的比较优势。

表8-10　　　　2000—2021年全国县域第二产业区位熵

年份	全国第二产业增加值占比(%)	县域第二产业增加值占比(%)	中国县域第二产业区位熵
2000	45.5	41.4	0.9100
2001	44.8	41.6	0.9296
2002	44.5	41.7	0.9376
2003	45.6	44.2	0.9699
2004	45.9	45.6	0.9925
2005	47.0	46.6	0.9905
2006	47.6	48.4	1.0169
2007	46.9	49.6	1.0580
2008	47.0	50.8	1.0822
2009	46.0	50.2	1.0923
2010	46.5	51.5	1.1080
2011	46.5	53.7	1.1539
2012	45.4	53.1	1.1695
2013	44.2	51.8	1.1716
2014	43.1	50.1	1.1637
2015	40.8	48.2	1.1794
2016	39.6	46.8	1.1814
2017	39.9	46.2	1.1592
2018	39.7	45.1	1.1365
2019	38.6	41.7	1.0800
2020	37.8	40.1	1.0599
2021	39.4	41.8	1.0589

数据来源:《2022年中国统计年鉴》、2020—2022年《中国县域统计年鉴(县市篇)》。

3. 县域第三产业发展比较优势较弱,但近年来弱势有所缓解

2000—2021年县域第三产业以全国为背景计算的区位熵结果如表8-11所示。2000年县域第三产业区位熵为0.7480,2021年县域第三产业区位熵为0.8235。从数值变化的角度来看,县域第三产业区位熵有所增长,但21年

间县域第三产业的区位熵始终小于1。这表明县域第三产业历经21年的发展已经有一定程度的进步,但在全国范围内仍不具有产业优势,第三产业在中国县域的集聚水平较低。此外,值得注意的是,自2011年以来,县域第三产业区位熵经历了近10年的稳步提升阶段,从2011年的0.6731上升至2021年的0.8235,表明近10年间中国县域第三产业发展水平逐步提升,部分县域单位正由第二产业拉动逐步向第三产业拉动转变。

表8-11　　　　2000—2021年全国县域第三产业区位熵

年份	全国第三产业增加值占比(%)	县域第三产业增加值占比(%)	中国县域第三产业区位熵
2000	39.8	29.8	0.7484
2001	41.2	30.8	0.7462
2002	42.2	32.6	0.7728
2003	42.0	32.4	0.7710
2004	41.2	31.5	0.7645
2005	41.3	31.5	0.7617
2006	41.8	31.5	0.7523
2007	42.9	31.3	0.7309
2008	42.9	31.0	0.7242
2009	44.4	32.4	0.7301
2010	44.2	31.7	0.7183
2011	44.3	29.8	0.6731
2012	45.5	30.7	0.6762
2013	46.9	32.7	0.6980
2014	48.3	34.7	0.7183
2015	50.8	36.7	0.7219
2016	52.4	38.4	0.7332
2017	52.7	40.1	0.7620
2018	53.3	41.7	0.7822
2019	54.3	44.3	0.8163
2020	54.5	44.8	0.8232
2021	53.3	43.9	0.8235

数据来源:2022年《中国统计年鉴》、2020—2022年《中国县域统计年鉴(县市篇)》。

四、本章小结

县域经济的增长动态及趋势特点一直是经济学家、社会学家和政策制定者关注的焦点。随着中国经济的持续增长和城市化进程的不断推进,各地县域经济的发展呈现出多样化的特点,这些特点不仅反映了地方经济发展的实际情况,也从侧面折射出了中国经济结构调整和政策导向的变化。本章对中国县域经济的增长动态及趋势特点进行深入分析,得到具体结论如下:

第一,从县域经济总量变动趋势来看,2000—2021年间县域经济体量持续增长,但2013—2021年间县域生产总值占国内生产总值比重持续走低。《中国县域统计年鉴》数据显示,2000—2021年间全国县域经济总量稳步提升,从2000年的3.9万亿增长至2021年的44.1万亿,21年间增长超10倍。县域经济年度增速方面,2000—2013年县域经济年度增速快于全国,2014年后增速相比全国"慢半拍"。从县域经济总量占全国比重的变动趋势来看,近21年间,县域生产总值增加值波动明显,其占国内生产总值增加值比重波动下行。值得注意的是,2000—2021年全国"千亿县(市)"数量持续增长,但新增的"千亿县(市)"仍集中于东部地区。

第二,从县域经济发展水平的变动趋势来看,2000—2021年间中国县域人均地区生产总值绝对值稳步增加,县域居民存款不断增多,县域经济发展水平持续攀升。《中国县域统计年鉴》数据显示,2000—2021年间全国县域人均地区生产总值稳步增加,从2000年的4 666.1元持续上升到2021年的49 177.4元,县域经济发展水平逐年提高。但值得注意的是,2000—2021年县域人均地区生产总值始终低于全国人均地区生产总值水平,且自2013年以来,该比值持续下行,表明中国县域人均地区生产总值与全国人均地区生产总值差距持续拉大,县域经济发展相对滞后。此外,从县域居民存款变动趋势来看,2000—2021年县域居民储蓄存款总额和人均储蓄存款余额不断增多,县域居民储蓄存款余额占全国比重波动上升,且2012年来县域人均储蓄存款余额占全国比重超50%。

第三,从县域产业发展变动趋势来看,全国县域第二产业主导地位渐失,第三产业占比稳步提升,县域第一产业在全国优势始终明显。从县域三次产业结构的演进情况来看,2000—2011年全国县域第二产业占比逐渐提升且占绝对的优势地位;2011—2020年全国县域第二产业占比开始回落,由2011年的53.7%减少到2020年的40.1%;第三产业占比持续上升,由2011年的29.8%上升至2020年的44.8%。进一步分析县域第一、二、三产业区位熵的变动情况,从全国层面来看,县域第一产业占地区生产总值比重虽持续下降,但其在全国始终具有优势地位;县域第二产业占地区生产总值的比重"先上升,后下降",但其在全国的比较优势逐步展现;县域第三产业发展比较优势相对较弱,但近年来弱势有所缓解。

第九章　县域发展的财政实力动态及趋势特点分析

在过去的几十年里,中国县域经济发展取得了巨大成就,但不同地区之间存在着明显的发展差异。县域财政实力的强弱直接影响着县域经济的发展潜力。一方面,一些发展较快地区的县域拥有较强的财政收入和支出能力,能够提供更好的公共服务和基础设施建设;另一方面,一些欠发达地区的县域则面临着财政困难和公共服务不足的困境。因此,对中国县域财政实力的动态特点进行深入分析,有助于揭示中国各地区县域财政实力的变化趋势,为城市化进程的稳步推进提供科学依据和决策支持。

一、县域一般公共预算财政收入变动趋势及特点

(一) 县域一般公共预算财政收入增长变动趋势

1. 县域一般公共预算财政收入整体呈上升趋势

2000—2021年,中国县(市)地方财力整体得到增强。全国县域单位一般公共预算财政收入从2000年的1526.2亿元上升至2021年的25824.1亿元,21年间增长16.9倍,且2000—2021年间均实现了年度正增长,平均年增长率为14.4%。其中,新疆石河子市以44.5%的年均增长率位居全国县域单位榜首,排在末位的是甘肃省玛曲县,2000—2021年财政收入年均增长率为−2.3%。

财政收入年均增长率在25%以上的县(市)共有22个,新疆包揽前三位。2000—2021年,地方公共预算财政收入年均增长率超过25%的县(市)有22个,基本分布在中国西部省份。按增长率大小可分为3个层级。第一层级有3个,包括石河子市、塔什库尔干塔吉克自治县、伊吾县,这些县级单位地方财政收入年均增长率超过40%。第二层级有3个,依次分别为墨竹工卡县、曲水县

和类乌齐县,这些县级单位地方财政收入年均增长率在30%—40%之间。第三层级有16个,包括边坝县、仲巴县、白玉县等,这些县级单位地方财政收入年均增长率在25%—30%之间。

地区生产总值年均增长率在20%以上但财政收入年均增长率小于20%的县(市)有4个,新疆的吉木萨尔县在此类县(市)中排名最末。在纳入统计的样本中,2000—2021年间,有4个县域单位地区生产总值年均增长率在20%以上,但财政收入年均增长率小于20%。山西、贵州、安徽、新疆各有1个。其中,新疆的吉木萨尔县地区生产总值年均增长率为20.9%,但财政收入年均增长率仅有14.3%。此外,地区生产总值年均增长率在15%以下但财政收入年均增长率在20%以上的县(市)有29个。从一般经验来看,经济增长迅速的地方财政收入增长也比较迅速,如伊川县、石河子市等,但也有一些县虽然经济增长相对较低,但财政收入增长率较高,均在20%以上。此类县(市)共有29个,集中分布在河北(6个)、四川(6个)、浙江(5个)三地,其中新疆的石河子市以年均14.4%的经济增速产生了44.5%的财政收入年均增速,位居此类县(市)首位。

2. 西藏、新疆、江苏三省份县域财政收入年均增速位居全国前列

表9-1从不同省份的角度,对2000—2021年全国县域财政收入年均增长情况进行了分析。结果显示,中国各省份县域财政收入增长差距相对较小,在9%—19%的区间内波动。西藏年均增速位居首位,相较于其他省份而言县域财政实力增长更为明显。具体而言,2000—2021年县域财政收入年均增速排名前三位的省份分别是西藏、新疆、江苏,县域财政收入年均增速分别为18.8%、17.1%、16.7%,其中西藏与新疆是唯二县域财政收入年均增速超过17%的省份;排名后三位的分别为陕西、广西、黑龙江,县域财政收入年均增速分别为10.5%、10.0%、9.9%。

表9-1　2000—2021年各省份县域单位财政收入年均增速

省份	财政收入年均增速(%)	排名
西藏	18.8	1
新疆	17.1	2
江苏	16.7	3
浙江	16.5	4
重庆	15.9	5

续表

省份	财政收入年均增速(%)	排名
四川	15.6	6
宁夏	15.6	7
江西	15.4	8
山西	14.9	9
河南	14.6	10
河北	14.4	11
山东	14.1	12
安徽	14.0	13
广东	13.9	14
贵州	13.4	15
云南	13.0	16
湖南	12.8	17
辽宁	12.7	18
海南	12.6	19
甘肃	12.5	20
福建	12.4	21
内蒙古	12.3	22
吉林	11.6	23
湖北	11.2	24
青海	10.8	25
陕西	10.5	26
广西	10.0	27
黑龙江	9.9%	28

数据来源：2001—2022年《中国县域统计年鉴》。

(二) 县域财政收入增速排名前、后100位分布变动趋势

1. 财政收入年均增速前100位县(市)集中于西藏、四川、新疆三省份，财政收入年均增速后100位县(市)集中于陕西、广西、内蒙古三省份

表9-2显示了2000—2021年中国县域财政收入年均增长率前100位与后100位县(市)在各省份的分布。可以发现，地方财政收入年均增速前100位县(市)主要分布在西部省份。西藏分布最多，占比25.0%；四川次之，占比13.0%。藏、川、新三省(区)囊括了财政收入年均增长"百强县"的51.0%。安

徽、福建、广东、湖南等6省份财政收入年均增速"百强县"较少,仅各有1个。财政收入年均增速后100位县(市)主要分布于中部地区,陕西分布数量最多,占比高达22.0%,陕、桂、黑、蒙四省份占据了财政收入年均增速后100位县(市)的67.0%。

表9-2 2000—2021年地方财政收入年均增速前、后100位县(市)分布情况

省份	财政收入年均增速前100位县(市)数量	比重(%)	省份	财政收入年均增速后100位县(市)数量	比重(%)
西藏	25	25.0	陕西	22	22.0
四川	13	13.0	广西	16	16.0
新疆	13	13.0	内蒙古	15	15.0
山西	11	11.0	黑龙江	14	14.0
河北	7	7.0	青海	6	6.0
内蒙古	5	5.0	吉林	4	4.0
陕西	4	4.0	西藏	4	4.0
浙江	4	4.0	甘肃	3	3.0
河南	3	3.0	湖北	3	3.0
江西	3	3.0	山西	3	3.0
贵州	2	2.0	福建	2	2.0
海南	2	2.0	湖南	2	2.0
宁夏	2	2.0	安徽	1	1.0
安徽	1	1.0	海南	1	1.0
福建	1	1.0	河北	1	1.0
广东	1	1.0	辽宁	1	1.0
湖南	1	1.0	新疆	1	1.0
江苏	1	1.0	云南	1	1.0
云南	1	1.0			

数据来源:2001—2022年《中国县域统计年鉴》。

2. 县域财政收入年均增速的区域差距不大,东部地区县域财政收入年均增速位于全国首位,中部次之,东北最慢

在对县域财政收入增速进行分省份分析的基础上,进一步对全国东、中、西、东北四大区域的县域财政收入增长情况进行具体分析。总体而言,东部地区由于地理与经济优势,地区生产总值总额高,在县域财政收入增长方面更具优势。2000—2021年全国财政收入年均增速前100位县(市)有16个位于东

部地区,排名后100位的县(市)仅有4个在东部地区,东部地区县域财政收入年均增速达14.4%,位居各地区首位。中部地区拥有财政收入增速前100位县(市)共19个,后100位县(市)9个,中部地区县域财政收入年均增速达13.9%。2000—2021年财政收入年均增速前100位县(市)有65个位于西部地区,后100位县(市)有68个,总体财政收入年均增速达13.7%。此外,东北地区没有财政收入年均增速前100位县(市),有后100位县(市)19个,总体财政收入年均增速仅为11.2%,居各区域末位。

表9-3　2000—2021年东、中、西、东北地区县域财政收入年均增速情况

区域	财政收入年均增速前100位县(市)数量	财政收入年均增速后100位县(市)数量	各地区县域财政收入年均增速(%)
东部	16	4	14.4
中部	19	9	13.9
西部	65	68	13.7
东北	0	19	11.2

数据来源:2001—2022年《中国县域统计年鉴》。

二、县域一般公共预算财政支出变动趋势及特点

(一) 县域一般公共预算财政支出增长变动趋势

1. 县域一般公共预算财政支出整体呈上升趋势

2000—2021年,全国县域单位一般公共预算财政支出总额从2000年的2682.1亿元上升至2021年的74673.8亿元,增长27.8倍,且2000—2021年间均实现了各年度的正增长,年平均增长率为17.2%。其中,西藏普兰县以33.9%的年均增长率位居榜首;排在末位的是吉林延吉市,2000—2021年财政支出年均增长率仅为8.3%。

2000—2021年,地方公共预算财政支出年均增长率超过25%的县(市)有7个,主要分布在中国西部省份。按增长率大小可分为2个层级。第一层级有2个城市,包括西藏普兰县和嘉黎县,这两个县域单位地方财政支出年均增长率超过30%。第二层级有5个,包括江达县、八宿县、丁青县、漠河市、比如县,这5个县域单位的地方财政支出年均增长率均超25%,但不足30%。值得注意的是,以上7个县(市)除漠河市外,其余县(市)2000—2021年地区生产总值

年均增长率均超过10%。

2. 西藏、青海、新疆三省份县域财政支出年均增速位居全国前列

表9-4从不同省份的角度,对2000—2021年全国县域财政支出年均增长情况进行了分析。结果显示,中国各省份县域财政支出年均增长差距相对不大,在14%—23%的区间内波动,西藏县域财政支出年均增速位居首位。具体而言,2000—2021年县域财政支出年均增速排名前三位的省份分别是西藏、青海和新疆,县域财政支出年均增速分别为22.1%、19.3%、18.8%。其中,西藏是唯一一个县域财政支出年均增速超过20%的省份。排名后三位的分别为云南、福建以及辽宁,县域财政支出年均增速分别为15.5%、15.3%、14.5%。

表9-4 2000—2021年各省份县域财政支出年均增速情况

省份	县域财政支出年均增速(%)	排名
西藏	22.1	1
青海	19.3	2
新疆	18.8	3
贵州	18.6	4
江西	18.4	5
陕西	18.4	6
宁夏	18.3	7
江苏	18.1	8
甘肃	18.1	9
湖南	18.0	10
海南	17.9	11
浙江	17.9	12
河北	17.7	13
四川	17.5	14
河南	17.3	15
山西	17.3	16
安徽	17.2	17
重庆	17.1	18
广西	17.0	19
内蒙古	16.8	20
湖北	16.7	21
黑龙江	16.5	22
吉林	16.0	23

续表

省份	县域财政支出年均增速(%)	排名
广东	16.0	24
山东	15.8	25
云南	15.5	26
福建	15.3	27
辽宁	14.5	28

数据来源:2001—2022年《中国县域统计年鉴》。

(二) 县域财政支出增速排名前、后100位分布变动趋势

1. 财政支出年均增速前100位县(市)集中于西藏、新疆、青海三省份,财政支出年均增速后100位县(市)集中于云南、辽宁、山东三省份

表9-5显示了2000—2021年中国县域财政支出年均增长率前100位与后100位县(市)在各省份的分布。可以发现,地方财政支出年均增速前100位县(市)主要分布在西部省份。西藏分布最多,占比37.0%。新疆次之,占比19.0%。藏、新、青三省(区)囊括了财政支出年均增速"百强县"的67.0%。福建、内蒙古、浙江3省份财政支出年均增速"百强县"较少,仅各有1个。财政支出年均增速后100位县(市)主要分布于云南、辽宁和山东三省份。辽宁省分布最多,占比达21.0%。云南、辽宁、山东三省占据了财政支出年均增速后100位县(市)的50.0%。

表9-5 2000—2021年地方财政支出年均增速前、后100位县(市)分布

省份	财政支出增速前100位县(市)数量	比重(%)	省份	财政支出增速后100位县(市)数量	比重(%)
西藏	37	37.0	云南	21	21.0
新疆	19	19.0	辽宁	18	18.0
青海	11	11.0	山东	11	11.0
河北	6	6.0	福建	10	10.0
甘肃	4	4.0	黑龙江	6	6.0
贵州	4	4.0	河南	5	5.0
河南	4	4.0	湖北	5	5.0
陕西	3	3.0	广东	4	4.0
四川	3	3.0	广西	3	3.0

续表

省份	财政支出增速前100位县(市)数量	比重(%)	省份	财政支出增速后100位县(市)数量	比重(%)
海南	2	2.0	内蒙古	3	3.0
黑龙江	2	2.0	四川	3	3.0
江西	2	2.0	新疆	3	3.0
福建	1	1.0	甘肃	2	2.0
内蒙古	1	1.0	吉林	2	2.0
浙江	1	1.0	青海	2	2.0
			安徽	1	1.0
			湖南	1	1.0

数据来源：2001—2022年《中国县域统计年鉴》。

2. 西部地区县域财政支出年均增速位居全国首位，中部次之，东北最慢

在对县域财政支出年均增速进行分省份分析的基础上，进一步对全国东、中、西、东北四大区域的县域财政支出年均增长情况进行具体分析。总体而言，2000—2021年全国财政支出年均增速前100位县(市)仅有10个位于东部地区，但排名后100位的县(市)有25个在东部地区，东部地区县域财政支出年均增速达16.9%。中部地区拥有财政支出年均增速前100位县(市)共6个，后100位县(市)12个，县域财政支出年均增速达17.5%。西部地区本身经济基础较为薄弱，县域财政支出基数较小，因而增长迅速。2000—2021年财政支出年均增速前100位县(市)有82个位于西部地区，后100位县(市)有37个位于西部地区，县域财政支出年均增速达17.9%，居各地区首位。此外，东北地区2000—2021年财政支出年均增速前100位县(市)有2个，后100位县(市)有26个，东北地区县域财政支出年均增速为15.8%，居各地区末位。

表9-6　2000—2021年东、中、西、东北地区县域财政支出年均增速情况

区域	财政支出年均增速前100位县(市)数量	财政支出年均增速后100位县(市)数量	各地区县域财政支出年均增速(%)
东部	10	25	16.9
中部	6	12	17.5
西部	82	37	17.9
东北	2	26	15.8

数据来源：2001—2022年《中国县域统计年鉴》。

三、县域一般公共预算财政盈余变动趋势及特点

(一) 县域一般公共预算财政盈余增长变动趋势

1. 县域一般公共预算财政收支呈赤字状态,且财政赤字呈上升趋势

2000—2021年,全国县域单位地方财政赤字不断加重。全国纳入统计的县域单位一般公共预算财政盈余从2000年的−1 155.9亿元上升至2021年的−48 849.7亿元,即2000—2021年全国县域财政基本呈赤字状态,财政赤字从1155.9亿元上升至48 849.7亿元,21年间增长42.3倍,各县(市)整体年均增长率为19.5%。其中,山西怀仁市以48.9%的年均赤字增长率位居榜首。排在末尾的是陕西黄陵县,2000—2021年财政赤字年均增长率仅为0.6%。

2000—2021年,地方公共预算财政赤字年均增长率超过30%的县(市)有13个,以中西部省份的县(市)居多。按增长率大小可分为3个层级。第一层级仅有3个,分别是怀仁市、札达县、宜兴市,地方财政赤字年均增长率均在40%以上。第二层级有1个,为昂仁县,财政赤字年均增长率超过35%。第三层级有9个,包括普兰县、荣成市、张家港市、嘉黎县等,地方财政赤字年均增长率在30%—35%之间。此外,2000—2021年间,地区生产总值年均增长率在20%以上,财政赤字年均增长率同样大于20%的县(市)有3个,分属新疆、内蒙古、贵州三省份;地区生产总值年均增长率在15%以下,财政赤字年均增长率同样在15%以下的县(市)有74个。这些县级单位地区生产总值与财政赤字的年均增速相差不大,表明其经济发展能够在很大程度上负担当地的财政赤字。

2. 西藏、湖南、湖北三省份县域财政赤字年均增速位居全国前列

表9-7从不同省份的角度,对2000—2021年全国县域财政赤字年均增长情况进行了分析。结果显示,中国各省份县域财政赤字年均增速差距相对较大,西藏县域财政赤字年均增速位居首位,相较于其他省份而言县域财政赤字以更快的速度增长。具体而言,2000—2021年县域财政赤字年均增速排名前三位的省份分别是西藏、湖南、湖北,县域财政赤字年均增速分别为23.1%、22.3%、22.2%;排名后三位的分别为广东、云南以及辽宁,财政赤字年均增速分别为17.0%、16.7%、15.7%。

表 9-7　　2000—2021年各省县域财政赤字年均增速

省份	县域财政赤字年均增速(%)	排名
西藏	23.1	1
湖南	22.3	2
湖北	22.2	3
江苏	21.5	4
广西	21.4	5
陕西	20.9	6
江西	20.9	7
青海	20.7	8
贵州	20.6	9
安徽	20.5	10
河北	20.5	11
海南	20.5	12
浙江	20.1	13
甘肃	19.8	14
新疆	19.7	15
河南	19.4	16
宁夏	19.3	17
福建	19.1	18
黑龙江	18.9	19
山西	18.7	20
四川	18.5	21
山东	18.5	22
内蒙古	18.4	23
吉林	17.9	24
重庆	17.8	25
广东	17.0	26
云南	16.7	27
辽宁	15.7	28

数据来源:2001—2022年《中国县域统计年鉴》。

(二) 县域财政盈余增速排名前、后100位分布变动趋势

1. 财政赤字年均增速前100位县(市)集中于湖北、湖南、西藏三省份,财政赤字年均增速后100位县(市)集中于云南、辽宁二省份

表9-8显示了2000—2021年中国县域财政赤字年均增长率前100位与

后100位县(市)在各省份的分布情况。可以发现,县域地方财政赤字年均增速前100位县(市)主要分布在中西部省份。湖北分布数量最多,占比16.0%。湖南省次之,占比15.0%。湖北、湖南、西藏、河北四省份囊括了财政赤字年均增速"百强县"的51.0%,四川财政赤字增长"百强县"分布数量较少,仅为1个。县域财政赤字年均增速后100位县(市)主要分布于云南、辽宁、山东三省份,云南分布数量最多,占比高达20.0%,云南、辽宁、山东三省份占据了县域财政赤字年均增速后100位县(市)的45.0%。

表9-8 2000—2021年地方财政赤字年均增速前100位与后100位县(市)分布

省份	财政赤字增速前100位县(市)数量	比重(%)	省份	财政赤字增速后100位县(市)数量	比重(%)
湖北	16	16.0	云南	20	20.0
湖南	15	15.0	辽宁	16	16.0
西藏	12	12.0	山东	9	9.0
河北	8	8.0	河南	6	6.0
江苏	6	6.0	山西	6	6.0
广西	5	5.0	四川	6	6.0
陕西	5	5.0	广东	5	5.0
黑龙江	4	4.0	内蒙古	5	5.0
安徽	3	3.0	福建	4	4.0
福建	3	3.0	黑龙江	3	3.0
河南	3	3.0	吉林	3	3.0
江西	3	3.0	新疆	3	3.0
新疆	3	3.0	安徽	2	2.0
浙江	3	3.0	湖南	2	2.0
甘肃	2	2.0	青海	2	2.0
贵州	2	2.0	陕西	2	2.0
青海	2	2.0	浙江	2	2.0
山东	2	2.0	甘肃	1	1.0
山西	2	2.0	贵州	1	1.0
四川	1	1.0	河北	1	1.0
			江苏	1	1.0

数据来源:2001—2022年《中国县域统计年鉴》。

2. 县域财政赤字年均增速的区域差距不大，中部地区县域财政赤字增速位于全国首位，西部次之，东北最慢

在对县域财政赤字年均增速进行分省份分析的基础上，进一步对全国东、中、西、东北四大区域的县域财政赤字年均增长情况进行具体分析。总体而言，2000—2021年全国财政赤字年均增速前、后100位县（市）均有22个位于东部地区，东部地区县域财政赤字年均增速达19.5%。中部地区拥有财政赤字年均增速前100位县（市）共42个，后100位县（市）16个，各县（市）整体财政赤字年均增速达20.5%，居全国各地区首位。西部地区拥有财政赤字年均增速前100位县（市）32个，后100位县（市）40个，各县（市）整体财政赤字年均增速19.6%。此外，东北地区拥有财政赤字年均增速前100位县（市）4个，后100位县（市）22个，但东北地区各县（市）财政赤字年均增速17.7%，为全国各地区末位。

表9-9 2000—2021年东、中、西、东北地区县域财政赤字年均增速情况

区域	县域财政赤字年均增速前100位县（市）数量	县域财政赤字年均增速后100位县（市）数量	各地区县域财政赤字年均增速（%）
东部	22	22	19.5
中部	42	16	20.5
西部	32	40	19.6
东北	4	22	17.7

数据来源：2001—2022年《中国县域统计年鉴》。

四、本章小结

中国县域的财政实力动态及趋势特点一直备受学术界和政府部门的关注。随着中国经济持续增长和城市化进程的加速推进，县域作为中国地方政府的基本行政单元，其财政实力的变化对于地方经济的稳定和可持续发展具有重要影响。因此，本章从2000—2021年县域一般公共预算财政收入、支出、盈余的变动趋势及特点出发，对当前中国县域发展的财政实力动态及趋势特点进行分析，具体得到的结论如下：

第一，县域一般公共预算财政收入整体呈上升趋势。2000—2021年间西藏、新疆、江苏三省份县域财政收入年均增速位居全国前列，中国县（市）地方

财力整体得到增强,财政收入年均增长率在25%以上的县(市)共有22个,新疆包揽前三位。此外,财政收入年均增速前100位县(市)集中于西藏、四川、新疆三省份,财政收入年均增速后100位县(市)集中于陕西、广西、内蒙古三省份。县域财政收入年均增速的区域差距不大,东部地区县域财政收入年均增速位于全国首位,中部次之,东北最慢。

第二,县域一般公共预算财政支出的上升趋势仍旧明显。2000—2021年间西藏、青海、新疆三省份县域财政支出年均增速位居全国前列。地方公共预算财政支出年均增长率超过25%的县(市)有7个,主要分布在中国西部省份。此外,财政支出年均增速前100位县(市)集中于西藏、新疆、青海三省份,财政支出年均增速后100位县(市)集中于云南、辽宁、山东三省份。西部地区县域财政支出年均增速位居全国首位,中部次之,东北最慢。

第三,县域一般公共预算财政收支呈赤字状态,且财政赤字呈上升趋势。2000—2021年间西藏、湖南、湖北三省份县域财政赤字年均增速位居全国前列。财政赤字年均增长率在30%以上的县(市)共有13个,以中西部省份的县(市)居多。此外,财政赤字年均增速前100位县(市)集中于湖北、湖南、西藏三省份,财政赤字年均增速后100位县(市)集中于云南、辽宁二省份。县域财政赤字年均增速的区域差距不大,中部地区县域财政赤字增速位于全国首位,西部地区次之,东北地区最慢。

第十章　县域发展的教育、医疗服务和社会保障实力动态及趋势特点分析

中国县域教育、医疗服务和社会保障的发展趋势直接关系到人民群众的生活质量和社会稳定。长期以来，中国在教育、医疗和社会保障三个方面存在着较为明显的城乡差距和资源配置不均衡的问题，但随着中国城市化进程的高质量发展，县域地区的教育、医疗和社会保障也发生着深刻的变化。因此，对中国县域公共服务的发展动态及趋势特点进行深入分析，有助于全面了解县域发展的现状和问题，为妥善解决公共服务的城乡差异、地区差异提供借鉴。

一、县域教育服务能力变动趋势及特点

（一）县域教育服务能力增长变动趋势

1. 县域普通中小学在校生人数下降趋势明显

2000—2021年，全国县域单位普通中学在校生人数从2000年的4833.3万人下降到2021年的4491.2万人，年均增速为-0.3%；普通小学在校生人数从2000年的8996.9万人下降到2021年的6239.8万人，年均增速为-1.7%；普通中小学合计在校生人数从2000年的13830.2万人下降到2021年的10731.0万人，年均增速为-1.2%。在全国县域单位的中小学生在校生人数中，西藏班戈县以21.1%的年均增长率位居榜首；排在末尾的是内蒙古根河市，2000—2021年普通中小学生在校人数年均增长率仅为-11.4%。

普通中小学生在校人数年均增长率在5%以上的县（市）共有33个，西藏和青海两省份包揽前三位。2000—2021年间，全国县域单位普通中小学生在校人数年均增长率为正的共有385个，占比为20.7%，年均增长率超过5%的县（市）有33个，基本分布在中国西部省份。按增长率大小可分为3个层级，

第一层级共有3个,分别为班戈、边坝、杂多3县,2000—2021年间普通中小学生在校人数年均增长率在10%以上。第二层级有5个,包括巴青、类乌齐、石渠等县,2000—2021年普通中小学生在校人数年均增长率在8%—10%之间。第三层级有25个,包括林周、比如、色达、和田等县,2000—2021年普通中小学生在校人数年均增长率高于5%但低于8%。此外,户籍人口实现年均正增长但普通中小学生在校人数年均增长率为负的县(市)有1016个,陕西佳县在此类县(市)中排名最末。在纳入统计的县域单位中,2000—2021年户籍人口增长率为正的县(市)共有1392个,其中1016个县(市)普通中小学生在校人数年均增长率为负。陕西佳县年均人口增长率为0.3%,但普通中小学生在校人数年均增长率为-9.3%,居此类县(市)中排名最末。户籍人口年均增长率为负,但普通中小学生在校人数年均增长率为正的县(市)有22个,辽宁朝阳县在此类县(市)中位居首位。2000—2021年户籍人口增长率为负的县(市)共有441个,其中22个县(市)普通中小学生在校人数年均增长率为正,集中分布在辽宁(14个)、新疆(2个)、四川(2个)三地。其中,辽宁朝阳县以年均-0.7%的户籍人口增速产生了年均3.5%的普通中小学生在校生增速,位居此类县(市)首位。

2. 仅有青海、西藏、新疆三省份普通中小学在校生年均增速为正

表10-1对2000—2021年各省份县域中小学在校生的增长情况进行了分析。结果显示,中国各省份县域中小学在校生年均增速存在较大的省际差异,青海县域中小学在校生年均增速位居全国首位。具体而言,2000—2021年县域中小学生在校增速排名前三位的省份依次是青海、西藏、新疆,县域中小学在校生年均增速分别为2.3%、2.1%、0.1%,均实现了年均正增长。排名后三位的省份分别为陕西、吉林和黑龙江,县域中小学在校生年均增速分别为-3.2%、-3.9%、-4.1%。值得注意的是,2000—2021年间,除青海、西藏、新疆三省份外,全国其余省份县域中小学在校生年均增速为负,表明中国县域普通中小学在校生人数出现大面积下滑。

表10-1　2000—2021年各省份县域中小学在校生年均增速情况

省份	县域中小学在校生年均增速(%)	排名
青海	2.3	1
西藏	2.1	2
新疆	0.1	3

续表

省份	县域中小学在校生年均增速(%)	排名
江西	-0.1	4
广西	-0.4	5
贵州	-0.4	6
云南	-0.5	7
四川	-0.6	8
宁夏	-0.7	9
河南	-0.8	10
浙江	-0.8	11
重庆	-0.9	12
辽宁	-1.0	13
广东	-1.1	14
海南	-1.1	15
河北	-1.2	16
甘肃	-1.2	17
湖南	-1.3	18
山东	-1.5	19
福建	-1.5	20
江苏	-1.6	21
安徽	-2.3	22
山西	-2.5	23
湖北	-2.9	24
内蒙古	-2.9	25
陕西	-3.2	26
吉林	-3.9	27
黑龙江	-4.1	28

数据来源：2001—2022年《中国县域统计年鉴》。

(二) 县域教育服务能力增速排名前、后100位分布变动趋势

1. 普通中小学在校生年均增速前100位县(市)集中于四川、西藏、青海三省份，后100位县(市)集中于黑龙江、内蒙古、陕西三省份

表10-2显示了2000—2021年中国县域普通中小学在校生年均增长率前100位与后100位县(市)在各省份的分布。可以发现，普通中小学在校生

年均增速前100位县(市)主要分布在西部省份。四川分布最多,占比26.0%。西藏次之,占比22.0%。川、青、藏三省份囊括了普通中小学在校生增速百强县的64.0%。福建、广东、贵州、浙江4省拥有的县域普通中小学在校生年均增速"百强县"较少,仅各有1个。县域普通中小学在校生增长速度后100位县(市)主要分布于黑龙江、内蒙古、陕西三省份。黑龙江分布最多,占比高达24.0%。黑龙江、内蒙古、陕西三省份分布了县域普通中小学在校生增速后100位县(市)的58.0%。

表10-2 2000—2021年各省份普通中小学在校生年均增速前、后100位县(市)分布

省份	普通中小学在校生增速前100位县(市)数量	比重(%)	省份	普通中小学在校生增速后100位县(市)数量	比重(%)
四川	26	26.0	黑龙江	24	24.0
西藏	22	22.0	内蒙古	19	19.0
青海	16	16.0	陕西	15	15.0
新疆	11	11.0	吉林	9	9.0
甘肃	7	7.0	湖北	7	7.0
辽宁	6	6.0	甘肃	4	4.0
云南	4	4.0	辽宁	4	4.0
广西	2	2.0	山西	4	4.0
江苏	2	2.0	四川	4	4.0
福建	1	1.0	安徽	3	3.0
广东	1	1.0	河北	2	2.0
贵州	1	1.0	山东	2	2.0
浙江	1	1.0	河南	1	1.0
			新疆	1	1.0
			浙江	1	1.0

数据来源:2001—2022年《中国县域统计年鉴》。

2. 东、中、西、东北四大区域县域普通中小学在校生数均为负增长,东北地区下降最为明显

在对县域普通中小学在校生年均增速进行分省份分析的基础上,进一步对全国东、中、西、东北四大区域的县域普通中小学在校生增长情况进行具体分析。2000—2021年全国财政收入增速前、后100位县(市)均有5个位于东部地区,东部地区县域普通中小学在校生年均增速达-1.3%。中部地区拥有

县域普通中小学在校生年均增速前 100 位县（市）0 个，后 100 位县（市）15 个，各县（市）普通中小学在校生增速达－1.6%。西部地区拥有普通中小学在校生年均增速前 100 位县（市）89 个，后 100 位县（市）43 个，总体增速达－0.7%。西部地区县域普通中小学在校生年均增速下降最为缓慢。此外，东北地区拥有普通中小学在校生年均增速前 100 位县（市）6 个，后 100 位县（市）37 个。东北地区县域普通中小学在校生增速为－3.2%，下降速度为全国各地区最高。

表 10－3　2000—2021 年东、中、西、东北地区县域普通中小学在校生年均增速情况

区域	普通中小学在校生增速前 100 位县（市）数量	普通中小学在校生增速后 100 位县（市）数量	各地区县域普通中小学在校生增速（%）
东部	5	5	－1.3
中部	0	15	－1.6
西部	89	43	－0.7
东北	6	37	－3.2

数据来源：2001—2022 年《中国县域统计年鉴》。

二、县域医疗服务能力变动趋势及特点

（一）县域医疗服务能力增长变动趋势

1. 县域医疗服务能力提升明显，医疗卫生机构床位数呈上升趋势

2000—2021 年，中国县（市）医疗服务能力提高。全国县域单位医疗卫生机构床位数从 2000 年的 133.6 万张上升到 2021 年的 443.2 万张，年均增速为 5.9%。在全国所有县域单位中，西藏丁青县以 14.9% 的年均增长率位居榜首。排在末位的是内蒙古阿尔山市，2000—2021 年县域医疗卫生机构床位数年均增长率仅为－4.8%。

医疗卫生机构床位数年均增长率在 10% 以上的县（市）共有 46 个，前三位分属西藏、内蒙古和新疆三省份。2000—2021 年，在全国县域单位中，共有 46 个县（市）医疗卫生机构床位数年均增长率超过 10%，占比 2.5%，基本分布在中国中西部省份。按增长率大小可分为 3 个层级。第一层级有 4 个，具体包括丁青、锡林浩特、石河子、平塘，医疗卫生机构床位数年均增长率超 14%。第二层级有 5 个，分别为聂荣、都匀、萨迦、织金、武山，医疗卫生机构床位数年均

增长率在12%—14%之间。第三层级有37个,包括纳雍、威宁、大方等,医疗卫生机构床位数年均增长率高于10%但低于12%。此外,户籍人口实现年均正增长但医疗卫生机构床位数年均增长率为负的县(市)有13个,西藏林周县在此类县(市)中排名最末。户籍人口年均增长率为负但医疗卫生机构床位数年均增长率在5%以上的县(市)有161个,黑龙江五大连池市在此类县(市)中位居首位。

2. 贵州、重庆、河南三省份县域医疗卫生机构床位数增速居全国前列

表10-4对2000—2021年各省县域医疗卫生机构床位数的增长情况进行了分析。结果显示,中国各省份县域医疗卫生机构床位数增速存在较大的省际差异,贵州县域医疗卫生机构床位数年均增长位居全国首位。具体而言,2000—2021年县域医疗卫生机构床位数增速排名前三位的省份分别是贵州、重庆、河南,县域医疗卫生机构床位数年均增速分别为8.8%、7.7%、6.8%,排名第一的贵州省年均增速在8%以上。排名后三位的省份分别为山西、辽宁以及吉林,县域医疗卫生机构床位数年均增速分别为3.2%、2.9%、2.3%。

表10-4　2000—2021年各省县域医疗卫生机构床位数年均增速

省份	县域医疗卫生机构床位数年均增速(%)	排名
贵州	8.8	1
重庆	7.7	2
河南	6.8	3
湖南	6.7	4
江西	6.6	5
广西	6.5	6
甘肃	6.2	7
云南	6.1	8
西藏	6.0	9
宁夏	5.9	10
山东	5.9	11
安徽	5.9	12
江苏	5.9	13
河北	5.8	14
广东	5.8	15
湖北	5.8	16

续表

省份	县域医疗卫生机构床位数年均增速(%)	排名
陕西	5.6	17
四川	5.5	18
浙江	5.0	19
新疆	4.9	20
青海	4.8	21
海南	4.3	22
黑龙江	4.2	23
福建	4.1	24
内蒙古	3.8	25
山西	3.2	26
辽宁	2.9	27
吉林	2.3	28

数据来源：2001—2022年《中国县域统计年鉴》。

3. 县域每万人医疗机构床位数年均增速高于全国整体水平

由表10-5可知，贵州、重庆、湖南三省份县域每万人医疗机构床位数年均增速最快，分别为7.9%、7.3%、6.4%，青海、山西、吉林三省县域每万人医疗机构床位数年均增速最慢，分别为3.4%、3.0%、2.8%。从全国整体情况来看，2000—2021年全国每万人医疗机构床位数年均增速达5.0%，全国县域这个增速为5.1%，略高于全国整体水平，表明相比于地级市而言，县域的医疗服务能力正在以更快的速度提升。

表10-5 2000—2021年各省县域每万人医疗机构床位数年均增速情况

省份	县域每万人医疗机构床位数年均增速(%)	排名
贵州	7.9	1
重庆	7.3	2
湖南	6.4	3
河南	6.2	4
甘肃	5.9	5
江西	5.9	6
广西	5.8	7

续表

省份	县域每万人医疗机构床位数年均增速(%)	排名
安徽	5.8	8
江苏	5.7	9
湖北	5.7	10
山东	5.6	11
云南	5.5	12
陕西	5.4	13
宁夏	5.3	14
河北	5.2	15
广东	5.1	16
四川	5.1	17
西藏	4.8	18
浙江	4.8	19
黑龙江	4.6	20
新疆	4.2	21
福建	3.7	22
海南	3.7	23
内蒙古	3.6	24
辽宁	3.4	25
青海	3.4	26
山西	3.0	27
吉林	2.8	28
全国	5.1	/

数据来源：2001—2022年《中国县域统计年鉴》。

(二) 县域医疗服务能力增速排名前、后100位分布变动趋势

1. 医疗卫生机构床位数年均增速前100位县(市)集中于贵州、河南、云南三省份，后100位县(市)集中于吉林、内蒙古、山西三省份

表10-6显示了2000—2021年中国县域医疗卫生机构床位数年均增长率前100位与后100位县(市)在各省的分布。可以发现，县域医疗卫生机构床位数年均增速前100位县(市)主要分布在中西部省份。贵州分布最多，占比27.0%；河南次之，占比11.0%；贵州、河南、云南三省份囊括了医疗卫生机构床位数年均增速"百强县"的49%。黑龙江、湖北、江苏、内蒙古、宁夏、山东、

四川7省份县域医疗卫生机构床位数年均增速"百强县"较少,仅各有1个。医疗卫生机构床位数增长速度后100位县(市)主要分布于吉林、内蒙古、山西三省份,三省份占比均为15.0%。吉林、内蒙古、山西三省份分布了医疗卫生机构床位数年均增速后100位县(市)的45%。

表10-6 2000—2021年医疗卫生机构床位数年均增速前、后100位县(市)各省份分布

省份	医疗卫生机构床位数年均增速前100位县(市)数量	比重(%)	省份	医疗卫生机构床位数年均增速后100位县(市)数量	比重(%)
贵州	27	27.0	吉林	15	15.0
河南	11	11.0	内蒙古	15	15.0
云南	11	11.0	山西	15	15.0
江西	8	8.0	辽宁	9	9.0
西藏	8	8.0	黑龙江	8	8.0
甘肃	5	5.0	四川	6	6.0
广西	5	5.0	青海	5	5.0
安徽	4	4.0	新疆	5	5.0
湖南	4	4.0	海南	4	4.0
陕西	3	3.0	西藏	4	4.0
新疆	3	3.0	陕西	3	3.0
河北	2	2.0	福建	2	2.0
青海	2	2.0	甘肃	2	2.0
黑龙江	1	1.0	浙江	2	2.0
湖北	1	1.0	安徽	1	1.0
江苏	1	1.0	广东	1	1.0
内蒙古	1	1.0	河南	1	1.0
宁夏	1	1.0	宁夏	1	1.0
山东	1	1.0	云南	1	1.0
四川	1	1.0			

数据来源:2001—2022年《中国县域统计年鉴》。

2. 东、中、西三大区域县域医疗卫生机构床位数年均增速在5%以上,东北地区增长最慢

在对县域医疗卫生机构床位数增速进行分省份分析的基础上,进一步对全国东、中、西、东北四大区域的县域医疗卫生机构床位数年均增长情况进行

具体分析。2000—2021年医疗卫生机构床位数年均增速前100位县(市)有4个位于东部地区,排名后100位的县(市)有9个在东部地区,县域医疗卫生机构床位数总体年均增速达5.5%。中部地区拥有医疗卫生机构床位数年均增速前100位县(市)共28个,后100位县(市)17个,县域医疗卫生机构床位数年均增速达5.8%。西部地区拥有医疗卫生机构床位数年均增速前100位县(市)67个,后100位县(市)42个,县域医疗卫生机构床位数年均增速达5.8%。东北地区拥有医疗卫生机构床位数年均增速前100位县(市)1个,后100位县(市)32个,县域医疗卫生机构床位数年均增速3.3%,为全国各地区末位。

表10-7 2000—2021年东中西及东北地区县域医疗卫生机构床位数年均增速情况

区域	医疗卫生机构床位数增速前100位县(市)数量	医疗卫生机构床位数增速后100位县(市)数量	各地区医疗卫生机构床位数增速(%)
东部	4	9	5.5
中部	28	17	5.8
西部	67	42	5.8
东北	1	32	3.3

数据来源:2001—2022年《中国县域统计年鉴》。

三、县域社会保障能力变动趋势及特点

(一)县域社会保障能力增长变动趋势

1. 县域社会保障能力稳步提升,社会工作机构床位数逐步增加

2000—2021年,全国县域社会工作机构从2000年的23 061个增加到2021年的30 311个,年均增速为1.3%;社会工作机构床位数从2000年的53.2万张上升到2021年的275.6万张,年均增速为8.1%。在全国县域单位中,河南禹州市以37.8%的社会工作机构床位数年均增长率位居榜首;排在末位的是辽宁开原市,2000—2021年医疗卫生机构床位数年均增长率仅为—15.3%。

社会机构床位数年均增长率在30%以上的县(市)共有10个。2000—2021年,在全国县域单位中,社会机构床位数年均增长率超过30%的县(市)共有10个,按增长率大小可将分为3个层级。第一层级仅有1个,为河南省

禹州市，社会机构床位数年均增长率为37.8%，禹州市也是唯一年均增长率超过35%的县(市)。第二层级有3个，分别为陕西白河县、安徽东至县、贵州桐梓县，这些县级单位社会机构床位数年均增长率在32%—35%之间。第三层级有6个，包括富源、尉犁、耒阳等，这些县(市)社会机构床位数年均增长率高于30%但低于32%。此外，户籍人口实现年均正增长但社会机构床位数年均增长率为负的县(市)有42个，浙江余姚市在此类县(市)中排名最末，社会机构床位数年均增长率为−11.2%。户籍人口年均增长率为负但社会机构床位数年均增长率在20%以上的县(市)有18个，陕西紫阳县在此类县(市)中位居首位，以年均−0.2%的户籍人口增速产生了年均28.4%的社会机构床位数增速，位居此类县(市)首位。

2. 福建、陕西、湖南三省份社会机构床位数增速位居全国前列

表10-8对2000—2021年各省份县域社会机构床位数的增长情况进行了分析。结果显示，中国各省份县域社会机构床位数增速存在较大的省际差异，福建县域社会机构床位数年均增速位居全国首位。具体而言，2000—2021年县域社会机构床位数年均增速排名前三位的省份分别是福建、陕西和湖南，县域社会机构床位数年均增速分别为15.6%、14.7%、14.3%，排名第一的福建省年均增速在15%以上；排名后三位的省份分别为海南、黑龙江以及辽宁，县域社会机构床位数年均增速分别为5.3%、2.8%、2.1%。

表10-8　2000—2021年各省县域社会机构床位数年均增速情况

省份	年均增速(%)	排名
福建	15.6	1
陕西	14.7	2
湖南	14.3	3
贵州	13.3	4
云南	12.9	5
安徽	12.7	6
新疆	11.4	7
青海	10.8	8
西藏	10.8	9
四川	10.1	10
宁夏	9.6	11
内蒙古	9.3	12

续表

省份	年均增速(%)	排名
河南	9.3	13
广西	9.2	14
重庆	9.0	15
江苏	8.6	16
甘肃	8.5	17
山西	8.3	18
山东	7.4	19
湖北	7.4	20
江西	7.0	21
吉林	6.9	22
河北	6.6	23
广东	6.3	24
浙江	6.0	25
海南	5.3	26
黑龙江	2.8	27
辽宁	2.1	28

数据来源:2001—2022年《中国县域统计年鉴》。

(二)县域社会保障能力增速排名前、后100位分布变动趋势

1. 社会机构床位数年均增速前100位县(市)集中于湖南、安徽、福建、云南四省份,后100位县(市)集中于黑龙江、辽宁、浙江三省份

表10-9显示了2000—2021年中国县域社会机构床位数年均增长率前100位与后100位县(市)在各省的分布情况。可以发现,社会机构床位数年均增速前100位县(市)主要分布在中东部省份。湖南分布最多,占比13.0%;安徽、福建、云南次之,占比均为11.0%;湖南、安徽、福建、云南四省份囊括了社会机构床位数年均增速"百强县"的46.0%;甘肃、广东、广西、河北、山西五省份社会机构床位数年均增速"百强县"较少,仅各有1个。社会机构床位数年均增长速度后100位县(市)同样主要分布于东北地区。黑龙江分布最多,占比达16.0%。黑龙江、辽宁、浙江、山西四省占据了社会机构床位数年均增速后100位县(市)的47.0%。

第十章 县域发展的教育、医疗服务和社会保障实力动态及趋势特点分析 / 257

表10-9 2000—2021年社会机构床位数年均增速前、后100位县(市)各省份分布情况

省份	社会机构床位数年均增速前100位县(市)数量	比重(%)	省份	社会机构床位数年均增速后100位县(市)数量	比重(%)
湖南	13	13.0	黑龙江	16	16.0
安徽	11	11.0	辽宁	12	12.0
福建	11	11.0	浙江	10	10.0
云南	11	11.0	山西	9	9.0
贵州	9	9.0	河北	8	8.0
陕西	9	9.0	江西	7	7.0
四川	8	8.0	山东	7	7.0
内蒙古	6	6.0	内蒙古	6	6.0
山东	6	6.0	甘肃	5	5.0
江西	4	4.0	广东	5	5.0
新疆	3	3.0	广西	5	5.0
河南	2	2.0	云南	3	3.0
吉林	2	2.0	新疆	2	2.0
甘肃	1	1.0	海南	1	1.0
广东	1	1.0	河南	1	1.0
广西	1	1.0	吉林	1	1.0
河北	1	1.0	陕西	1	1.0
山西	1	1.0	四川	1	1.0

数据来源:2001—2022年《中国县域统计年鉴》。

2. 东、中、西三大区域县域社会机构床位年均数增速均在8%以上,东北地区增长最慢

在对县域社会机构床位数年均增速进行分省份分析的基础上,进一步对全国东、中、西、东北四大区域的县域社会机构床位数增长情况进行具体分析。东部地区2000—2021年分布有社会机构床位数年均增速前100位县(市)19个,排名后100位的县(市)31个,县域社会机构床位数年均增速达8.0%。中部地区2000—2021年分布有社会机构床位数年均增速前100位县(市)31个,后100位县(市)17个,县域社会机构床位数年均增速达9.8%。西部地区2000—2021年分布有社会机构床位数年均增速前100位县(市)48个,后100位县(市)23个,县域社会机构床位数年均增速达11.1%,位于四大区域之首。此外,东北地区分布有2000—2021年社会机构床位数年均增速前100位县

(市)2个,后100位县(市)29个,东北地区县域社会机构床位数年均增速仅为3.5%,为全国各地区最低水平。

表10-10 2000—2021年东、中、西、东北地区县域社会机构床位数年均增速情况

区域	社会机构床位数年均增速前100位县(市)数量	社会机构床位数年均增速后100位县(市)数量	各地区县域社会机构床位数年均增速(%)
东部	19	31	8.0
中部	31	17	9.8
西部	48	23	11.1
东北	2	29	3.5

数据来源:2001—2022年《中国县域统计年鉴》。

四、本章小结

县域作为中国发展的基本单元,其教育、医疗和社会保障的发展状况直接影响到当地居民的生活水平。本章从2000—2021年县域教育、医疗和社会保障的发展趋势及特点出发,对当前中国县域公共服务的发展动态进行分析,得到结论如下:

第一,县域教育服务能力呈下降趋势,县域普通中小学在校生人数下降趋势明显。2000—2021年间,全国县域普通中小学合计在校生人数从13 830.2万人下降到10 731.0万人,年均增速为-1.2%。仅有青海、西藏、新疆三省份县域普通中小学在校生年均增速为正。此外,从县域教育服务能力增速排名前、后100位分布变动趋势来看,普通中小学在校生年均增速前100位县(市)集中在四川、西藏、青海三省份,后100位县(市)集中于黑龙江、内蒙古、陕西三省份,且东、中、西、东北四大区域县域普通中小学在校生数均为负增长,东北地区下降最为明显。

第二,县域医疗服务能力提升明显,县域医疗卫生机构床位数呈上升趋势。贵州、重庆、河南三省份县域医疗卫生机构床位数增速居全国前列。医疗卫生机构床位数年均增长率在10%以上的县(市)共有46个,前三位分属西藏、内蒙古和新疆三省份。此外,县域医疗卫生机构床位数年均增速前100位县(市)集中于贵州、河南、云南三省份,后100位县(市)集中于吉林、内蒙古、山西三省份,且东、中、西三大区域县域医疗卫生机构床位数年均增速在5%以

上,东北地区增长最慢。

第三,县域社会保障能力稳步提升,社会机构床位数逐步增加。2000—2021年社会床位数年均增长率在30%以上的县(市)共有10个,福建、陕西、湖南三省份县域社会机构床位数增速位居全国前列。此外,县域社会机构床位数年均增速前100位县(市)集中于湖南、安徽、福建、云南四省份,后100位县(市)集中于黑龙江、辽宁、浙江三省份,且东部、中部、西部三大区域县域社会机构床位年均数增速均在8%以上,东北地区增长最慢。

第十一章　县域发展的综合竞争力分析

县域是城镇化发展过程中的重要载体。2022年5月,国务院印发《关于推进以县城为重要载体的城镇化建设的意见》,突出强调县城在城镇化体系中的重要作用,凸显推进以县城为重要载体的城镇化建设的重要意义。张五常在《中国的经济制度》一书中提出的"县域竞争"理论认为,中国的经济发展离不开县与县之间的竞争,正是因为县城的招商引资竞争,交易成本得到降低,经济得以高速发展。

县域是一个复杂、开放的有机系统,其既可以被看作是一个独立的城市,也可以被看成是城市的组成部分。县域自身的特殊性决定了其在宏观经济调控和新型城镇化发展过程中的重要地位。要对中国县域经济的发展有一个客观、准确、科学的认知,就需要对中国县域发展的综合竞争力进行研究。这对提升县域发展实力,弥补县域经济发展不足,推进以县城为重要载体的新型城镇化建设意义重大。

一、县域综合竞争力内涵及评价指标

(一) 县域综合竞争力内涵分析

1980年世界经济论坛和瑞士洛桑国际管理学院创立了国际竞争力评级体系,此后不少研究机构和学者开始关注于城市竞争力研究。因为尚未形成一个被广泛接受的统一的城市综合竞争力的方法和测度指标体系(郭利平,沈玉芳,2005),所以不同的机构和学者在城市综合竞争力内涵定义和指标体系构建上仍然存在一些分歧。上海社会科学院城市综合竞争力比较研究中心(2001)认为城市综合竞争力主要是比较城市经济功能的强弱,因此竞争力就体现为市场化占有、配置和利用生产要素权力的大小,市场化配置资源的权力大小直接决定了城市综合竞争力的优劣。但是另一些学者的观点认为,城市综合竞争力是一种综合体,这个综合体可能包括有社会结构、经济结构、环境结构和空间结构(周玉波、姚铮,2009),也可能是经济、社会、文化、科技、环境发展和制度等因素的综合体现(蔡旭初,2002)。

要研究县域综合竞争力,就要将县域看作是一个独立的城市。因此,根据前人对城市综合竞争力的观点,本研究将县域综合竞争力的内涵确定为县域发展过程中所表现出来的人口、经济、财政、医疗、社会保障等多方面综合竞争实力,从而在经济竞争过程中维持自身优势的能力。县域综合竞争力不单单是其中某一方面竞争力的高低,而是各种相关维度下的综合体。县域综合竞争力反映县域对各类资源配置的权力,一是反映县域自身拥有的调配资源能力,二是反映县域对外界各类资源吸引能力和集聚能力。所以,县域综合竞争力是各种县域经济体在竞争过程中所形成的一种动态概念。

(二) 县域综合竞争力指标体系设定

1. 县域综合竞争力的相关研究进展

目前有关县域竞争力排名的研究仍然较少。研究主要分为三类,一类是对全国县域综合竞争力指标体系的研究(朱允卫、杨万江,2003;段力誌、傅鸿源,2009),另一类是对个别地区的县域综合竞争力研究(夏永久等,2009,薄锡年、庞保振,2010)。这些研究一般选择相应的指标,并采用主成分分析作为具体分析方法。但是,当指标的数量较大时,主成分因子负荷的符号方向就会出现不统一的现象,可能会导致主成分因子的理论含义不明确。若采用谢菲尔德法等其他方法,权重的确定可能受到人为因素的干扰。

近年来,国内的一些研究机构也开始对县域综合竞争力进行研究。香港中外城市竞争力研究院等(2021)联合发布"2021 中国县域综合竞争力百强排行榜"。该报告将县域综合竞争力指标设置为经济、社会、环境、文化四大系统,其中包含 10 项一级指标、30 项二级指标、102 项三级指标。10 项一级指标分别为:综合经济竞争力指数、产业竞争力指数、财政金融竞争力指数、商业贸易竞争力指数、基础设施竞争力指数、社会保障竞争力指数、区位竞争力指数、人力资本竞争力指数、创新竞争力指数和文化形象竞争力指数。同时,香港中外城市竞争力研究院等(2021)还联合发布了"2021 中国县域成长竞争力排行榜"。该报告成长竞争力指标设置为能力指数、活力指数、实力指数、潜力指数 4 项一级指标,这 4 项一级指标又由 29 项二级指标构成。北京中郡经济发展研究所(2021)发布了《2021 县域经济与县域发展监测评价报告》,重点关注县域经济发展和县域发展两大方面。其中,县域经济发展包括有经济增长率等级、财政收入增长率等级、居民收入增长率等级、投资增长率等级、消费增长率等级5个指标,县域发展包括县域相对民富指数等级和县域相对天蓝指数等级2个指标。具体的统计指标选择为地区生产总值增长率、地方公共财政收入增长率、农村居民可支配收入、农村居民可支配收入增长率、固定资产投资增长率、社会消费品零售总额增长率和空气质量优良率7个统计指标。

2. 县域综合竞争力指标体系设置

本研究根据《关于推进以县城为重要载体的城镇化建设的意见》,将二级指标体系设置为经济竞争力、产业竞争力、财政竞争力、农业竞争力、社会竞争力、环境竞争力和政府透明度6个指标,下设36个三级指标。所有的指标展示在表11-1中。

经济竞争力指标下包含三个三级指标,即户籍人口、地区生产总值和户籍人均地区生产总值。产业竞争力指标下包含第二产业增加值、第三产业增加值、二产比重(第二产业增加值/地区生产总值)和三产比重(第三产业增加值/地区生产总值)。财政竞争力指标下包括行政区域面积、地方一般公共预算收入、地方一般公共预算支出、公共预算收入占地区生产总值比重、公共预算收入对地区生产总值的拉动、住户储蓄存款余额和年末金融机构各项贷款余额。其中,行政区划面积主要衡量一个县(市)的土地面积,在当前"土地金融"抑或是"土地财政"的现状下,政府收入往往很大程度上依赖于与土地相关的财政收入。因此,将行政区划面积作为衡量土地面积的指标纳入体系。农业竞争力指标包含第一产业增加值、设施农业种植占地面积和油料产量三个三级指标。社会竞争力指标包含固定电话用户、万人中学生数、万人小学生数、医疗卫生机构床位数、提供住宿的社会工作机构和提供住宿的社会工作机构床位。在设计环境竞争力指标体系时,既要考虑水、固体和大气的污染排放,也要考虑水、固体和大气的污染治理,还要考虑到清洁能源的使用情况。因此,该二级指标下的三级指标包括户用沼气池数量、太阳能热水器面积、化学需氧量排放总量、工业废水治理设施处理能力、一般工业固体废物产生量、一般工业固体废物综合利用量、二氧化硫排放总量、氮氧化物排放总量、颗粒物排放总量和工业废气治理设施数。政府透明度指标,参考中国人民大学发展与战略研究院政企关系与产业发展研究中心(2021)在《中国城市政商关系评价报告2021》中的做法,包含信息发布指数和财政透明度两个三级指标。

本研究在指标体系和方法选择上,有以下三点创新之处。(1)采用熵值法确定各项指标的权重。熵值法较好地避免了主成分分析带来的主成分意义不明确和谢菲尔德法带来的人为干扰因素。（2）农业竞争力指标的加入是本研究的一大特色。农业发展不仅关系到中国的粮食安全，而且也关系到城乡均衡发展。《关于推进以县城为重要载体的城镇化建设的意见》强调，要合理发展农产品主产区县城。因此，本研究在前人文献研究基础上，考虑各县（市）的农业竞争力表现。（3）引入政府透明度指标。政府透明度是政府推进政务公开，保障信息畅通，维护公平公正的重要指标，对实现公众监督权、表达权和参与权，以及维护政府公信力，构建"亲""清"政企关系，优化营商环境，维护社会繁荣稳定都具有重要的现实意义。因此，在前人对政府透明度研究的基础之上，本研究将政府透明度指标引入到县域综合竞争力评价体系，相比其他有关城市综合竞争力研究的指标体系更加丰富。除了政府透明度数据来自其他研究报告之外，所有数据均来自2021年《中国县域统计年鉴2021（县市卷）》和《中国环境统计年鉴2021》。

二、权重确定与数据处理

（一）县域综合竞争力指标的权重确定

本研究采用熵值法作为权重确定的方法。熵值法是一种在综合考虑各种信息基础上计算综合指标的方法。熵值法主要包括以下几个步骤：

（1）数据标准化处理。设有 m 个指标，n 个样本，x_{ij} 为第 i 地区的第 j 个评价指标的实际值，为了消除不同量纲指标的影响，对各指标进行标准化处理。正向指标和负向指标的标准化方法不相同。正向指标标准化方法为 $y_{ij} = \frac{x_{ij} - x_{j\min}}{x_{j\max} - x_{j\min}}$；负向指标标准化方法为 $y_{ij} = \frac{x_{ij} - x_{j\min}}{x_{j\max} - x_{j\min}}$。

（2）计算第 i 个样本在 j 项指标下所占的比重。具体方法为 $p_{ij} = \frac{y_{ij}}{\sum_{j=1}^{n} y_{ij}}$。

（3）数据平移。为了防止部分数据为0，影响计算，对数据进行平移，具体平移方法为 $p'_{ij} = p_{ij} + A$。其中，$A = 10^{-10}$。[1]

---

[1] 由于2020年县域样本量较大，共计1868个，为了保证计算出的熵值在(0,1)的区间内，平移时要选取一个尽可能小的数。

(4) 计算第 j 个指标的熵值。具体方法为 $e_j = -\dfrac{1}{\ln(n)} \sum_{i=1}^{n} p'_{ij} \times \ln(p'_{ij})$。

(5) 计算第 j 个指标的信息熵冗余度。具体方法为 $d_j = 1 - e_j$。

(6) 计算第 j 个指标的权重。具体方法为 $w_j = \dfrac{d_j}{\sum_{j=1}^{m} d_j}$。

(7) 计算各个地区的综合得分。具体方法为 $s_j = \sum_{j=1}^{m} w_j \times p_{ij}$。

根据权重计算结果(见表 11-1)[①],可以发现,环境竞争力、社会竞争力和政府透明度权重比较大,权重分别为 0.5072、0.2169 和 0.1065,远高于其他二级指标的权重。这反映了环境、社会和政府透明度在综合评价指数的重要程度。这也说明,在经济高质量发展过程中,优化生态环境、关注社会安定和公开政府信息是提高县域整体竞争力的重要手段。

表 11-1　　县域综合竞争力指标体系、权重及方向说明

一级指标	二级指标及权重	三级指标	正/负向	三级指标权重
综合竞争力	经济竞争力 (0.0305)	户籍人口	正向	0.2187
		地区生产总值	正向	0.3936
		户籍人口人均地区生产总值	正向	0.3877
	产业竞争力 (0.0544)	第二产业增加值	正向	0.3417
		第三产业增加值	正向	0.2336
		二产比重	正向	0.0519
		三产比重	正向	0.0215
		规模以上工业企业	正向	0.3512
	财政竞争力 (0.0289)	行政区域面积	正向	0.2896
		地方一般公共预算收入	正向	0.2150
		地方一般公共预算支出	正向	0.0616
		公共预算收入占地区生产总值比重	正向	0.0433
		公共预算支出对地区生产总值拉动	正向	0.0670
		住户储蓄存款余额	正向	0.1299
		年末金融机构各项贷款余额	正向	0.1935

① 表中的权重按照根据为四舍五入之后的结果,可能会出现相加之后不为 1 的现象。

续表

一级指标	二级指标及权重	三级指标	正/负向	三级指标权重
综合竞争力	农业竞争力 (0.0758)	第一产业增加值	正向	0.1097
		设施农业种植占地面积	正向	0.5119
		油料产量	正向	0.3784
	社会竞争力 (0.2427)	固定电话用户	正向	0.2510
		万人中学生数	正向	0.0351
		万人小学生数	正向	0.0494
		医疗卫生机构床位	正向	0.1513
		提供住宿的社会工作机构	正向	0.2836
		提供住宿的社会工作机构床位	正向	0.2295
	环境竞争力 (0.5676)	户用沼气池数量	正向	0.2232
		太阳能热水器面积	正向	0.2492
		化学需氧量排放总量	正向	0.0011
		工业废水治理设施处理能力	负向	0.1780
		一般工业固体废物产生量	负向	0.0013
		一般工业固体废物综合利用量	正向	0.1552
		二氧化硫排放总量	负向	0.0010
		氮氧化物排放总量	负向	0.0031
		颗粒物排放总量	负向	0.0011
		工业废气治理设施数	正向	0.1867
	政府透明度 (0.1065)	政府信息开放度	正向	0.1309
		政府财政透明度	正向	0.8691

(二) 县域综合竞争力指标的处理方法

本研究样本为 2020 年全国所有县级区域,共 1 868 个,其中包括县级市 386 个,普通县 1 311 个,少数民族自治县 117 个,旗 53 个。通过对数据预处理,本研究发现仍然存在部分县(市)资料为空值的情况,主要集中在户籍人口、地方一般公共预算收入、地方一般公共预算支出、住户储蓄存款余额、年末金融机构各项贷款余额、设施农业种植占地面积、油料产量、规模以上工业企业、固定电话用户、提供住宿的社会工作机构和提供住宿的社会工作机构床位数这些三级指标。本研究的处理方法为:户籍人口按照 2019 年的水平进行替代。地方一般公共预算收入、地方一般公共预算支出、住户储蓄存款余额、年末金融机构各项贷款余额、固定电话用户 5 个指标 2019 年的数据也存在大量缺失,所以采用所在省份的其他县(市)取值的平均值来替代空缺值。设施农业种植占地面积、油料产量、规模以上工业企业、提供住宿的社会工作机构和提供住宿的社会工作机构床位数的空缺值则设置为0。县域的环境指标的数据获取难度较大，故本研究采用《中国环境统计年鉴2021》的省级数据进行估算。假设环境竞争力下的三级指标数据与当地的地区生产总值完全相关，且这个相关系数在每个省份内的县（市）不会发生变化，那么县（市）环境竞争力三级指标的数据就应该是县（市）地区生产总值占全省地区生产总值的比重与省级环境指标相乘。

二级指标政府透明度的数据来源与处理方法也参考《中国城市政商关系评价报告2021》的做法。其中，信息发布指数来自复旦大学数字与移动治理实验室支持的中国开放树林指数网。部分地级市分值为区间估计，以区间平均值作为地级市预估数。部分地级市数据缺失则设定其值为0。财政透明度指数来自清华大学公共管理学院公共经济、金融与治理研究中心课题组发布的《2020年中国市级政府财政透明度研究报告》。假设同一地级市下县（市）政府的政府透明度与地级市保持高度一致，就可以用地级市的政府透明度来作为县（市）政府的代理指标。但是与中国人民大学发展与战略研究院政企关系与产业发展研究中心（2021）研究不同的是，为确保客观性，我们仍然采用熵权法进行赋权。我们将根据熵权法计算得到的政府透明度指数和《中国城市政商关系评价报告2021》的政府透明度指数进行相关性检验，发现两者显著正相关。因此，我们的政府透明度指数能够满足信度和效度的要求。另外，指标体系中二级指标财政竞争力下，存在三级指标公共预算支出对地区生产总值的拉动。该指标参考李闽榕（2006）的研究，采用地区生产总值/地方一般公共预算支出来衡量。公共预算收入占地区生产总值比重采用地方一般公共预算收入/地区生产总值来衡量。户籍人口人均地区生产总值由地区生产总值除以户籍人口计算而得。万人中学生数和万人小学生数为分别由中学生数和小学生数除以当地户籍人口计算而得。除了这三个指标和环境竞争力指标需要计算外，其他指标数字均直接来自统计年鉴。

三、县域竞争力排名分析

（一）综合竞争力排名

东部地区县域综合竞争力更强，其中江苏省县域综合竞争力最强。在经济竞争力排名前30个县域中，江苏上榜最多，一共有15个，分别为昆山市、江阴市、张家港市、常熟市、东台市、温岭市、余姚市、宜兴市、沭阳市、如东县、如皋市、泰兴市、邳州市、兴化市、海安市。其中，排名进入前10的县（市）有昆山市和江阴市，排名分别为第1名和第2名。浙江一共有8个县（市）上榜，分别为慈溪市、温岭市、余姚市、诸暨市、义乌市、乐清市、海宁市和瑞安市。其中，排名进入前10的县（市）仅慈溪市1个，排名为第4名。福建省上榜2个县（市），分别是晋江市和龙海市，两市排名均进入前10，排名分别为第3名和第10名。山东上榜2个县（市），分别为寿光市和胶州市，排名分别为第19名和第26名。

表 11-2　　　　　　　综合竞争力排名前 30 名县（市）

省份	县（市）	排名	省份	县（市）	排名	省份	县（市）	排名
江苏	昆山市	1	浙江	温岭市	11	浙江	义乌市	21
江苏	江阴市	2	浙江	余姚市	12	江苏	邳州市	22
福建	晋江市	3	江苏	宜兴市	13	江苏	兴化市	23
浙江	慈溪市	4	江苏	沭阳县	14	江苏	海安市	24
湖南	祁阳县	5	江苏	如东县	15	浙江	乐清市	25
江苏	张家港市	6	浙江	诸暨市	16	山东	胶州市	26
江苏	常熟市	7	河北	迁安市	17	浙江	海宁市	27
江苏	东台市	8	江苏	如皋市	18	河南	邓州市	28
江西	南昌县	9	山东	寿光市	19	四川	简阳市	29
福建	龙海市	10	江苏	泰兴市	20	浙江	瑞安市	30

西部地区县域综合竞争力最弱，其中西藏县域综合竞争力最弱。在综合竞争力排名后30名的县（市）中，西藏上榜最多，一共有22个。分别为仁布县、朗县、琼结县、康马县、定结县、岗巴县、洛扎县、尼木县、拉孜县、曲松县、浪卡子县、巴青县、索县、措美县、贡觉县、南木林县、聂拉木县、萨迦县、亚东县、拉囊县、嘉黎县。其中，排名进入倒数前10的有仁布县、朗县和琼结县，排名分别为倒数第1名、倒数第2名和倒数第3名。青海、云南、陕西、青海、云南和甘肃这6个省份的西部地区的县（市）均有上榜。

值得注意的是，县级市的综合竞争力要高于普通县。在综合竞争力排名前30个县（市）中，属于县级市有26个，属于普通县的排名仅有4个。在综合竞争力排名后 30 个县(市)中,均为普通县。

表 11-3　　　　　　　综合竞争力排名后 30 名县(市)

省份	县(市)	排名(倒数)	省份	县(市)	排名(倒数)	省份	县(市)	排名(倒数)
西藏	仁布县	1	西藏	尼木县	11	西藏	聂拉木县	21
西藏	朗县	2	西藏	拉孜县	12	西藏	聂荣县	22
西藏	琼结县	3	西藏	曲松县	13	陕西	佛坪县	23
青海	甘德县	4	西藏	浪卡子县	14	西藏	萨迦县	24
山西	大宁县	5	西藏	巴青县	15	西藏	亚东县	25
西藏	康马县	6	西藏	索县	16	青海	班玛县	26
西藏	定结县	7	西藏	措美县	17	西藏	扎囊县	27
黑龙江	汤旺县	8	云南	西盟佤族自治县	18	西藏	嘉黎县	28
西藏	岗巴县	9	西藏	贡觉县	19	云南	福贡县	29
西藏	洛扎县	10	西藏	南木林县	20	甘肃	碌曲县	30

(二) 经济竞争力排名

东部地区县域经济竞争力更强,其中江苏县域经济竞争力最强。在经济竞争力排名前 30 名的县(市)中,江苏上榜最多,一共有 10 个,分别是昆山市、江阴市、张家港市、常熟市、宜兴市、太仓市、如皋市、海安市、丹阳市和启东市。其中,排名进入前 10 的县(市)有昆山市、江阴市、张家港市、常熟市和宜兴市,排名分别为第 2 名、第 3 名、第 4 名、第 6 名、第 10 名。浙江上榜 5 个县(市),分别为慈溪市、义乌市、诸暨市、余姚市和乐清市。其中,排名进入前 10 的县(市)仅慈溪市 1 个,排名为第 7 名。福建上榜 4 个县(市),分别为晋江市、石狮市、惠安县和南安市。其中,排名进入前 10 的县(市)仅晋江市 1 个,排名为第 5 名。山东上榜 2 个县(市),分别为胶州市和龙口市。内蒙古上榜 2 个县(市)分别为伊金霍洛旗和鄂托克旗。值得一提的是,新疆的阿拉山口市排名第 1。阿拉山口市作为口岸城市,是"丝绸之路经济带"的重要节点城市,拥有全国最大的铁路口岸,具有很强的招商引资能力。根据《新疆统计年鉴 2021》,2020 年其常住人口人均地区生产总值达到 34.02 万元。

表 11-4　　　　　　经济竞争力排名前 30 名县(市)

省份	县(市)	排名	省份	县(市)	排名	省份	县(市)	排名
新疆	阿拉山口市	1	江苏	太仓市	11	福建	惠安县	21
江苏	昆山市	2	陕西	神木市	12	福建	南安市	22
江苏	江阴市	3	内蒙古	伊金霍洛旗	13	浙江	余姚市	23
江苏	张家港市	4	浙江	义乌市	14	山东	胶州市	24
福建	晋江市	5	河南	新郑市	15	江苏	如皋市	25
江苏	常熟市	6	贵州	仁怀市	16	江苏	海安市	26
浙江	慈溪市	7	湖南	浏阳市	17	山东	龙口市	27
湖南	长沙县	8	福建	石狮市	18	浙江	乐清市	28
江西	南昌县	9	浙江	诸暨市	19	江苏	丹阳市	29
江苏	宜兴市	10	内蒙古	鄂托克旗	20	江苏	启东市	30

西部地区县域经济竞争力较弱,其中青海和西藏的经济竞争力最弱。在经济竞争力排名后 30 名的县(市)中,青海上榜最多,共有 11 个,分别为甘德县、达日县、称多县、囊谦县、班玛县、久治县、杂多县、玉树市、玛多县、治多县和曲麻莱县。其中,排名进入倒数前 10 的县(市)有甘德县、达日县、称多县、囊谦县、班玛县、久治县、杂多县,排名分别为倒数第 1 名、倒数第 2 名、倒数第 3 名、倒数第 4 名、倒数第 5 名、倒数第 6 名和倒数第 10 名。西藏上榜 10 个县(市),分别是比如县、南木林县、索县、巴青县、昂仁县、嘉黎县、定日县、聂荣县、班戈县和定结县。其中,排名进入倒数前 10 的县(市)有比如县和南木林县,排名分别为倒数第 8 名和倒数第 9 名。甘肃上榜 4 个县(市),分别为广河县、康县、漳县和康乐县。

值得注意的是,县级市的经济竞争力普遍高于普通县。在经济竞争力排名前 30 名的县(市)中,县级市有 25 个,普通县仅为 3 个。在经济竞争力排名后 30 名的县(市)中,都为普通县。

表 11-5　　　　　　经济竞争力排名后 30 名县(市)

省份	县(市)	排名(倒数)	省份	县(市)	排名(倒数)	省份	县(市)	排名(倒数)
青海	甘德县	1	青海	囊谦县	4	山西	大宁县	7
青海	达日县	2	青海	班玛县	5	西藏	比如县	8
青海	称多县	3	青海	久治县	6	西藏	南木林县	9

续表

省份	县(市)	排名(倒数)	省份	县(市)	排名(倒数)	省份	县(市)	排名(倒数)
青海	杂多县	10	青海	玛多县	17	甘肃	康县	24
西藏	索县	11	黑龙江	南岔县	18	青海	曲麻莱县	25
山西	石楼县	12	西藏	昂仁县	19	西藏	聂荣县	26
黑龙江	大箐山县	13	青海	治多县	20	甘肃	漳县	27
西藏	巴青县	14	西藏	嘉黎县	21	甘肃	康乐县	28
甘肃	广河县	15	西藏	定日县	22	西藏	班戈县	29
青海	玉树市	16	四川	德格县	23	西藏	定结县	30

(三) 产业竞争力排名

东部地区县域产业竞争力更强,其中江苏和浙江的县域产业竞争力最强。在产业竞争力排名前30名的县(市)中,江苏上榜县(市)最多,一共有12个,分别为昆山市、江阴市、张家港市、常熟市、宜兴市、太仓市、海安市、如皋市、如东县、丹阳市、启东市、泰兴市。其中,排名进入前10的县(市)有昆山市、江阴市、张家港市、常熟市和宜兴市,排名分别为第1名、第2名、第4名、第5名和第7名。浙江上榜10个县(市),分别为慈溪市、乐清市、海宁市、余姚市、诸暨市、瑞安市、温岭市、桐乡市、义乌市和德清县。其中,排名进入前10的县(市)有慈溪市、乐清市、海宁市和余姚市,排名分别为第6名、第8名、第9名和第10名。福建上榜3个县(市),分别为晋江市、南安市和惠安县。其中,排名进入前10的县(市)仅晋江市1个,排名为第3名。湖南上榜2个,分别为浏阳市和长沙县。

表11-6　　　　产业竞争力排名前30名县(市)

省份	县(市)	排名	省份	县(市)	排名	省份	县(市)	排名
江苏	昆山市	1	浙江	乐清市	8	湖南	浏阳市	15
江苏	江阴市	2	浙江	海宁市	9	浙江	瑞安市	16
福建	晋江市	3	浙江	余姚市	10	江苏	海安市	17
江苏	张家港市	4	江苏	太仓市	11	湖南	长沙县	18
江苏	常熟市	5	浙江	诸暨市	12	浙江	温岭市	19
浙江	慈溪市	6	江西	南昌县	13	浙江	桐乡市	20
江苏	宜兴市	7	福建	南安市	14	江苏	如皋市	21

续表

省份	县(市)	排名	省份	县(市)	排名	省份	县(市)	排名
浙江	义乌市	22	江苏	丹阳市	25	陕西	神木市	28
福建	惠安县	23	浙江	德清县	26	江苏	启东市	29
江苏	如东县	24	山东	胶州市	27	江苏	泰兴市	30

西部地区县域产业竞争力偏弱,其中青海县域产业竞争力最弱。在产业竞争力排名后30名的县(市)中,青海上榜县(市)最多,共13个,分别为杂多县、治多县、曲麻莱县、囊谦县、称多县、同德县、贵南县、玉树市、泽库县、甘德县、班玛县、达日县和久治县。其中,排名进入倒数前10的县(市)有杂多县、治多县、曲麻莱县、囊谦县、称多县、同德县、贵南县、玉树市,排名分别为倒数第1名、倒数第2名、倒数第3名、倒数第4名、倒数第5名、倒数第7名、倒数第8名和倒数第10名。四川上榜9个县(市),分别为色达县、德格县、新龙县、壤塘县、石渠县、道孚县、炉霍县、阿坝县和稻城县。黑龙江上榜5个,分别为汤旺县、呼玛县、嘉荫县、塔河县和大箐山县。其中,排名进入倒数前10的县(市)有汤旺县和呼玛县,排名分别为倒数第6名和倒数第9名。此外,县级市的产业竞争力普遍高于普通县。在经济竞争力排名前30名的县(市)中,县级市有26个,普通县仅为4个。在产业竞争力排名后30名的县(市)中,仅有1个为县级市,其余都为普通县。

表11-7　　　　　产业竞争力排名后30名县(市)

省份	县(市)	排名(倒数)	省份	县(市)	排名(倒数)	省份	县(市)	排名(倒数)
青海	杂多县	1	黑龙江	嘉荫县	11	青海	甘德县	21
青海	治多县	2	四川	色达县	12	青海	班玛县	22
青海	曲麻莱县	3	青海	泽库县	13	四川	石渠县	23
青海	囊谦县	4	四川	德格县	14	四川	道孚县	24
青海	称多县	5	甘肃	碌曲县	15	四川	炉霍县	25
黑龙江	汤旺县	6	四川	新龙县	16	四川	阿坝县	26
青海	同德县	7	黑龙江	塔河县	17	西藏	双湖县	27
青海	贵南县	8	四川	壤塘县	18	四川	稻城县	28
黑龙江	呼玛县	9	甘肃	两当县	19	青海	达日县	29
青海	玉树市	10	黑龙江	大箐山县	20	青海	久治县	30

(四) 财政竞争力排名

东部地区县域财政竞争力更强,浙江县域财政竞争力最强。在财政竞争力排名前30名的县(市)中,浙江上榜9个县(市),分别为慈溪市、义乌市、余姚市、海宁市、乐清市、温岭市、诸暨市、瑞安市和桐乡市。其中,排名进入前10的县(市)仅慈溪市1个,排名为第9名。江苏上榜6个县(市),分别是昆山市、江阴市、张家港市、常熟市、太仓市和宜兴市。其中,排名进入前10的县(市)有昆山市、江阴市、常熟市,排名分别为第1名、第3名、第4名和第6名。在财政竞争力排名前30名县(市)中,出现了不少西部地区的县(市)。其中,西藏上榜5个县(市),分别是改则县、双湖县、安多县、日土县和尼玛县。内蒙古上榜3个县(市),分别是额济纳旗、阿拉善左旗和阿拉善右旗。新疆上榜2个县(市),分别是若羌县、且末县。青海上榜2个,分别是格尔木市和治多县。西部地区县(市)上榜的主要原因是这些地区的县域土地面积较大,致使其财政竞争力相对较强。

表 11 - 8　　　　　　财政竞争力排名前 30 名县(市)

省份	县(市)	排名	省份	县(市)	排名	省份	县(市)	排名
江苏	昆山市	1	西藏	双湖县	11	湖南	长沙县	21
新疆	若羌县	2	浙江	义乌市	12	内蒙古	阿拉善右旗	22
江苏	江阴市	3	西藏	安多县	13	浙江	海宁市	23
江苏	张家港市	4	内蒙古	阿拉善左旗	14	浙江	乐清市	24
新疆	且末县	5	江苏	太仓市	15	浙江	温岭市	25
江苏	常熟市	6	江苏	宜兴市	16	西藏	尼玛县	26
西藏	改则县	7	福建	晋江市	17	浙江	诸暨市	27
青海	格尔木市	8	青海	治多县	18	浙江	瑞安市	28
浙江	慈溪市	9	西藏	日土县	19	浙江	桐乡市	29
内蒙古	额济纳旗	10	浙江	余姚市	20	甘肃	肃北蒙古族自治县	30

西部地区县域财政竞争力整体偏弱,其中陕西财政竞争力最弱。在财政竞争力排名后30名的县(市)中,陕西上榜县(市)最多,一共有8个,分别是吴堡县、佛坪县、镇坪县、潼关县、留坝县、千阳县、淳化县和永寿县。其中,排名进入倒数前10的县(市)有吴堡县、佛坪县、镇坪县和潼关县,排名分别为倒数

第1名、倒数第3名、倒数第5名和倒数第10名。西藏上榜5个县(市),分别为琼结县、仁布县、扎囊县、曲松县和白朗县。其中,排名进入倒数前10的县(市)有琼结县和仁布县,排名分别为倒数第2名和倒数第9名。甘肃上榜5个县(市),分别是两当县、积石山保安族东乡族撒拉族自治县、临潭县、和政县和广河县。宁夏上榜2个县(市),分别是隆德县和泾源县。在财政竞争力排名后30名县(市)中,出现了一些东部和中部地区的县(市)。广东上榜2个县(市),分别是南澳县和连山壮族瑶族自治区。山西上榜5个县(市),分别是大宁县、汾西县、浮山县、石楼县和隰县。其中,排名进入倒数前10的县(市)有大宁县和汾西县,排名分别是倒数第4名和倒数第6名。

值得注意的是,县级市的财政竞争力要高于普通县。在财政竞争力排名前30名的县(市)中,县级市有17个,普通县有10个。在财政竞争力排名后30名的县(市)中,仅有一个县级市,其余的均为普通县。

表11-9　　　　　　　　　财政竞争力排名后30名县(市)

省份	县(市)	排名(倒数)	省份	县(市)	排名(倒数)	省份	县(市)	排名(倒数)
陕西	吴堡县	1	西藏	扎囊县	11	甘肃	临潭县	21
西藏	琼结县	2	山西	浮山县	12	甘肃	和政县	22
陕西	佛坪县	3	甘肃	两当县	13	甘肃	广河县	23
山西	大宁县	4	宁夏	隆德县	14	西藏	白朗县	24
陕西	镇坪县	5	黑龙江	汤旺县	15	山西	石楼县	25
山西	汾西县	6	甘肃	积石山保安族东乡族撒拉族自治县	16	广东	连山壮族瑶族自治县	26
云南	西盟佤族自治县	7	陕西	留坝县	17	宁夏	泾源县	27
广西	合山市	8	西藏	曲松县	18	山西	隰县	28
西藏	仁布县	9	广东	南澳县	19	陕西	淳化县	29
陕西	潼关县	10	陕西	千阳县	20	陕西	永寿县	30

(五) 农业竞争力排名

东部地区县域农业竞争力更强,江苏县域农业竞争力最强。在农业竞争力排名前30名的县(市)中,江苏上榜县(市)最多,一共有11个,分别是东台市、东海县、灌云县、沭阳县、新沂市、邳州市、兴化市、如东县、睢宁县、宝应县和射阳县。其中，排名进入前10的县(市)有东台市、东海县、灌云县、沭阳县、新沂市和邳州市，排名分别是第1名、第2名、第4名、第5名、第9名和第10名。山东上榜5个县(市)，分别是寿光市、莘县、昌乐县、兰陵县和莱西市。其中，排名进入前10的县(市)仅有寿光市1个，排名为第6名。河南上榜7个县(市)，分别是正阳县、新野县、邓州市、西峡县和滑县。其中，排名进入前10的县(市)仅有正阳县1个，排名为第3名。安徽省上榜2个县(市)，分别是砀山县和固镇县。内蒙古上榜4个县(市)，分别是察哈尔右翼后旗、和林格尔县、达拉特旗和五原县。

表11-10　　　　农业竞争力排名前30名县(市)

省份	县(市)	排名	省份	县(市)	排名	省份	县(市)	排名
江苏	东台市	1	山东	莘县	11	四川	屏山县	21
江苏	东海县	2	江苏	兴化市	12	山东	昌乐县	22
河南	正阳县	3	江苏	如东县	13	河南	邓州市	23
江苏	灌云县	4	内蒙古	察哈尔右翼后旗	14	安徽	砀山县	24
江苏	沭阳县	5	江苏	睢宁县	15	山东	兰陵县	25
山东	寿光市	6	江苏	宝应县	16	山东	莱西市	26
四川	简阳市	7	内蒙古	和林格尔县	17	河南	西峡县	27
陕西	大荔县	8	江苏	射阳县	18	内蒙古	五原县	28
江苏	新沂市	9	内蒙古	达拉特旗	19	河南	滑县	29
江苏	邳州市	10	河南	新野县	20	安徽	固镇县	30

西部地区县域农业竞争力偏弱，西藏县域农业竞争力最弱。农业竞争力排名前30名的县(市)全部为西部地区县(市)。其中，西藏上榜县(市)最多，有20个，分别为噶尔县、双湖县、申扎县、措勤县、措美县、革吉县、聂荣县、札达县、尼玛县、嘉黎县、安多县、萨嘎县、墨脱县、班戈县、索县、巴青县、仲巴县、亚东县、错那县和曲松县。其中，排名进入倒数前10的县(市)有噶尔县、双湖县、申扎县、措勤县，排名分别为倒数第3名、倒数第5名、倒数第6名和倒数第7名。青海有7个县(市)上榜，分别为茫崖市、玛多县、达日县、甘德县、久治县和班玛县。其中，排名进入倒数前10的县(市)有茫崖市、玛多县、达日县，排名分别为倒数第2名、倒数第4名和倒数第9名。新疆有3个县(市)上榜，分别为阿拉山口市、乌恰县和塔什库尔干塔吉克自治县。其中，排名进入

倒数前10的县(市)有阿拉山口市和乌恰县,排名分别为倒数第1名和倒数第8名。

此外,农业竞争力强和弱的县域单位都集中分布于普通县。在农业竞争力排名前30名的县(市)中,县级市仅有8个,普通县则有20个。在农业竞争力排名后30名的县(市)中,县级市仅有2个,普通县则有28个。

表 11-11　　　　农业竞争力排名后 30 名县(市)

省份	县(市)	排名(倒数)	省份	县(市)	排名(倒数)	省份	县(市)	排名(倒数)
新疆	阿拉山口市	1	青海	甘德县	11	西藏	墨脱县	21
青海	茫崖市	2	西藏	措美县	12	青海	班玛县	22
西藏	噶尔县	3	西藏	革吉县	13	西藏	班戈县	23
青海	玛多县	4	西藏	聂荣县	14	甘肃	阿克塞哈萨克族自治县	24
西藏	双湖县	5	西藏	札达县	15	西藏	索县	25
西藏	申扎县	6	西藏	尼玛县	16	西藏	巴青县	26
西藏	措勤县	7	青海	久治县	17	西藏	仲巴县	27
新疆	乌恰县	8	西藏	嘉黎县	18	西藏	亚东县	28
青海	达日县	9	西藏	安多县	19	西藏	错那县	29
新疆	塔什库尔干塔吉克自治县	10	西藏	萨嘎县	20	西藏	曲松县	30

(六) 社会竞争力排名

县域社会竞争力较强的县(市)主要集中在东部和西部地区,其中福建、四川和广西县域社会竞争力最强。在农业竞争力排名前30名的县(市)中,东部地区县(市)上榜11个,中部地区县(市)上榜6个,西部地区县(市)上榜13个。其中,福建上榜最多,有6个,分别为晋江市、龙海市、漳浦县、平和县、云霄县和闽清县。其中,排名进入前10的县(市)有晋江市、龙海市、漳浦县和平和市,排名分别是第2名、第3名、第6名和第7名。四川上榜5个县(市),分别是三台县、剑阁县、仁寿县、渠县和南部县,排名相对靠后。广西上榜4个县(市),分别为桂平市、浦北县、平南县和陆川县。其中,排名进入前10的县(市)有桂平市和浦北县,排名分别为第4名和第5名。河南上榜3个县(市),分别是宜阳县、邓州市和滑县。其中,排名进入前10的县(市)仅有宜阳县,排名为第 9 名。重庆上榜 2 个县(市),分别是云阳县和忠县。其中,排名进入前 10 的县(市)仅有云阳县 1 个,排名为第 8 名。山东上榜 2 个县(市),分别为商河县和平阴县。其中,排名进入前 10 的县(市)为商河县,排名为第 10 名。浙江有温岭市和临海市 2 个县(市)上榜,陕西有合阳县和靖边县 2 个县(市)上榜,安徽有寿县和临泉县 2 个上榜。

表 11-12　　　　社会竞争力排名前 30 名县(市)

省份	县(市)	排名	省份	县(市)	排名	省份	县(市)	排名
湖南	祁阳县	1	福建	云霄县	11	江苏	泰兴市	21
福建	晋江市	2	广西	平南县	12	浙江	温岭市	22
福建	龙海市	3	河南	邓州市	13	安徽	临泉县	23
广西	桂平市	4	广西	陆川县	14	四川	三台县	24
广西	浦北县	5	河南	滑县	15	四川	剑阁县	25
福建	漳浦县	6	安徽	寿县	16	四川	仁寿县	26
福建	平和县	7	陕西	合阳县	17	四川	渠县	27
重庆	云阳县	8	山东	平阴县	18	浙江	临海市	28
河南	宜阳县	9	重庆	忠县	19	四川	南部县	29
山东	商河县	10	福建	闽清县	20	陕西	靖边县	30

县域社会竞争力较弱的县(市)主要集中在西部地区,西藏县域社会竞争力最弱。在社会竞争力排名后 30 名的县(市)中,西藏上榜县(市)最多,有 20 个,分别为朗县、康芒县、札达县、曲水县、康马县、白朗县、仁布县、日土县、墨脱县、聂拉木县、尼玛县、洛扎县、加查县、当雄县、措美县、萨迦县、南木林县、革吉县、岗巴县和改则县。其中,排名进入倒数前 10 的县(市)有朗县、芒康县、札达县、曲水县和康马县,排名分别为倒数第 2 名、倒数第 4 名、倒数第 8 名、倒数第 9 名和倒数第 10 名。内蒙古上榜 3 个县(市),分别为新巴尔虎左旗、苏尼特左旗、额济纳旗。新疆上榜 2 个县(市),分别为阿拉山口市和温泉县,排名均进入倒数前 10,分别为倒数第 1 名和倒数第 6 名。

值得注意的是,社会竞争力强和弱的县域单位均集中分布于普通县。在社会竞争力排名前 30 名的县(市)中,县级市仅有 7 个,普通县则有 23 个。在社会竞争力排名后 30 名的县(市)中,县级市仅有 2 个,普通县则有 25 个。

表 11-13　　社会竞争力排名后 30 名县(市)

省份	县(市)	排名(倒数)	省份	县(市)	排名(倒数)	省份	县(市)	排名(倒数)
新疆	阿拉山口市	1	西藏	白朗县	11	西藏	措美县	21
西藏	朗县	2	西藏	仁布县	12	西藏	萨迦县	22
青海	茫崖市	3	西藏	日土县	13	西藏	南木林县	23
西藏	芒康县	4	西藏	墨脱县	14	西藏	革吉县	24
山西	大宁县	5	西藏	聂拉木县	15	西藏	岗巴县	25
新疆	温泉县	6	内蒙古	新巴尔虎左旗	16	内蒙古	苏尼特左旗	26
甘肃	阿克塞哈萨克族自治县	7	西藏	尼玛县	17	内蒙古	额济纳旗	27
西藏	札达县	8	西藏	洛扎县	18	广西	乐业县	28
西藏	曲水县	9	西藏	加查县	19	西藏	改则县	29
西藏	康马县	10	西藏	当雄县	20	四川	石渠县	30

(七) 环境竞争力排名

东部地区县域环境竞争力更强,浙江和山东环境竞争力最强。在环境竞争力排名前 30 名的县(市)中,浙江上榜县(市)最多,一共有 9 个,分别为慈溪市、义乌市、诸暨市、乐清市、余姚市、温岭市、瑞安市、海宁市和桐乡市。其中,排名进入前 10 的县(市)分别为慈溪市、义乌市和诸暨市,排名分别为第 3 名、第 6 名和第 9 名。山东上榜县(市)数量排名第二,一共有 8 个,分别为胶州市、龙口市、荣成市、邹城市、寿光市、滕州市、肥城市和平度市。其中,排名进入前 10 的县(市)仅有胶州市,排名为第 7 名。江苏上榜 5 个县(市),分别为昆山市、江阴市、张家港市、常熟市和宜兴市。其中,排名进入前 10 的县(市)为昆山市、江阴市、张家港市,排名分别为第 1 名、第 2 名和第 8 名。河北上榜 5 个县(市),分别为迁安市、武安市、任丘市、三河市和遵化市。其中,排名进入前 10 的县(市)仅有迁安市 1 个,排名为第 5 名。

表 11-14　　环境竞争力排名前 30 名县(市)

省份	县(市)	排名	省份	县(市)	排名	省份	县(市)	排名
江苏	昆山市	1	江西	南昌县	4	山东	胶州市	7
江苏	江阴市	2	河北	迁安市	5	江苏	张家港市	8
浙江	慈溪市	3	浙江	义乌市	6	浙江	诸暨市	9

续表

省份	县(市)	排名	省份	县(市)	排名	省份	县(市)	排名
福建	晋江市	10	山东	荣成市	17	山东	邹城市	24
山东	龙口市	11	河北	任丘市	18	山东	寿光市	25
江苏	常熟市	12	浙江	瑞安市	19	山东	滕州市	26
河北	武安市	13	浙江	海宁市	20	山东	肥城市	27
浙江	乐清市	14	河北	三河市	21	河北	遵化市	28
浙江	余姚市	15	江苏	宜兴市	22	山东	平度市	29
浙江	温岭市	16	浙江	桐乡市	23	辽宁	瓦房店市	30

西部地区环境竞争力更弱，西藏环境竞争力最弱。在环境竞争力排名后30名的县(市)中，除了青海玛多县、甘德县和达日县3个县(市)外，其余全部是西藏地区的县(市)。西藏地区的主要在于清洁能源的使用和污染治理能力不足，从环境竞争力下各项三级指标表现来看，西藏的户用沼气池数量、工业废水治理设施处理能力、一般工业固体废物综合利用量、工业废气治理设施数的指标表现均非常弱。此外，县级市的环境竞争力明显高于普通县。在环境竞争力排名前30名的县(市)中，县级市的有29个，普通县仅有1个。环境竞争力排名后30名的县(市)则全部为普通县。

表 11-15　　　　环境竞争力排名后 30 名县(市)

省份	县(市)	排名(倒数)	省份	县(市)	排名(倒数)	省份	县(市)	排名(倒数)
西藏	札达县	1	西藏	康马县	11	西藏	措美县	21
西藏	定结县	2	西藏	墨脱县	12	西藏	嘉黎县	22
西藏	双湖县	3	西藏	洛扎县	13	西藏	亚东县	23
西藏	普兰县	4	西藏	革吉县	14	青海	达日县	24
西藏	日土县	5	西藏	错那县	15	西藏	吉隆县	25
西藏	琼结县	6	青海	玛多县	16	西藏	曲松县	26
西藏	萨嘎县	7	西藏	朗县	17	西藏	尼玛县	27
西藏	岗巴县	8	西藏	仁布县	18	西藏	浪卡子县	28
西藏	措勤县	9	青海	甘德县	19	西藏	聂拉木县	29
西藏	申扎县	10	西藏	聂荣县	20	西藏	改则县	30

(八) 政府透明度排名

东部地区政府透明度最高,其中浙江政府透明度最好。在政府透明度排名前 30 名(共有 35 个)的县(市)中,浙江上榜县(市)最多,为 14 个,包括温州市下辖的苍南县、乐清市、龙岗市、平阳县、瑞安市、泰顺县、文成县和永嘉县,以及台州市的临海市、三门县、天台县、温岭市、仙居县和玉环市。温州市下辖县(市)政府透明度排名均为第一名,台州市下辖县(市)政府排名均为第 30 名。原因是在本研究所采用的指标权重体系下,温州市政府透明度排名第一,台州市排名为第 30 名。山东上榜 7 个县(市),分别是青岛市下辖的胶州市、莱西市和平度市,济南市下辖的平阴县和商河县,以及威海市的荣成市和乳山市。其中青岛下辖县(市)政府透明度排名均为第 9 名。江苏上榜 2 个县(市),分别是无锡市下辖的江阴市和宜兴市。四川上榜 8 个县(市),分别是成都市下辖的崇州市、大邑县、都江堰市、简阳市、金堂县、彭州市、浦江县和邛崃市。贵州上榜 4 个县(市),分别是贵阳市下辖的开阳县、清镇市、息烽县和修文县。

表 11-16　　政府透明度排名前 30 名的县(市)

省份	县(市)	排名	省份	县(市)	排名	省份	县(市)	排名
浙江	苍南县	1	贵州	清镇市	12	四川	彭州市	20
浙江	乐清市	1	贵州	息烽县	12	四川	蒲江县	20
浙江	龙港市	1	贵州	修文县	12	四川	邛崃市	20
浙江	平阳县	1	山东	平阴县	16	山东	荣成市	28
浙江	瑞安市	1	山东	商河县	16	山东	乳山市	28
浙江	泰顺县	1	江苏	江阴市	18	浙江	临海市	30
浙江	文成县	1	江苏	宜兴市	18	浙江	三门县	30
浙江	永嘉县	1	四川	崇州市	20	浙江	天台县	30
山东	胶州市	9	四川	大邑县	20	浙江	温岭市	30
山东	莱西市	9	四川	都江堰市	20	浙江	仙居县	30
山东	平度市	9	四川	简阳市	20	浙江	玉环市	30
贵州	开阳县	12	四川	金堂县	20			

由于政府透明度中很多地区数据都有缺失,在数据上处理为 0,所以排名最后的县市不太具有比较意义。政府透明度数据来自中国开放树林指数网和《2020 年中国市级政府财政透明度研究报告》,仅包括地级市的指标数据,不包

括少数民族自治州和内蒙古的各个盟的指标数据,因此,很多县(市)政府透明度指数为0。通过计算,政府透明度排名最后一位(指标得分为0)的县(市)主要集中在云南、新疆、西藏、四川、青海、内蒙古、吉林、湖南、湖北、黑龙江、贵州、甘肃这些包括有少数民族自治州和各类盟的地区。为了保证客观性,我们把这些县(市)去除掉之后,再来研究排名后27位(共33个)的县(市)区域分布情况。

中部地区政府透明度最低,其中河南和江西政府透明度最差。在排名后27位(除去得分为0的县域)的县(市)中,河南上榜县(市)最多,为9个,分别是三门峡市下辖的灵宝市、卢氏县、渑池县、义马市,以及安阳市下辖的安阳县、滑县、林州市、内黄县和汤阴县。其中三门峡市下辖的县(市)政府透明度排名为倒数第1名。江西也上榜9个县(市),分别是上饶市下辖的德兴市、横峰县、鄱阳县、铅山县、万年县、婺源县、弋阳县、余干县和玉山县。湖南上榜7个县(市),分别是衡阳市下辖的常宁市、衡东县、衡南县、衡山县、衡阳县、耒阳市和祁东县。吉林上榜2个县(市),分别是辽源市下辖的东丰县和东辽县。云南上榜6个县(市),分别为曲靖市下辖的富源县、会泽县、陆良县、罗平县、师宗县和宣威市,排名均为倒数第5名。此外,县级市的政府透明度高于普通县。在政府透明度排名前30名的县(市)中,县级市的有19个,普通县有16个。政府透明度后27名(除去指标得分为0)的县(市)县级市有7个,普通县有26个。

表11-17 政府透明度排名后27名(除去指标得分为0)的县(市)

省份	县(市)	排名(倒数)	省份	县(市)	排名(倒数)	省份	县(市)	排名(倒数)
河南	灵宝市	1	河南	滑县	11	江西	余干县	16
河南	卢氏县	1	河南	林州市	11	江西	玉山县	16
河南	渑池县	1	河南	内黄县	11	吉林	东丰县	25
河南	义马市	1	河南	汤阴县	11	吉林	东辽县	25
云南	富源县	5	江西	德兴市	16	湖南	常宁市	27
云南	会泽县	5	江西	横峰县	16	湖南	衡东县	27
云南	陆良县	5	江西	鄱阳县	16	湖南	衡南县	27
云南	罗平县	5	江西	铅山县	16	湖南	衡山县	27
云南	师宗县	5	江西	万年县	16	湖南	衡阳县	27
云南	宣威市	5	江西	婺源县	16	湖南	耒阳市	27
河南	安阳县	11	江西	弋阳县	16	湖南	祁东县	27

四、县域综合竞争力提升路径的"What-If"分析

如何提升县(市)的综合竞争力排名是一个值得关心的议题,然而目前的研究仅仅展示了各县(市)的综合竞争力排名,无法为提高其综合竞争力提供建议。陈企业等(2020)通过"What-if"分析为城市提高宜居水平提供政策建议。本研究借鉴该方法研究提升县(市)综合竞争力排名的有效政策路径。由于本研究中的县(市)样本量较大(有1878个),所以本研究主要关注综合竞争力排名前30的县域单位,分析改善最差的10个指标之后这些县域单位的排名变化。文中"What-if"分析的假设如下:(1)每个县(市)致力于改善其排名最低的10个指标(除行政面积外);(2)在改善之后,排名前30的城市可以将排名最低的10个指标(除行政面积外)提高到所有城市中最高的水平。需要注意的是,"What-If"是一个比较静态的分析,即假设其他县(市)不发生变化,只改变当前研究的县(市)时,该县(市)的排名变化。因此,本研究所采用的"What-If"的分析步骤为:在不同的情景方案下,重新计算权重,再计算所有县(市)的得分并进行排名,比较两次排名的变化情况。

"What-If"的分析显示,当每个县(市)都致力于改善其排名最低的10个指标之后,除了东台市的排名和得分没有发生变化之外,其他县(市)都有着较为明显的变化。其中,排名上升超过10名的县(市)有16个,分别是如皋市、龙海市、南昌县、兴化市、如东县、长兴县、滕州市、莱西市、泰兴市、临海市、荣成市、义乌市、简阳市、胶州市、平度市和瑞安市。其中,如皋市、龙海市和南昌县排名改善潜力最大,分别上升29名、28名和26名。有15个县市在"What-If"分析之后排名提高到了第1名,分别是江阴市、昆山市、慈溪市、晋江市、张家港市、祁阳县、胶州市、义乌市、泰兴市、滕州市、如东县、兴化市、南昌县、龙海市和如皋市。有8个县(市)在"What-If"分析之后综合竞争力得分变化超过0.29,分别是张家港市、龙海市、兴化市、滕州市、如皋市、如东县、泰兴市、祁阳县。得分变化如此之大,主要来自政府信息开放程度提高所带来的变化。其中,张家港市和龙海市得分改善潜力最大,得分上升程度超过0.30。这充分说明,对于绝大多数县(市)而言,要提高县域综合竞争力,就要关注到县域发展的薄弱之处,尤其是在高质量发展阶段,更要注重县域经济体内各要素的均衡和充分发展。

表 11-18　综合竞争力排名前 30 名县(市)的 What-If 分析

县(市)	实际得分	模拟得分	得分变化	实际排名	模拟排名	排名变化
江阴市	0.002300	0.002742	0.000442	1	1	0
昆山市	0.002160	0.003527	0.001367	2	1	1
慈溪市	0.001908	0.002829	0.000921	3	1	2
晋江市	0.001800	0.002875	0.001076	4	1	3
张家港市	0.001652	0.302772	0.301120	5	1	4
温岭市	0.001557	0.001979	0.000422	6	3	3
常熟市	0.001543	0.001968	0.000425	7	3	4
宜兴市	0.001519	0.001942	0.000423	8	3	5
余姚市	0.001491	0.001910	0.000419	9	3	6
祁阳县	0.001471	0.301278	0.299807	10	1	9
诸暨市	0.001434	0.001856	0.000423	11	4	7
寿光市	0.001422	0.001847	0.000426	12	4	8
乐清市	0.001422	0.001859	0.000438	13	4	9
胶州市	0.001402	0.002327	0.000925	14	1	13
瑞安市	0.001351	0.001787	0.000436	15	5	10
义乌市	0.001331	0.002701	0.001371	16	1	15
简阳市	0.001325	0.002161	0.000836	17	3	14
平度市	0.001287	0.001786	0.000499	18	5	13
荣成市	0.001279	0.001905	0.000626	19	3	16
东台市	0.001261	0.001266	0.000005	20	20	0
泰兴市	0.001249	0.301060	0.299811	21	1	20
滕州市	0.001226	0.301114	0.299888	22	1	21
如东县	0.001212	0.301095	0.299883	23	1	22
莱西市	0.001204	0.002135	0.000931	24	3	21
兴化市	0.001199	0.301121	0.299922	25	1	24
临海市	0.001197	0.001618	0.000421	26	6	20
南昌县	0.001188	0.002690	0.001502	27	1	26
长兴县	0.001187	0.001603	0.000416	28	6	22
龙海市	0.001176	0.301182	0.300006	29	1	28
如皋市	0.001170	0.301056	0.299886	30	1	29

通过统计综合竞争力排名前 30 名县(市)最差的三级指标,本研究发现,这些县(市)存在四点共性问题。

第一,这些县(市)环境污染的排放量一般较高。综合竞争力前 30 的县(市)在环境竞争力二级指标下的一些三级指标排名普遍较差,化学需氧量排放量、二氧化硫排放量、颗粒物排放量和一般工业固体废物排放总量较高是这些县(市)普遍存在的问题。在农村清洁能源使用上,仍然有待进一步上升的空间。30 个县(市)中有 17 个存在户用沼气池数量排名靠后的情况。

第二,产业结构上主要是以第二产业为主。三产比重排名较低是一个普遍现象,30 个县(市)中有 23 个存在三产比重排名较低的现象。这表明这些县域单位仍然是以第二产业驱动发展,县(市)服务业发展水平较低,产业结构有待进一步升级。

第三,大部分县(市)的万人中学生数和万人小学生数两个指标排名较低。30 个县(市)中有 23 个出现万人小学生数排名较低的现象,有 20 个出现万人中学生数排名较低的现象,这可能导致未来人力资本积累不足,是一个值得警惕的风险。

第四,农业竞争力相对较弱。大部分县(市)油料产量相对较低,部分第一产业增加值的排名较为靠后。

表 11-19 综合竞争力排名前 30 名县(市)排名最差的指标频次统计

三级指标	频次
化学需氧量排放总量	30
二氧化硫排放总量	30
氮氧化物排放总量	30
颗粒物排放总量	30
一般工业固体废物产生量	29
三产比重	23
万人小学生数	23
万人中学生数	20
油料产量	17
户用沼气池数量	17
收入占地区生产总值比重	12
政府信息开放度	9
第一产业增加值	8
二产比重	7
提供住宿的社会工作机构	7

续表

三级指标	频次
设施农业种植占地面积	3
户籍人口人均地区生产总值	2
太阳能热水器	1
一般工业固体废物综合利用量	1
政府财政透明度	1

五、本章小结

本章旨在研究中国县域综合竞争力排名,在指标体系上将县域综合竞争力分解为经济竞争力、产业竞争力、财政竞争力、农业竞争力、社会竞争力、环境竞争力和政府透明度二级指标,采用熵权法计算各类指标的权重,最后计算最终得分,分析各个县域竞争力及其二级指标的排名。需要注意的是,最终的竞争力得分并非绝对值的概念,而是相对值的概念。以昆山市和海安市为例,江阴市综合竞争力得分为0.002301,邹城市综合竞争力得分为0.001148,这并不代表江阴市的综合竞争力是邹城市综合竞争力的2倍,仅仅代表江阴市的综合竞争力要高于邹城市。因此,在分析该类问题时,需要采用排名方法进行分析。通过对县域综合竞争力各个维度的排名进行对比,发现的主要结论如下。

其一,县域综合竞争力是一个综合的概念,单一方面突出并不能决定最终综合竞争力的排名。例如,阿拉山口市的经济竞争力排名虽然第1,但是在其他方面的表现差强人意,所以综合排名只得到了172名。江阴市在农业竞争力排名靠后(为第477名),社会竞争力排名30名之外(为第44名),但是其在其他方面名列前茅,因此综合排名为第1名。综合竞争力前30名县(市)中,有15个县(市)经济竞争力排名在30之外,有12个县(市)排名在产业竞争力30名之外。这说明综合竞争力是各种方面所表现出来的综合,经济和产业因素并非综合竞争力的唯一因素。在高质量发展阶段,要提升县域综合竞争力,在注重经济发展和产业升级的同时,也要考虑到环境、社会、农业、财政、政府透明度多方面因素。

其二,县域综合竞争力分布出现了分化现象。东部地区各方面竞争力要普遍高于其他地区,西部地区普遍弱于其他地区。从综合竞争力来看,排名最高的 30 个县(市)主要集中在东部地区,而排名最低的 30 个县(市)基本上集中在西部地区。从经济竞争力、产业竞争力、财政竞争力和环境竞争力来看,也都是如此。社会竞争力方面,尽管西部地区的一些县域进入了前 30 名,但是排名最低的 30 个县(市)主要集中在西部地区。此外,县级市各方面竞争力要高于普通县。从综合竞争力来看,排名前 30 名的县(市)基本上是县级市。而从产业竞争力、财政竞争力、社会竞争力、环境竞争力和政府透明度指标体系得出的结论也都是如此。在农业竞争力方面,尽管存在不少普通县在排名前 30 名,结合县级市和普通县的数量来看,县级市的农业综合竞争力也要强于普通县。

其三,环境、社会和透明政府是影响县域综合竞争力的重要因素。本研究使用熵权法计算权重时,发现环境竞争力、社会竞争力和政府透明度的权重要远远高于其他指标。这说明这三个指标改进所带来的得分提高,要远远高于其他指标所带来的得分提高。因此,坚持绿色创新发展,构建协调共享的社会,建立透明开放的政府是提高县域综合竞争力的重要途径。

其四,通过致力于改善城市最薄弱的环节,可以大幅提高绝大多数的县(市)的县域综合竞争力排名。通过"What-If"的假设分析,不少县(市)通过改善排名最差的指标实现了排名的大幅变化,还有一些县(市)的排名通过假设分析之后,成了排名第 1。这说明要提升县域综合竞争力,政策制定者应该关注到发展过程中的最薄弱的环节,注重县域的均衡发展。通过对综合竞争力排名前 30 的县(市)排名最差的三级指标统计发现,这些县(市)在发展过程中最为薄弱的环节主要在于污染排放、农村清洁能源使用、产业结构、中小学生占比和农业发展。

虽然本研究尽量保持科学客观,但是在方法设计和指标选择上肯定仍然存在一些缺陷。比如尚未考虑到动态的流量指标,部分二级指标下属指标体系设计过于简单,人口因素考虑不够充分,以及政府透明度指标存在不少缺失的问题。这些问题有待在后续的研究中逐步改进。

参考文献

[东汉]班固.汉书[M].北京:团结出版社,2018.
[南北朝]范晔.后汉书[M].成都:四川美术出版社,2017.
[清]贺长龄,魏源.清经世文编[M].北京:中华书局,1992.
[清]黄六鸿.福惠全书[M].周保明,校.扬州:广陵书社,2018.
[清]焦循.孟子正义[M].沈文倬,校.北京:中华书局,2017.
[清]孙希旦.礼记集解[M].北京:中华书局,1989.
[清]徐松辑.宋会要辑稿[M].北京:中华书局,1957.
[宋]李心传.建炎以来系年要录[M].上海:上海古籍出版社,2018.
[宋]罗愿.尔雅翼[M].合肥:黄山书社,1991.
[宋]欧阳修,宋祁.新唐书[M].长春:吉林人民出版社,2023.
[宋]王溥.唐会要[M].北京:中华书局,1955.
[宋]王栐.燕翼诒谋录[M].北京:中华书局,1985.
薄锡年,庞保振.自然区域划的河北县域经济综合竞争力分析[J].河北学刊,2010,30(5):194-197.
才国伟,黄亮雄.政府层级改革的影响因素及其经济绩效研究[J].管理世界,2010(8):73-83.
才国伟,张学志,邓卫广."省直管县"改革会损害地级市的利益吗?[J].经济研究,2011,46(7):65-77.
蔡昉.理解"李约瑟之谜"的一个经济增长视角[J].经济学动态,2015(6):4-14.
蔡旭初.国际城市综合竞争力比较研究[J].统计研究,2002(8):11-13.
曹小曙,徐建斌.中国省际边界区县域经济格局及影响因素的空间异质性[J].地理学报,2018,73(6):1065-1075.
陈柳钦.乡村振兴与新型城镇化战略耦合协同发展研究[J].贵州师范大学学报(社会科学版),2024(1):24-42.
陈企业,沈开艳,王红霞,张续垚.城市宜居性评估研究:基于评价方法和"What-if"模拟分析的探讨[J].上海经济研究,2020(6):24-32.

陈晓雪,谢忠秋,王志华,陆玉梅.常州县域经济发展现状及发展对策研究[J].江苏社会科学,2010(6):250-253.

丛丽,欧恒,蔡国华.县域工业园区建设探讨[J].统计与决策,2007(3):128-129.

段力誌,傅鸿源.基于改进的主成分分析法的县域竞争力综合评价研究[J].统计与决策,2009(12):64-67.

范轶芳,侯景新,孙月阳."互联网+"与县域经济互动发展的机理与模式创新[J].求索,2017(5):91-95.

顾颉刚.春秋时代的县[J].禹贡,1937(6):169-193.

郭冬梅,吴雨恒.新型城镇化与乡村全面振兴有机结合:内在机理与政策展望[J].中州学刊,2024(2):30-38.

郭利平,沈玉芳.西部9省会大城市综合竞争力的分析与研究[J].人文地理,2005(1):10-13.

郭威.金代县制研究[D].长春:吉林大学,2007.

洪炜杰,罗必良.县域经济发展:中心城市的虹吸或溢出效应:兼论广东县域经济发展滞后的原因[J].学术研究,2023(11):98-106+178.

侯晓静,喻忠磊,李雨婷,袁留阳,孙畅.中国山区县域人口收缩的空间格局及其形成机制[J].地理研究,2024,43(5):1205-1224.

胡恒.权不下县?清代县辖政区与基层社会治理[M].北京:北京师范大学出版社,2015.

黄征学,滕飞,潘彪.我国县域经济发展成效、现实困境和对策建议[J].农村金融研究,2023(11):37-45.

李炳炎."江阴板块"评述[J].科学决策,2003(7):47-50.

李克强.关于调整经济结构促进持续发展的几个问题[J].求是,2010(11):3-15.

李闽榕.全国省域经济综合竞争力评价研究[J].管理世界,2006(5):52-61.

李强,陈振华,张莹.就近城镇化与就地城镇化[J].广东社会科学,2015(1):186-199.

李泉.中国县域经济发展40年:经验与启示[J].石河子大学学报(哲学社会科学版),2019,33(1):74-84.

厉无畏,王如忠,缪勇.积极培育和扶持创意产业发展 提高上海城市综合竞争力[J].社会科学,2005(1):5-14.

梁桂保,张利杰,刘葵容.数字普惠金融、劳动力流动与县域经济发展[J].西部论坛,2024,34(1):18-31.

刘丽娟.县域城镇化的区域差异及高质量发展路径[J].北京工业大学学报(社会科学版),2023,23(5):65-76.

刘凌,肖晨阳.县域农村小微企业绿色发展的挑战与路径研究[J].学习与探索,2023(6):28-37+175.

刘青海,张志超,蔡伟贤.本土市场效应、空间政策和就业增长:基于新经济地理学的角度

[J].财经科学,2009(6):55-62.

龙花楼,李裕瑞,刘彦随.中国空心化村庄演化特征及其动力机制[J].地理学报,2009,64(10):1203-1213.

卢飞,刘明辉,蒙永胜.新疆县域经济的增长模式[J].经济地理,2016,36(03):25-31+8.

卢艳,徐建华.中国区域经济发展差异的实证研究与 R/S 分析[J].地域研究与开发,2002(3):60-66.

罗必良,耿鹏鹏.理解县域内的城乡融合发展[J].南京农业大学学报(社会科学版),2023,23(1):16-28.

罗庆,李小建,杨慧敏.中国县域经济空间分布格局及其演化研究:1990 年—2010 年[J].经济经纬,2014,31(1):1-7.

马历,龙花楼,张英男,屠爽爽,戈大专.中国县域农业劳动力变化与农业经济发展的时空耦合及其对乡村振兴的启示[J].地理学报,2018,73(12):2364-2377.

马廷玉,邬冰.基于县域经济视角的辽宁产业园区发展研究[J].东北大学学报(社会科学版),2009,11(6):519-523.

彭希哲,任远.人口因素与城市综合竞争力:对上海城市发展的一项研究[J].中国人口科学,2002(6):35-41.

乔家君,周洋.县域经济的空间分异及其机理研究[J].经济地理,2017,37(7):1-11.

邱海峰.县城及县级市城区常住人口约 2.5 亿人,占全国城镇常住人口近 30%:就近城镇化,县城潜力大[N].人民日报海外版,2022,(05).

瞿同祖.清代地方政府[M].范忠信,何鹏,晏锋,译.北京:法律出版社,2003.

上海社会科学院城市综合竞争力比较研究中心.国内若干大城市综合竞争力比较研究[J].上海经济研究,2001(1):14-24.

上海社会科学院城市综合竞争力课题组.城市综合竞争力及中国特色[J].领导决策信息,2001(27):10-17.

盛来运.不平凡之年书写非凡答卷:《2020 年国民经济和社会发展统计公报》评读[J].中国统计,2021(3):4-7.

斯丽娟,曹昊煜.县域经济推动高质量乡村振兴:历史演进、双重逻辑与实现路径[J].武汉大学学报(哲学社会科学版),2022,75(5):165-174.

斯丽娟,曹昊煜.县域经济循环体系与数字经济发展[J].内蒙古社会科学,2022,43(6):114-122.

宋效中,贾谋,骆宏伟.中国县域经济发展的三大模式[J].河北学刊,2010,30(3):136-139.

苏艺,陈井安.县域经济发展的历史演变、经验与展望:以四川省为例[J].农村经济,2020(5):58-65.

粟麟,何泽军,杨伟明.数字金融与县域经济发展:影响机制与异质性研究[J].财经论丛,2022(9):59-68.

汪涌,郭庆宾.政府扁平化改革对企业创新的影响研究:来自 J 省 A 县市成为行政省直管县的断点证据[J].科研管理,2024,45(2):70-82.

王静华,刘人境.乡村振兴的新质生产力驱动逻辑及路径[J].深圳大学学报(人文社会科学版),2024,41(2):16-24.

王铮,唐小飞.数字县域建设支撑乡村振兴:逻辑推演和逻辑框架[J].预测,2020,39(4):90-96.

韦钦.对农村实行"几定一奖"计酬形式的几点探讨[J].学术论坛,1979(2):58-63.

魏滨辉,罗明忠.劳动力返乡创业与县域绿色低碳发展[J].广东财经大学学报,2024,39(1):70-84.

魏光奇.官治与自治:20 世纪上半期的中国县制[M].北京:商务印书馆,2004.

吴成国.中国县域治理史·古代卷[M].武汉:长江出版社,2020.

吴康."人口流失县城"发展新解[N].光明日报,2022(5).

吴业苗.县域经济发展:双重驱动与"三农"底色:兼论"县域经济发展有限"[J].兰州学刊,2023(7):134-143.

夏永久,朱喜钢,储金龙.基于 ESDA 的安徽省县域经济综合竞争力空间演变特征研究[J].经济地理,2011,31(9):1427-1431.

肖松,邹小伟,张永薇,姚栋夫.我国五大城市群县域科技创新效率空间分异与障碍因子分析[J].科技进步与对策,2024(6):1-12.

谢美娥.西部县域工业园区产业培育研究:基于县域经济发展视角[J].工业技术经济,2010,29(12):67-72.

谢守红,李寒冰,洪歌.商贸型城市空间演变及其驱动因素研究:以义乌为例[J].城市发展研究,2023,30(6):1-5+36.

徐式圭.中国监察史略[M].北京:中国书籍出版社,2020.

薛德升,许学强,陈浩光.珠江三角洲县域乡镇工业发展及其地方经济影响研究——以顺德市北窑镇为例[J].人文地理,1998(4):39-43.

闫坤,鲍曙光.经济新常态下振兴县域经济的新思考[J].华中师范大学学报(人文社会科学版),2018,57(2):43-52.

闫天池.我国县域经济的分类发展模式[J].辽宁师范大学学报,2003(1):22-24.

杨晓军,宁国良.县域经济:乡村振兴战略的重要支撑[J].中共中央党校学报,2018,22(6):119-124.

杨义武,林万龙.省直管县财政改革促进县域粮食生产吗:基于准自然实验的证据[J].中国农村经济,2024(6):152-172.

依绍华,吴顺利.数字化转型视域下我国县域商业发展态势与推进策略[J].中国流通经济,2024,38(6):12-25.

于亿亿,冯淑怡.中国县域城镇化研究:演进脉络、研究热点与前沿趋势[J].西南大学学报

(社会科学版),2024,50(3):107-117.

喻龙敏,易法敏.数字经济发展对县域农业发展质量的影响研究[J].科技管理研究,2023,43(9):105-115.

战炤磊.中国县域经济发展模式的分类特征与演化路径[J].云南社会科学,2010(3):109-113.

张柳钦,何磊磊.高速公路建设会促进县域数字经济发展吗?[J].产业经济研究,2023(6):114-127.

张树成.资本市场崛起"昆山板块":昆山成功上市上柜挂牌企业达百家[J].上海农村经济,2018(4):45-47.

张英浩,汪明峰,崔璐明,匡爱平.数字经济水平对中国市域绿色全要素生产率的影响[J].经济地理,2022,42(9):33-42.

张占斌.政府层级改革与省直管县实现路径研究[J].经济与管理研究,2007(4):22-27.

赵雪倩,张仲伍,孙九林,魏凯艳,何雪宁.基于区位熵的山西省农业产业集群研究[J].陕西理工大学学报(自然科学版),2022,38(1):74-81.

周功满.省直管县改革能够促进共同富裕吗?:基于双重差分模型的实证分析[J].治理研究,2024,40(3):95-110.

周密."极化陷阱"之谜及其经济学解释[J].经济学家,2009(3):81-86.

周欣雨,张学志,周梓洵,吴文心.企业结对帮扶与县域利用外资[J].世界经济,2023,46(2):108-133.

周玉波,姚铮.城市综合竞争力模型与评价指标体系构建及实证研究:以长沙市为例[J].系统工程,2009,27(4):52-57.

周振华,陈维,汤静波,黄建富,沈开艳,靖学青,杨亚琴.国内若干大城市综合竞争力比较研究[J].上海经济研究,2001(1):14-24.

周振华.论城市综合创新能力[J].上海经济研究,2002(7):42-49.

周振鹏.中国地方行政制度史[M].上海:上海人民出版社,2005.

朱允卫,杨万江.县域综合竞争力的基本内涵及其评价指标体系研究[J].浙江社会科学,2003(4):175-179.

新华社.习近平在十九届中央政治局第二十七次集体学习时的讲话,2021年1月28日。

习近平.习近平谈治国理政:第二卷[M].北京:外文出版社,2017:140。

后　记

　　《中国县域经济发展模式与路径研究》是在中国国际经济交流中心上海分中心委托的同名课题研究基础上形成的，感谢中国国际经济交流中心上海分中心的资助，感谢中国国际经济交流中心上海分中心王战理事长、课题联名负责人杨建荣老师、中国国际经济交流中心上海分中心陆军荣研究员、上海社会科学院城市与人口发展研究所办公室周肖燕老师以及为课题研究提供帮助和支持的各位老师，感谢课题组各位成员的团结合作与辛勤工作，是大家的不懈坚持与努力让本书能够经历疫情冲击中断、拖延而最终得以完成出版。

　　本书各部分分工及作者如下：

　　第一章：中国县域经济发展模式概述——王红霞、顾津鸣；第二章：县域发展的历史回顾——欧阳才宇；第三章：县域发展的人口与空间基础——孙小宁；第四章：县域发展的经济基础——郑宸；第五章：县域发展的财政基础——张国梁；第六章：县域发展的教育、医疗服务和社会保障基础——张国梁；第七章：县域发展的人口增长动态及趋势特点分析——王红霞、孙小宁；第八章：县域发展的经济增长动态及趋势特点分析——王红霞、郑宸；第九章：县域发展的财政实力动态及趋势特点分析——王红霞、张国梁；第十章：县域发展的教育、医疗服务和社会保障实力动态及趋势特点分析——王红霞、张国梁；第十一章：县域发展的综合竞争力分析——王红霞、郭海生。

　　全书由王红霞、孙小宁统稿，但各部分文责由执笔作者自负。

　　本书出版过程得到了上海社会科学院出版社的大力支持和帮助，衷心感谢上海社会科学院出版社应韶荃老师对本书的督促、支持与帮助！感谢上海社会科学院出版社社长钱运春研究员的关心和支持！感谢为本书出版提供支持和服务的上海社会科学院出版社各位老师们的帮助和支持！谢谢！

　　由于时间、精力和能力所限，书中疏漏和谬误难免，我们诚挚欢迎各位同仁的评论和意见！

期待与国内外同仁能够为推动中国的县域经济高质量发展贡献菲薄之力！

作者
2024 年 6 月

图书在版编目(CIP)数据

中国县域经济发展模式与路径研究 / 王红霞等著.
上海：上海社会科学院出版社，2025. -- ISBN 978-7
-5520-4627-4

Ⅰ. F127

中国国家版本馆 CIP 数据核字第 2025S96Q87 号

中国县域经济发展模式与路径研究

著　　者	王红霞　孙小宁　等
责任编辑	应韶荃
封面设计	右序设计
出版发行	上海社会科学院出版社
	上海顺昌路 622 号　邮编 200025
	电话总机 021-63315947　销售热线 021-53063735
	https://cbs.sass.org.cn　E-mail: sassp@sassp.cn
照　　排	南京前锦排版服务有限公司
印　　刷	上海颛辉印刷厂有限公司
开　　本	710 毫米×1010 毫米　1/16
印　　张	19
字　　数	334 千
版　　次	2025 年 3 月第 1 版　2025 年 3 月第 1 次印刷

ISBN 978-7-5520-4627-4/F・800　　　　定价：98.00 元

版权所有　翻印必究